RUTILIUS NAMATIANUS

SUR SON RETOUR

COLLECTION DES UNIVERSITÉS DE FRANCE
publiée sous le patronage de l'ASSOCIATION GUILLAUME BUDÉ

RUTILIUS NAMATIANUS

SUR SON RETOUR

Nouvelle édition

Texte établi et traduit
par
ÉTIENNE WOLFF
Professeur à l'Université de Paris X-Nanterre

avec la collaboration
de
SERGE LANCEL (†)
Professeur honoraire à l'Université Stendhal-Grenoble III
pour la traduction

et de
JOËLLE SOLER
Maître de conférences à l'Université de Paris IV-Sorbonne
pour l'introduction

PARIS
LES BELLES LETTRES
2007

Conformément aux statuts de l'Association Guillaume Budé, ce volume a été soumis à l'approbation de la commission technique, qui a chargé M. Vincent Zarini d'en faire la révision et d'en surveiller la correction en collaboration avec M. Étienne Wolff.

95 boulevard Raspail, 75006 Paris
www.lesbelleslettres.com

ISBN : 978-2-251-01447-0
ISSN : 0184-7155

AVERTISSEMENT

Comme la plupart des livres, celui-ci a une histoire. Il n'avait été question, dans un premier temps, que de réviser l'édition Vessereau-Préchac, en y incluant évidemment les fragments mis au jour en 1973. L'incendie du dépôt des Belles Lettres – car, comme le dit Rutilius lui-même (I, 491), le mal peut être source d'un bien – a conduit à abandonner cette solution, qui aboutissait du reste à ajouter un troisième niveau à un édifice qui en comprenait déjà deux (Préchac, on le sait, ayant terminé l'édition que Vessereau, surpris par la mort, n'avait pu achever). Il a ainsi été décidé d'entreprendre une édition nouvelle. Celle-ci, sans ignorer évidemment l'importance de la tâche accomplie par ces grands devanciers, tient compte des apports de la critique depuis leur temps. La découverte de 1973 notamment, en plus de fournir dans le second fragment une précision chronologique riche de sens, a renouvelé les perspectives et l'intérêt porté au poème, suscitant une série d'études sur ce texte dense et difficile dans son allusive élégance. Cette élégance, nous avons tenté de la rendre sensible au lecteur français par une traduction qui renouvelât celle de Vessereau revue par Préchac, en conservant parfois les solutions qu'ils avaient proposées.

Tout nouvel éditeur de Rutilius Namatianus trouve devant lui, d'abord la monumentale édition commentée de Ernst Doblhofer (Rutilius Claudius Namatianus, *De reditu suo sive Iter Gallicum*, Heidelberg, Carl Winter, 1972-1977, 2 vol.), ensuite l'édition, moins ambitieuse mais non moins riche, d'Alessandro Fo (Rutilio Namaziano, *Il ritorno*, a cura di A. F., Torino, Einaudi, 1992). Si Doblhofer n'a pas épuisé le sujet, ne serait-ce que parce qu'il n'a pu intégrer les nouveaux fragments, il est sur certains points presque exhaustif. Nous n'avons pas eu la vanité de reprendre ce qu'il avait déjà magistralement exposé. Quant à l'édition de Fo, elle parvient à dire beaucoup malgré ses dimensions plus modestes et, par ses notes au texte, c'est presque une édition critique. Néanmoins, il nous a semblé qu'il y avait place pour une édition nouvelle – annotée et non commentée – qui ne fît doublon ni avec l'une ni avec l'autre, tout en leur étant souvent redevable.

Serge Lancel, disparu en octobre 2005, ne verra pas la sortie de ce volume. Nous le connaissions depuis 1988, jamais son amitié ne nous a fait défaut. Nous avons ici pour sa mémoire une pensée émue.

Étienne WOLFF

INTRODUCTION[1]

Rutilius Namatianus : vie et entourage

Tout ce qu'on sait de Rutilius Namatianus vient de son œuvre. Son nom complet était vraisemblablement Claudius Rutilius Namatianus. Certes le meilleur manuscrit, *V* (titre et *inscriptio* du livre II), et l'édition princeps (titre interne et *inscriptio* du livre II) présentent la succession Rutilius Claudius Namatianus. Mais Claudius doit précéder, parce que cet ancien *gentilicium* était à l'époque de Rutilius senti comme *praenomen* (les véritables prénoms ayant progressivement disparu depuis le IIe siècle), ainsi que l'attestent plusieurs documents épigraphiques contemporains[2]. Par ailleurs, il n'y a pas de raison de corriger Namatianus en Namatius[3], sous prétexte que

1. Certains éléments de cette introduction ont été publiés, sous une forme simplifiée, dans « Rutilius Namatianus, *De reditu suo* I », chapitre du volume collectif *Silves latines 2006*, Neuilly, Éditions Atlande, 2006, p. 197-255.

2. Voir le compte rendu de A. Bartalucci à l'édition de E. Doblhofer, *Sileno* 5-6, 1979-1980, p. 405. Quant aux formes Numantianus et Numatianus du *cognomen*, par lesquelles le poète est désigné respectivement dans le manuscrit *R* et dans toutes les éditions jusqu'à A.W. Zumpt (1840), elles résultent sans doute d'une confusion avec P. Rutilius Rufus, un orateur et historien qui servit comme tribun militaire dans la guerre contre Numance (cf. Cicéron, *De republica* I, 17 ; *Brutus* 110 et 113-115).

3. Comme voudrait le faire J.-L. Charlet, « Histoire résumée du texte et des éditions de Rutilius Na(u)mati(an)us », *Vita Latina* 173, décembre 2005, p. 58-59 et 62, qui s'appuie aussi sur le fait que la graphie de *V* est isolée.

ce nom seul est attesté. Rutilius Namatianus était d'origine gauloise (I, 20). De ce que, en voyant son ami Victorinus, qui venait de Toulouse (I, 496), il déclare avoir un avant-goût de sa patrie (I, 510), on conclut parfois qu'il était lui aussi toulousain ; c'est vraisemblablement prendre le texte trop à la lettre. De la suite de sa carrière, on peut conjecturer qu'il est né autour de 370. Il appartenait à une famille de grands propriétaires de Narbonnaise : son retour, orné de beaux sentiments (I, 21-30), pourrait avoir eu pour but principal ou annexe de surveiller l'état de ses domaines personnels, dans une zone à plusieurs reprises occupée et dévastée, et qui devait en outre subir un partage des terres (voir plus bas). Il avait évidemment fait des études traditionnelles, sans doute en partie à Rome comme son parent Palladius (I, 208-210). Il a une bonne connaissance de la littérature classique[4] ; en revanche il n'est pas certain qu'il sache le grec[5]. Ceci le conduisit à une carrière de haut fonctionnaire où il brilla après son père Lachanius : il fut notamment maître des offices[6] (I, 563), peut-être en 412 si notre Rutilius Namatianus doit être confondu avec le maî-

4. Sur les lectures de Rutilius, voir É. Wolff, « Retour sur quelques problèmes du *De reditu suo* de Rutilius Namatianus », *Revue des Études latines* 84, 2006, p. 49-53.

5. E. Doblhofer, Rutilius Claudius Namatianus, *De reditu suo sive Iter Gallicum*, Heidelberg, Carl Winter, 1972-1977, 2 vol., t. I, p. 49-51, a montré que les allusions homériques du *De reditu suo* étaient à cette époque topiques et n'impliquaient donc nullement une lecture directe de l'*Iliade* ou de l'*Odyssée*. Sur la faible connaissance du grec à cette époque en Gaule, voir P. Courcelle, *Les lettres grecques en Occident, de Macrobe à Cassiodore*, Paris, De Boccard, 1943, p. 210-221.

6. Rappelons que le *magister officiorum*, qui est apparu vers 320, est une sorte de ministre chargé de la police et des affaires étrangères ; il a sous ses ordres la garde impériale (les *scholae palatinae*) et la *schola* des *agentes in rebus* ; il est membre du conseil impérial, le *sacrum consistorium.* Voir R. Delmaire, *Les institutions du bas-empire romain, de Constantin à Justinien*, Paris, Éditions du Cerf-Éditions du CNRS, 1995, p. 75-95.

tre des offices Namatius à qui est adressé le texte du *Code Théodosien* VI, 27, 15, du 7 décembre 412 ; puis préfet de la Ville (I, 155-160) pour quelques mois, en 414[7], charge prestigieuse dans laquelle lui succéda dès le mois de septembre (cf. *Code Théodosien* XIII, 5, 38) son ami Albinus (I, 466-468). Rutilius n'a donc pas accompli la carrière sénatoriale traditionnelle, il a un cursus bureaucratique, puisqu'il n'a exercé, avant la préfecture de la Ville, que des fonctions de cour[8]. Le retour en Gaule qui, d'après les éléments fournis par I, 135-136, ne pouvait être daté que de 415, 416, 417 ou 418 (selon le comput adopté), eut lieu à l'automne 417, comme l'indique désormais la mention dans le fragment B du deuxième consulat de Constantius (Constance), de 417 (voir plus bas). On peut se demander pourquoi Rutilius, qui semble avoir atteint le faîte de sa carrière avec sa préfecture de 414, n'est pas rentré aussitôt dans sa patrie : peut-être a-t-il tenté sans succès d'obtenir une autre charge, ou jugeait-il la situation en Gaule trop incertaine, ou était-il attaché à la vie romaine au point de ne pas vouloir la quitter. Il est curieux également qu'il ait choisi de voyager à une période de l'année si défavorable, alors qu'il n'était apparemment pas si pressé, puisqu'il se permet quelques arrêts d'intérêt personnel[9]. On peut supposer qu'il a reçu mission de participer à l'effort de restauration de l'ordre en Gaule entrepris par Flavius Constance, et notamment qu'il était chargé de superviser le partage des terres permettant d'organiser l'installation des Wisigoths en

7. A. Chastagnol, *Les Fastes de la préfecture de Rome au Bas-Empire*, Paris, Nouvelles Éditions latines, 1962, p. 272, a montré que la préfecture de Rutilius a été très courte : après le 27 mai, avant le 17 septembre 414 ; voir aussi A.H.M. Jones and J.R. Martindale, *The Prosopography of the Later Roman Empire*, Cambridge, Cambridge University Press, 3 t. en 4 vol., 1971-1992, t. II, p. 771.

8. A. Chastagnol, *La préfecture urbaine à Rome sous le Bas-Empire*, Paris, PUF, 1960, p. 449.

9. Excursion touristique à Thermae Taurinae, I, 249-276 ; détour par Pise, en principe pour voir Protadius, I, 541 sq.

Aquitaine conformément au traité de 416[10] ; ou bien qu'il se rendait à l'assemblée annuelle du vicariat de Gaule (*concilium Galliarum*), restauré par Constance, et dont la première réunion eut lieu en 418[11]. Mais sur ces points Rutilius reste bien discret. Quoi qu'il en soit, c'est revenu dans son pays qu'il a rédigé le *De reditu suo* : un poème aussi élaboré et érudit, qui suppose un patient travail et une documentation[12], n'a pu être composé jour après jour pendant le voyage, même si Rutilius a réussi à en donner l'impression[13]. Le *De reditu suo* est donc datable de 418, voire de plus tard (Rutilius avait sans doute bien des affaires urgentes à régler sur place en arrivant). On ignore tout de la vie du poète après cette date. On ne sait en particulier s'il est revenu à Rome comme il le souhaitait (I, 162).

Notre Rutilius doit-il être identifié avec le Rutilius dédicataire de la comédie anonyme le *Querolus* ? Il est très tentant de le penser, et de nombreux arguments vont dans ce sens[14]. On pourrait alors, en outre, émettre la séduisante supposition que le *De reditu suo* a été lu dans un cercle aristocratique de Gaule[15]

10. Voir A. Fo, Rutilio Namaziano, *Il ritorno*, a cura di A. F., Torino, Einaudi, 1992, p. 64.

11. Voir H.S. Sivan, « Rutilius Namatianus, Constantius III and the Return to Gaul in Light of New Evidence », *Mediaeval Studies* 48, 1986, p. 530-531.

12. Si Rutilius pouvait connaître par cœur des auteurs classiques comme Virgile et Ovide, il ne possédait certainement pas de la même façon Pline l'Ancien, dont il a manifestement utilisé le livre III (chap. 39 et suivants) pour tout ce qui est géographique (voir la note à II, 17-21).

13. Ovide, un des modèles de Rutilius, présente le premier livre des *Tristes* comme écrit pendant le voyage (*Tristes* I, 11, 1-2).

14. On les trouve exposés dans l'introduction de C. Jacquemard-Le Saos à son édition du *Querolus*, Paris, Les Belles Lettres, 1994, p. VIII-XXIV. Le *Querolus* serait selon C. Jacquemard-Le Saos antérieur au *De reditu suo* (*ibid.*, p. XIV), et le Lucillus évoqué par Rutilius en I, 601-614 pourrait en être l'auteur (*ibid.*, p. XXI-XXIV).

15. Voir N.K. Chadwick, *Poetry and Letters in early Christian Gaul*, London, Bowes and Bowes, 1955, p. 126-135.

comme ce fut le cas pour le *Querolus*. En l'état actuel des connaissances, cela reste néanmoins une hypothèse.

Rutilius était incontestablement païen[16]. Le montrent entre autres la prière à Dea Roma (I, 47-164), le souvenir ému des spectacles de Rome (I, 201-204), l'évocation de la fête d'Osiris (I, 373-376), la violente critique des moines (I, 440-452 et 517-526), tel passage gentiment scabreux sur Faunus (I, 235-236), le reproche fait à Stilicon d'avoir brûlé les livres Sibyllins (II, 52) ou, dans un autre registre, les liens avec le cercle éminemment païen des Symmaque (Protadius et Valerius Messalla, amis de Rutilius, sont les destinataires de plusieurs lettres de Symmaque[17]). Cependant son paganisme est d'essence plus culturelle que strictement religieuse, et il est de tendance hénothéiste (cf. I, 18). Les païens pouvaient donc encore au début du Ve siècle faire une belle carrière publique[18], quoique même au sénat la majorité eût basculé après 392 en faveur des chrétiens[19]. De fait la législation anti-païenne a varié selon les nécessités politiques[20] et a été appliquée de manière discontinue. Il est plus

16. On a parfois soutenu le contraire, et E. Doblhofer, Rutilius Claudius Namatianus, *De reditu suo sive Iter Gallicum*, t. I, p. 27-33, juge bon de consacrer un sous-chapitre à la question. Pourtant l'évidence n'a pas besoin de tels développements.

17. Symmaque, *Lettres* 4, 17-34 et 56-57 (à Protadius) ; 7, 81-92 (à Messalla).

18. Voir P. Chuvin, *Chronique des derniers païens*, Paris, Les Belles Lettres, 1990, p. 95-96 ; A. Chastagnol, *La préfecture urbaine à Rome sous le Bas-Empire*, p. 448-449 (qui souligne cependant qu'après la préfecture de Volusianus, en 417-418, la plupart des préfets sont chrétiens). Macrobe constitue un autre bon exemple au Ve siècle, si on identifie l'auteur, selon une chronologie basse qui tend à prévaloir, avec le préfet du prétoire d'Italie de 430.

19. A. Chastagnol, *La préfecture urbaine à Rome sous le Bas-Empire*, p. 454.

20. Par exemple, Honorius revient sur sa décision d'interdire les postes administratifs aux païens pour conserver à son service Generidus, en 408, voir Zosime V, 46, 2-4.

étonnant en revanche que Rutilius ose s'en prendre si ouvertement aux moines, alors que le christianisme est la religion officielle de l'État romain ; les païens de cette époque restent en général prudemment muets ou en tout cas discrets sur les chrétiens, qu'on pense à l'auteur de l'*Histoire Auguste*, à Macrobe ou à Martianus Capella[21]. Certes l'hostilité ou la méfiance envers les moines était souvent partagée par l'aristocratie chrétienne[22] et les chrétiens sociologiques[23], voire le *Code Théodosien*, mais cela n'a rien à voir avec la condamnation absolue que fait Rutilius de leur mode de vie asocial. Cependant, il est difficile de déterminer s'il est seulement hostile au fanatisme monastique, ou s'il vise à travers les moines

21. La question de la liberté de parole dont pouvaient jouir alors les païens est controversée : J. Straub juge qu'elle était faible, Al. Cameron est d'avis contraire, voir le compte rendu de ce dernier à J. Straub, *Heidnische Geschichtsapologetik in der christlichen Spätantike. Untersuchungen über Zeit und Tendenz der Historia Augusta*, Bonn, R. Habelt, 1963, dans *Journal of Roman Studies* 55, 1965, p. 241-242. Al. Cameron rappelle ailleurs qu'il n'était pas interdit d'être païen ni même d'écrire contre les chrétiens, voir « The Last Pagans of Rome », dans *The Transformations of Urbs Roma in Late Antiquity*, ed. by W.V. Harris, Portsmouth, 1999 (Journal of Roman Archaeology, Suppl. Series n. 33), p. 118. Quoi qu'il en soit, il est possible que Rutilius, s'il destinait son œuvre à un public de proches (voir plus loin), n'ait pas jugé nécessaire d'y voiler ses idées. Le dernier épisode de violence anti-païenne était alors le massacre d'Hypatie, philosophe néo-platonicienne, par la foule d'Alexandrie en 415.

22. Le retrait du monde est en effet incompatible avec la tradition de vie sociale que défendait l'aristocratie ; c'est aussi une désertion des devoirs civiques. Plus largement, le monachisme suppose une hiérarchie des états de vie que tous les chrétiens n'admettaient pas. Voir J. Fontaine, « L'aristocratie occidentale devant le monachisme aux IVe et Ve siècles », *Rivista di Storia e Letteratura religiosa* 15, 1979, p. 28-53.

23. Nous entendons par là les chrétiens sans conviction ferme, qui sont chrétiens parce que la société est devenue chrétienne.

le christianisme qu'il ne pouvait attaquer librement. En effet, si le christianisme apparaît implicitement dans l'œuvre comme une des forces centrifuges responsables des malheurs de Rome, le propos n'a aucun caractère théorique ; et la partialité religieuse de Rutilius, qui l'apparente sans doute à ce que P. de Labriolle a appelé la « réaction païenne »[24], ne l'empêche pas de faire l'éloge de Constance, un chrétien (fragment B). Malgré tout, la seconde solution nous paraît plus plausible : Rutilius peut alors être rapproché de certains païens grecs des IVe-VIe siècles comme le grammairien Palladas, le rhéteur Eunape de Sardes ou l'historien Zosime. Le *De reditu suo* constitue-t-il pour autant une discrète réponse aux premiers livres de la *Cité de Dieu* de saint Augustin, comme l'a soutenu entre autres Alan Cameron[25] ? Ou, pour partie en tout cas, une œuvre de polémique contre divers libelles chrétiens, comme le pense Stéphane Ratti[26] ? Ou encore une forme de riposte aux écrits des pèlerins chrétiens qui participent à un mouvement général de christianisation de l'espace occidental, comme le propose subtilement Joëlle Soler[27] ? La chose est loin d'être sûre. Dans quelle mesure d'ailleurs, plus largement, les païens lisaient-ils les œuvres des chrétiens ? Assez rarement sans doute, malgré le contre-exemple que constitue l'auteur de l'*Histoire Auguste*,

24. P. de Labriolle, *La réaction païenne*, Paris, Artisan du livre, 1934, rééd. Paris, Éditions du Cerf, 2005.

25. Al. Cameron, « Rutilius Namatianus, St. Augustine, and the Date of the *De reditu* », *Journal of Roman Studies* 57, 1967, p. 31-32 ; voir aussi l'article plus ancien de A. Dufourcq, « Rutilius Namatianus contre saint Augustin », *Revue d'histoire et de littérature religieuses* 10, 1905, p. 488-492.

26. S. Ratti, « Rutilius Namatianus, Aelius Aristide et les chrétiens », à paraître dans *Antiquité tardive* 14, 2006.

27. J. Soler, « Religion et récit de voyage. Le *Peristephanon* de Prudence et le *De reditu suo* de Rutilius Namatianus », *Revue d'études augustiniennes et patristiques* 51, 2005, p. 297-326. Si nous ne partageons pas les conclusions de cet article, il ouvre néanmoins des perspectives très intéressantes.

en dehors des milieux attirés par la théologie. En philosophie, Rutilius penche pour un stoïcisme éclectique (cf. I, 17-18 ; II, 31-32), teinté de néo-platonisme, qui avait alors les faveurs de l'aristocratie païenne.

Parmi sa famille proche, Rutilius n'évoque que son père Lachanius (I, 575-596), mort à l'époque du voyage, qui fut consulaire d'Étrurie et d'Ombrie (I, 579-596) et à ce titre honoré d'une statue à Pise (I, 575-576), comte des largesses sacrées (I, 583), questeur du palais (I, 584), et préfet de la Ville plutôt que du prétoire (I, 585)[28].

En revanche il mentionne plusieurs parents et amis, tous hauts fonctionnaires, auxquels le *De reditu suo* permet de rendre hommage tout en glorifiant les valeurs de l'*amicitia*[29]. Les parents sont Palladius, qui étudie depuis peu le droit à Rome (I, 207-210), et son père Exuperantius, qui a apparemment réprimé en Bretagne un mouvement de Bagaudes (I, 213-216). Parmi les amis, deux sont gaulois : Victorinus, qui a dû quitter Toulouse prise par les Wisigoths d'Athaulf en 413 (I, 494-496) ; Protadius, originaire de Trèves, qui a été contraint par les invasions d'abandonner les possessions de ses pères et vit dans un modeste domaine d'Ombrie (I, 551-554). Les autres sont Rufius Volusianus, un homme précoce et plein d'avenir (I, 168-178 et 415-422), Messalla, poète et ancien préfet du prétoire (I, 267-276), Albinus, qui succéda à Rutilius comme préfet de la Ville (I, 467-468), Decius, gouverneur d'Étrurie, et son père Lucillus, ancien comte des largesses sacrées (I, 599-614). On reviendra plus loin sur la signification de cette galerie de portraits, d'où les femmes sont remarquablement absentes.

Dans son éloge de Rome au livre I, Rutilius oppose explicitement la civilisation à la barbarie, et dans son invective contre Stilicon au livre II, il accuse celui-ci d'avoir ouvert Rome à « ses suppôts en fourrures de bêtes » pour essayer « de survivre à la nation romaine » (II, 49 et 43). Même s'il

28. Voir A. Chastagnol, *Les Fastes de la préfecture de Rome au Bas-Empire*, p. 272.

29. Ils sont répertoriés dans notre Annexe prosopographique.

était exclu de défendre Stilicon après son élimination en 408, Rutilius n'en est pas moins un bon représentant du courant d'opinion antigermanique, qui transcendait au reste largement les clivages entre païens et chrétiens.

Au bout du compte, Rutilius est assez typique de l'aristocratie païenne du Bas-Empire, fière de la grandeur romaine[30], figée dans une réaction entêtée, dévouée au bien public mais attachée aussi à son intérêt égoïste[31]. Par ailleurs, par son œuvre, il s'inscrit dans la floraison de la littérature latine en Gaule aux IVe et Ve siècles (citons, comme à peu près contemporains de lui, Paulin de Nole, Sulpice Sévère, Cyprien le Poète, Paulin de Pella, Eucher de Lyon, Orens (Orientius) d'Auch, Prosper d'Aquitaine et le pseudo-Prosper)[32].

S'il a vécu une époque de mutations profondes et de bouleversements violents, Rutilius n'a sans doute pas mesuré l'ampleur des changements qui se produisaient. Il serait absurde de le lui reprocher ; nous, modernes, analysons *post eventum*. A ces événements, il a répondu par un programme réactionnaire au sens propre, glorifiant par exemple un sénat qui n'avait plus de pouvoir réel, ou ne présentant les chrétiens que sous la forme de quelques marginaux isolés. Le talent littéraire n'exclut pas l'aveuglement historique.

30. On note plusieurs piques contre les Grecs (I, 100 et 263), qui peuvent aussi s'expliquer par les relations alors tendues entre les deux parties de l'empire. Voir É. Wolff, « Quelques aspects du *De reditu suo* de Rutilius Namatianus », *Vita Latina* 173, décembre 2005, p. 72.

31. Ainsi Victorinus semble-t-il avoir volontairement interrompu sa carrière politique pour se retirer sur ses terres (I, 508).

32. Les informations que Rutilius nous donne sur les malheurs de la Gaule consécutifs à l'invasion de 406-407 trouvent d'ailleurs une confirmation dans le *De prouidentia* de Prosper d'Aquitaine, l'*Ad coniugem* du pseudo-Prosper, l'anonyme *Epigramma Paulini* (voir sur ce texte É. Griffe, « L'*Epigramma Paulini*, poème gallo-romain du Ve siècle », *Revue des Études Augustiniennes* 2, 1956, p. 187-194, et surtout A. Fo, « Il cosidetto *Epigramma Paulini* attribuito a Paolino di Béziers », *Romanobarbarica* 16, 1999, p. 97-167) et l'*Eucharisticos* de Paulin de Pella.

Le *De reditu suo* et l'apport des fragments

C'est la seule œuvre que Rutilius ait apparemment écrite. Elle comprenait deux livres (II, 9 : *opuscula bina*) : nous en connaissons le livre I (644 vers, avec sans doute une lacune d'au moins deux vers au début) et une partie du livre II (vers 1-68), ainsi que deux passages mutilés découverts en 1973. Le titre n'en est pas établi de manière certaine[33] : c'est *De reditu suo* dans *V* (titre et *inscriptio* du livre II), tandis que l'édition princeps tantôt donne seulement *Itinerarium* (titre interne), tantôt juxtapose *De reditu suo* et *Itinerarium* (*inscriptio* du livre II). Cependant, selon F. Vollmer, il faudrait rétablir pour titre original *Iter Gallicum*, dont *Itinerarium* serait une déformation[34] ; J. Carcopino en revanche juge que *Itinerarium* est une corruption de *Iter maritimum*[35]. Mais A. Bartalucci fait remarquer que *Itinerarium* a tout l'air d'une glose qualifiant de manière générique le contenu de l'œuvre[36] ; on sait en effet que le terme désigne un guide des voies terrestres ou maritimes (par exemple l'*Itinerarium prouinciarum et maritimum Antonini Augusti*), ou peut-être, exceptionnellement, un poème racontant un voyage (ainsi l'*Itinerarium Bregantionis castelli* = *Carmina* I, 1 d'Ennode, en distiques

33. On se rappellera, au reste, que les œuvres antiques n'avaient pas toujours de titre fixe : le tour *de* + ablatif, indiquant sur quoi portait l'œuvre, servait alors à la désigner.

34. F. Vollmer, « Rutilius Claudius Namatianus », *RE* II (zweite Reihe), 1, col. 1252. E. Doblhofer accepte la correction de Vollmer, mais combine son titre avec celui de *V* pour adopter le titre double de *De reditu suo sive Iter Gallicum.*

35. J. Carcopino, *Rencontres de l'histoire et de la littérature romaines*, Paris, Flammarion, 1963, p. 269-270.

36. A. Bartalucci, compte rendu de l'édition de E. Doblhofer, *Sileno* 5-6, 1979-1980, p. 406. L'idée a été reprise par J.-L. Charlet et A. Maranini, « Le *Liber (Fuluii) Vrsini* : un nouveau témoignage sur la transmission du texte de Rutilius ? », à paraître, qui attribuent explicitement ce titre à Pio.

élégiaques)[37]. Si *Itinerarium* est une glose, les restitutions de Vollmer et Carcopino sont sans fondement, et il n'y a pas de raison de récuser le titre donné par *V*, qui est le moins incertain[38], ni de l'abréger en *De reditu*[39].

La découverte, il y a une trentaine d'années, de deux nouveaux fragments du *De reditu suo*[40] a marqué un tournant dans les études relatives à Rutilius Namatianus, non sans donner un cruel démenti aux affirmations de certains savants. Une codicologue italienne, Mirella Ferrari, retrouvait en 1973 dans les collections de la Bibliothèque Nationale Universitaire de Turin, sur un lambeau de parchemin remployé pour raccommoder un autre *codex* dans la seconde moitié du XVe siècle, 39 vers en deux séries (A : 20 vers, soit 10 distiques élégiaques ; B : 19 vers, soit 9 distiques et un hexamètre dactylique), écrits en minuscule cursive nord-italienne des VIIe-VIIIe siècles[41]. La mention dans le fragment B du deuxième consulat de Constantius (417), l'évocation de la Ligurie en A, mais aussi dans les deux fragments la métrique, la langue, le style, tout permettait d'y reconnaître sans conteste deux passages de la partie perdue du livre

37. Voir J. Soler, *Écritures du voyage. Héritages et inventions dans la littérature latine tardive*, Paris, Institut d'Études Augustiniennes, 2005, p. 36-38.

38. La perte de quelques vers au début de l'œuvre peut évidemment impliquer que le titre original a été également perdu.

39. Comme le fait dans son édition E. Castorina.

40. En 1844, un certain Bégin, de Metz, publia en traduction deux prétendues lettres de Rutilius. La chose ne trompa personne. Voir J.M. Quérard, *Les supercheries littéraires dévoilées*, Paris, Maisonneuve et Larose, 1964 (reproduction de l'édition de 1869), 3 vol., t. III, col. 479-480. En revanche, les fragments dont nous parlons ici sont authentiques.

41. M. Ferrari, « Spigolature bobbiesi II. Frammenti ignoti di Rutilio Namaziano », *Italia medioevale e umanistica* 16, 1973, p. 13 et 15-30.

II du poème de Rutilius Namatianus[42]. Selon toute vraisemblance, ce fragment est un *membrum disiectum* du fameux manuscrit, aujourd'hui perdu, de Bobbio, découvert et sans doute copié par Giorgio Galbiato en 1493, d'où découlent les deux manuscrits du XVIe siècle sur lesquels se fondent nos éditions (voir plus bas).

On admettait déjà que le poème était acéphale ; on avait maintenant, grâce à la découverte de M. Ferrari, la preuve qu'il ne s'arrêtait pas au vers 68 du livre II. Certes, la majorité des éditeurs et des commentateurs inclinait à penser que le voyage s'était poursuivi au-delà de Luna et que la suite de ce récit nous manquait. Des doutes subsistaient cependant, entretenus par la position prise jadis par un prestigieux critique : J. Carcopino s'était fondé sur la règle du *mare clausum*, période dont le début (11 novembre) se trouvait coïncider selon lui avec l'escale de Luna dans le récit, pour estimer que nous avions là à la fois la fin du voyage maritime et la fin du poème[43]. On doit ajouter, pour être juste, que le fragment B

42. L'attribution des deux fragments à Rutilius, qui avait été acceptée par l'ensemble des savants, a été remise en cause récemment, sur des arguments assez fragiles par M.P. Billanovich, « Il carme di Costantina : romano o pavese ? e i frammenti attribuiti a Rutilio Namaziano », *Italia medioevale e umanistica* 39, 1996, p. 22-24 ; elle a été suivie par J.-L. Charlet, « Histoire résumée du texte et des éditions de Rutilius Na(u)mati(an)us », p. 59.

43. J. Carcopino, « Chronologie et histoire littéraire. A propos du poème de Rutilius Namatianus », *Revue des Études latines* 6, 1928, p. 199. En fait, d'une part la règle du *mare clausum* n'était pas absolue (voir E. de Saint-Denis, « Mare clausum », *Revue des Études latines* 25, 1947, p. 197, 207 et 213-214, qu'on peut compléter par J. Rougé, « La navigation hivernale dans l'Empire romain », *Revue des Études anciennes* 54, 1952, p. 316-325), d'autre part il n'est pas prouvé que Rutilius soit parvenu à Luna le 11 novembre, la datation précise du départ et des étapes étant impossible (voir plus loin) ; enfin, comme l'a souligné F. Paschoud, « Une relecture poétique de Rutilius Namatianus », *Museum Helveticum* 35, 1978, p. 320, « il était exclu d'emblée de penser qu'un poète aussi attaché que Rutilius

en son vers 7 donne en revanche raison au même Carcopino sur la *quaestio uexata* de la date du poème : la mention du consulat bis de Constantius confirme en effet la datation de 417 qu'il avait proposée et qui fut adoptée par la suite par Al. Cameron[44], contre I. Lana[45], qui voulait dater le poème de l'année 415[46]. Signalons pour mémoire la position conciliatrice ou intermédiaire de F. Della Corte[47], selon lequel 415 est l'année du voyage réel, 417 celle de la composition du poème. Les fragments nous permettent donc de dater définitivement l'œuvre et de préciser l'extension du poème, dont on peut penser maintenant de façon plus sûre qu'il comportait deux livres de longueur comparable, rien ne permettant

à l'esthétique la plus classique ait pu offenser ses règles en terminant abruptement, après 68 vers, son second livre, cela d'autant plus qu'il venait de consacrer le début de ce livre 2 au problème de la division de son poème en deux livres ».

44. Al. Cameron, « Rutilius Namatianus, St. Augustine, and the Date of the *De reditu* », *Journal of Roman Studies* 57, 1967, p. 31-39.

45. I. Lana, *Rutilio Namaziano*, Torino, Giappichelli, 1961, p. 11-60. Il a été suivi par E. Castorina, Claudio Rutilio Namaziano, *De reditu*, introduzione, testo critico, traduzione e commento, Firenze, Sansoni, 1967, réimpr. 1975, p. 168, et par F. Corsaro, *Studi rutiliani*, Bologna, Pàtron, 1981, p. 7-53.

46. I. Lana et E. Castorina n'ont du reste pas changé de position, car ils interprètent le vers 7 du fragment B comme une allusion au premier consulat de Constance, en 414 ; voir la note au passage.

47. F. Della Corte, « Rutilio Namaziano ad Albingaunum », *Romanobarbarica* 5, 1980, p. 97 ; mais il faudrait alors supposer que Rutilius, contrairement à son habitude, n'a pas cherché dans ce passage du fragment B à donner l'illusion d'une écriture contemporaine du voyage. On trouvera dans le compte rendu déjà cité de A. Bartalucci à l'édition de E. Doblhofer, *Sileno* 5-6, 1979-1980, p. 404, un clair récapitulatif des différentes datations proposées avant et après la découverte des nouveaux fragments.

de supposer un inachèvement. On ne sait cependant jusqu'où conduisait le récit.

En outre, ces fragments corrigent l'image un peu rigide que l'on avait de Rutilius et le montrent plus nuancé. En effet il n'hésite pas, on l'a dit, à y mettre de côté sa partialité religieuse pour louer un chrétien, Flavius Constantius, le futur Constance III, au nom de la romanité[48].

Nature et genre de l'œuvre

Comme on a surtout étudié le *De reditu suo* sous son aspect documentaire[49], on s'est peu interrogé sur sa nature. Par sa composition apparemment linéaire, celle d'un récit de navigation côtière où la narration à la première personne est ponctuée par les étapes, il s'apparente sans aucun doute à la *Reisesatura* illustrée par Lucilius et Horace. Mais il s'agit d'un récit librement arrangé, réélaboré après coup, encore plus éloigné du journal de voyage que ne l'était le voyage à Brindes d'Horace (*Satires* I, 5). Si les critiques, dans leurs tentatives pour reconstituer au jour près le détail du voyage, arrivent tous à des résultats différents, c'est, suggère François Paschoud, qu'une reconstitution exacte est vouée à l'échec : Rutilius n'a pas écrit un reportage, il a transformé une réalité vécue en œuvre d'art, ce qui implique quelques défor-

48. Voir aussi W. Verbaal, « A Man and his Gods. Religion in the *De reditu suo* of Rutilius Namatianus », *Wiener Studien* 119, 2006, p. 170-171.

49. L'œuvre fournit notamment des renseignements importants sur l'état de la côte tyrrhénienne au Ve siècle, voir A.P. Mosca, « Aspetti topografici del viaggio di ritorno in Gallia di Rutilio Namaziano », dans *Pothos : il viaggio, la nostalgia*, a cura di F. Rosa e F. Zambon, Trento, Università degli studi di Trento, 1995, p. 133-151. Plusieurs articles ont aussi été consacrés aux informations que donne Rutilius sur l'ancienne topographie de Pise, par exemple C. Di Spigno, « Topografia pisana in Rutilio Namaziano », *Rendiconti dell'Accademia dei Lincei*, serie VIII, 4, 1949, p. 183-189.

mations[50] et des choix[51]. François Paschoud montre bien que l'interprétation littérale de plusieurs épisodes est impossible, et que certaines coïncidences ont une forme si favorable à la littérature qu'on ne peut pas ne pas supposer un artifice[52].

De plus, si on les réduisait aux distiques qui constituent proprement le récit du voyage, les 712 vers conservés de l'œuvre, nouveaux fragments non compris, en feraient moins de 300[53]. Le récit de voyage n'est en réalité qu'une trame, dans laquelle s'insère une grande variété de développements : des éloges, et d'abord celui de Rome, en un premier temps esquissé (I, 1-18), puis longuement repris (I, 43-164), auquel fait écho la brève *laus* de l'Italie au début du livre II (17-40) ; mais aussi des éloges en forme de panégyriques de parents ou d'amis : Rufius Volusianus (I, 168-178 et 415-428), Palladius et son père Exuperantius (I, 207-216), Messalla (I, 267-276), Albinus (I, 466-474), Victorinus (I, 493-510), Protadius (I, 542-558), Lachanius, père de Rutilius (I, 575-596), Decius et son père Lucillus (I, 599-614). En contrepoint, des attaques ou des invectives : contre les Lépides (I, 295-312), contre l'hôte acariâtre de Falésie et les juifs (I, 381-398), contre les moines de Capraria (I, 439-452), contre le solitaire anonyme de Gorgon (I, 517-526), contre les fonctionnaires qui pillent le trésor public (I, 607-614), contre Stilicon (II, 41-60).

50. F. Paschoud, « Une relecture poétique de Rutilius Namatianus », p. 320-322.

51. Par exemple, Rutilius passe sous silence des cités relativement importantes et pourtant bien visibles de la côte, comme Telamon (aujourd'hui Talamone), juste au nord du Monte Argentario, qui ne devait pas s'intégrer dans son propos (voir aussi la note à I, 226). A l'inverse, s'il mentionne Capraria et Gorgon, c'est seulement afin de pouvoir se lancer dans une invective contre les moines.

52. F. Paschoud, « Une relecture poétique de Rutilius Namatianus », p. 322-327.

53. F. Paschoud, « A quel genre le poème de Rutilius Namatianus appartient-il ? », *Revue des Études Latines* 57, 1979, p. 322.

Ces attaques, jointes à maintes notations attristées, révèlent moins chez Rutilius Namatianus une veine satirique qu'elles ne mettent en évidence l'inquiétude d'un homme qui, en ces temps d'ébranlement et de malheur, ne percevait, tout en affirmant l'éternité de Rome, aucune force de renouveau[54]. Il faut encore y ajouter des digressions d'un autre ordre, souvent didactiques (la notice sur l'industrie sidérurgique de l'île d'Elbe, I, 351-368, prolongée par des vues désenchantées, et actuelles derrière le *topos*, sur la corruption causée par l'or ; les vers consacrés, en I, 475-490, aux salines de Volterra), ou encore cynégétiques (la chasse au sanglier, près de Pise, en I, 621-630).

D'autre part le *De reditu suo*, par son mètre, le distique élégiaque, se situe dans la tradition de l'élégie. Un rapprochement peut être établi avec Ovide (l'Ovide du livre I des *Tristes* notamment), au nom d'une analogie de situation : l'un et l'autre quittent Rome, par mer, à une période défavorable de l'année, en sachant qu'ils n'y reviendront sans doute jamais. Car si Rutilius apparemment rentre dans son pays natal, tandis qu'Ovide frappé de relégation doit partir contre son gré, en fait le retour de Rutilius prend la forme d'un exil parce qu'il est éloignement de la patrie véritable, Rome (cf. I, 19)[55]. L'esprit de Rutilius reste d'ailleurs fixé sur Rome, et non sur sa destination, dont il est à peine question.

54. Voir G. Stampacchia, « Problemi sociali nel *De reditu suo* di Rutilio Namaziano », *Index* 17, 1989, p. 243-254. L'ambiguïté du propos, la tension sensible dans le poème entre espérance affichée et manque de confiance évident, entre idéal de renouveau et réalité du déclin, expliquent que Rutilius puisse être qualifié par les critiques à la fois de pessimiste et d'optimiste, voir M. Roberts, « The Treatment of Narrative in Late Antique Literature : Ammianus Marcellinus (16, 10), Rutilius Namatianus, and Paulinus of Pella », *Philologus* 132, 1988, p. 186-187.

55. Si le thème des deux patries affleure ici, Rutilius l'aborde d'une manière bien différente de celle d'un Cicéron.

Au bout du compte, le *De reditu suo* apparaît inclassable dans un genre littéraire déterminé. Il faut y voir autant l'effet du mélange des genres caractéristique de l'Antiquité tardive, que le fruit du génie propre de Rutilius, qui a su dépasser les cloisonnements génériques, et écrire avec une matière diverse une oeuvre qui évite la disparate. Là du reste réside sans doute le secret de son charme.

L'*iter* de Rutilius : du motif au genre[56]

Tel est le point de vue qui prévaut chez la plupart des commentateurs, et qui revient à dire que le thème du voyage n'est pour Rutilius qu'une occasion d'assembler avec art des matériaux divers. La question mérite cependant d'être reprise, ce à quoi s'est attachée Joëlle Soler. Certes, le poème n'est classable dans aucun des grands genres de l'antiquité. Toutefois, il est probable que les lecteurs contemporains parvenaient sans peine à l'intégrer dans une catégorie littéraire qui, sans avoir vraiment le statut d'un genre, est bien présente à Rome, celle de l'*iter,* description détaillée d'un parcours. Ce motif, qui se situe en marge du système des grands genres, a été investi par Rutilius de façon à lui faire jouer un rôle proche de celui du genre, comme composante textuelle, parce qu'elle relie un thème (le voyage) à une structure (la liste de toponymes) et à une forme codifiée d'expression (la description ou *ekphrasis*), parce qu'elle suscite, de la part du lecteur qui connaît les devanciers de Rutilius, des attentes, et parce que, enfin, lui sont attachées des fonctions spécifiques. Cette catégorie permet ainsi de conférer une identité et une unité au texte, tant du point de vue de l'auteur que du point de vue du lecteur, et ce, aux différents niveaux de cet acte discursif complexe qu'est le *De reditu suo*.

56. Voir J. Soler, « Le poème de Rutilius Namatianus et la tradition du récit de voyage antique : à propos du 'genre' du *De reditu suo* », *Vita Latina* 174, juin 2006, p. 104-113.

L'*iter* est un motif mineur mais bien illustré à Rome[57]. Avant que Rutilius ne le développe pour en faire la trame de tout son poème, il n'est qu'un *topos* facilement isolable dans un ensemble plus vaste, épopée ou recueils de genres variés. Il consiste en une description de voyage, qui déroule de manière exhaustive et détaillée la liste des étapes par lesquelles le voyageur est passé. La route suivie, terrestre ou maritime, est l'objet de l'*ekphrasis*.

Sans développer dans tous ses détails l'histoire littéraire de ce motif[58], rappelons simplement que l'*iter* est d'abord un héritage de la poésie alexandrine savante : Apollonios de Rhodes, dans ses *Argonautiques*, s'approprie le périple géographique en l'intégrant au genre épique[59]. Ces passages énumératifs, qui flattent le goût des contemporains pour la miniature et la description virtuose, demeurent liés, dans la littérature latine, à l'univers héroïque ou arétalogique, et à une poésie mythologique et savante[60]. Virgile les dote en outre d'une fonction dans l'économie narrative de l'*Énéide* : le périple poétique contribue à définir l'*èthos* du héros voyageur, qui parvient à une conscience de plus en plus fine de son itinéraire et de son destin, qui arpente et maîtrise l'espace qu'il traverse, démontrant ainsi sa supériorité sur Ulysse[61].

57. Lucilius, *Satires*, livre III, fragments 97-146 Marx = 1-34 Charpin ; Horace, *Satires* I, 5 ; Ovide, *Tristes* I, 10.

58. Voir sur ce sujet J. Soler, *Écritures du voyage. Héritages et inventions dans la littérature latine tardive*, p. 29-118.

59. Voir par exemple *Argonautiques* I, 580-608 ; II, 649-661, 720-728, 899-945, 962-971, 1000-1032, etc.

60. Ovide décrit ainsi le parcours inquiet de Cérès en Sicile (*Fastes* IV, 467-480), ou celui d'Énée (*Métamorphoses* XIII, 623-XIV, 608).

61. Les périples deviennent plus longs au cours du chant III : 124-131, 268-277, 548-553, 687-708. Voir *Il libro terzo dell'Eneide*, a cura di P.V. Cova, Milano, Vita e pensiero, 1994, p. XXXIV. La postérité de cet emploi épique du périple ou de l'itinéraire est grande : dans la *Pharsale*, Lucain décrit les voyages de Pompée (VIII, 244-255) et de Caton (IX, 36-44), en faisant de nombreuses

Mais certains auteurs latins s'inspirent de ce motif de manière plus originale, en en récusant la valeur épidictique. Lucilius, puis Horace à sa suite, transforment le périple maritime en itinéraire terrestre pénible et laborieux ; Horace, tout particulièrement, se sert de ce petit genre descriptif pour se représenter dans la posture du voyageur anti-héroïque, parlant à la première personne, et dont l'*iter* signale la faiblesse et l'humilité. L'*iter* est évidemment aussi un indice générique, pour Horace comme pour Ovide : *ego*, poète satirique ou élégiaque, se définit au terme d'un parcours littéraire « sur les traces de », qui lui permet de distinguer le genre qu'il illustre du grand genre épique. L'*iter* est un motif doté d'une forte signification métalittéraire.

Il garde toutefois dans d'autres contextes la valeur épidictique héritée de la poésie épique : c'est ainsi un *topos* du *propemptikon*, poème en l'honneur d'un voyageur qui part, d'après la *Silve* III, 2 de Stace (83-89, 101-120, 136-141), et les préceptes donnés à ce sujet par Ménandre le Rhéteur (398, 29-399, 10 Spengel). L'itinéraire retracé contribuera dans ce cas à rehausser l'éclat du personnage dont on fait l'éloge à l'occasion de son départ.

A la fin du IVe siècle et au début du Ve, après une assez longue absence, le motif semble connaître un regain d'intérêt : il fournit une trame aux premiers vers de la *Moselle* (1-22) d'Ausone, dans lesquels le poète décrit son voyage des rives du Rhin, où il a accompagné Valentinien et Gratien en 368, à celles de la Moselle. Mais c'est Rutilius Namatianus qui le traite véritablement comme un genre, en en étendant considérablement les dimensions et en en faisant le fil directeur de tout son poème. Ces deux auteurs décrivent des voyages officiels, ou du moins étroitement liés à un engagement civi-

références à Énée ; dans les *Argonautiques* de Valérius Flaccus, le périple peut être une figure d'exaltation du destin conquérant de Rome (II, 6-20 et 621-626 ; V, 101-106 et 120-139).

que[62], et tirent profit de la dimension épidictique de l'*iter* pour exalter, à leur propre avantage, la valeur du *ciuis Romanus*, dévoué à sa patrie[63], et qui, grâce à ses talents littéraires, est capable de fonder et de délimiter à nouveau un espace culturel gréco-romain, en jalonnant la description de son parcours de références savantes.

Au IVe siècle, la description des côtes, de ses endroits remarquables, suivant le point de vue du navigateur qui la longe, connaît un renouveau de faveur, sous la forme des poèmes géographiques d'Aviénus[64]. Rutilius, à son tour, emprunte la forme du périple pour rendre compte de son cabotage. Il décrit ainsi, le plus souvent à la première personne du pluriel, parfois à la première du singulier, les manœuvres de l'équipage et la progression du bateau[65]. Les lieux semblent apparaître brutalement dans son champ de vision[66]. Il indique

62. D'après Jérôme (*De Viris illustribus* LXXX, 2), Lactance aurait également écrit un Ὁδοιπορικόν en hexamètres, dans lequel il racontait son voyage d'Afrique à Nicomédie, où il était appelé par Dioclétien pour enseigner la rhétorique, vers 290.

63. Peut-être sont-ils ainsi fidèles à un *Iter* célèbre qui ne nous est pas parvenu, celui que César écrivit sur son voyage en Espagne, à la poursuite des derniers partisans de Pompée, et qui est mentionné par Suétone, *Vies des douze Césars*, « César » 56, 6.

64. L'*Ora maritima* et la *Descriptio orbis terrae* (poème périégétique, traduit de Denys d'Alexandrie, qui prend volontiers la forme du périple). Voir É. Wolff, « Aviénus et la poésie didactique », dans *Musa docta. Recherches sur la poésie scientifique dans l'Antiquité*, Saint-Étienne, Publications de l'Université, 2006, p. 363-376.

65. Singulier : I, 454, 463, 616. Pluriel : I, 165, 185, 217, 219, 227, 237, 279, 281, 321, 327, 429, etc. Nous avons cherché dans la mesure du possible à garder cette alternance dans la traduction.

66. Le thème du surgissement est très présent dans l'œuvre, les lieux se montrent plus qu'on ne les voit (cf. I, 351 : *occurrit...Ilua* ; I, 431 : *incipit...ostendere Corsica montes* ; I, 439 : *iam se Capraria tollit* ; I, 515 : *assurgit...Gorgon* ; II, 15 : *incipiunt Appennini deuexa uideri*, etc.). Cette présentation est liée à un ef-

également la qualité des ports[67], les passages dangereux[68], et les points remarquables, embouchures de fleuves ou montagnes[69]. À plusieurs reprises, il fournit des distances ou des mesures du territoire[70].

Mais le périple est aussi et surtout pour Rutilius un moyen de faire son propre portrait, son propre éloge, suivant la tradition littéraire qui a déjà tissé auparavant un lien entre description d'un *iter* et représentation du caractère d'un personnage. De fait il ne manque pas une occasion de rappeler sa carrière et ses charges politiques : d'abord dans l'hymne à Rome, il fait allusion à sa charge de préfet (I, 157-160), sur laquelle il reviendra deux fois (I, 423-424 et 467-468) ; puis au moment où il décide d'aller à Pise, il mentionne une autre de ses charges, celle de maître des offices (I, 561-564).

Le lieu est souvent l'occasion d'un rappel étiologique[71], ou d'une explication du toponyme par son étymologie[72] : le poète adopte la posture du lettré qui déchiffre le paysage au cours de son voyage et procède à une lecture du territoire. Mais il se définit essentiellement dans son rôle de haut fonctionnaire zélé, dont le retour en Gaule est un service rendu

fort d'effacement du « je » : souvent en effet le sujet de l'action est occulté par l'utilisation du passif ou d'une tournure impersonnelle, comme si le narrateur voulait s'effacer pour laisser place à la description ou même au récit (cf. I, 223 : *Alsia praelegitur tellus Pyrgique recedunt* ; I, 249 : *nosse iuuat* ; I, 293 : *petitur signatus ab Hercule portus* ; I, 295 : *sermo retexit* ; I, 475 : *uacat aspectare*, etc.). Voir É. Wolff, « Quelques aspects du *De reditu suo* de Rutilius Namatianus », p. 70.

67. I, 237-248, 401-402, 531-540.

68. Récifs du mont Argentarius (I, 321-322), chenal peu sûr des Vada Volaterrana (I, 453-454).

69. Embouchures du Munio (I, 279-280) et de l'Umbro (I, 337-338) ; le mont Argentarius (I, 315-320), la Corse (I, 431-432), les Apennins (II, 15).

70. I, 250, 317-318 ; II, 21, 25-26.

71. Voir plus loin.

72. I, 232-234, 249, 281-282, 293.

au bien public. Les circonstances du voyage mettent en relief cet aspect du personnage : le départ de Rome se prête à l'élaboration d'un discours d'adieu, conforme aux préceptes rhétoriques de Ménandre[73], au cours duquel le voyageur évoque sa brillante carrière et son profond attachement à Rome. La séparation d'avec ses amis puis la rencontre de ses pairs, durant le voyage, constituent là encore autant d'occasions de faire leur éloge en se projetant en eux[74]. Ainsi Rutilius Namatianus exploite-t-il les possibilités d'expression liées à l'écriture de l'*iter*, pour se dépeindre sous les traits flatteurs du haut fonctionnaire dévoué, lettré et indéfectiblement attaché à Rome.

Ce fil directeur de l'itinéraire doit donc permettre de nuancer les interprétations qui tendent à faire du *De reditu suo* un pur exemple du mélange des genres caractéristique de l'esthétique tardive. Si la réalité littéraire du poème est complexe, le cadre est bel et bien celui de l'*iter*, mais Rutilius innove en lui associant le distique élégiaque. Il convient, au demeurant, de ne pas se focaliser sur l'appartenance générique du poème.

73. E. Doblhofer, Rutilius Claudius Namatianus, *De reditu suo sive Iter Gallicum*, t. II, p. 29, a fait justement remarquer que la première partie du *De reditu suo* (I, 1-164) répondait au schéma de la *syntaktikè lalia* (Ménandre 393, 31-394, 12 et 430, 9-434, 9 Spengel), discours prononcé par les magistrats ou les hommes politiques en mission au moment de leur départ. Ainsi Rutilius explique son départ par la nécessité où il se trouve de regagner sa patrie, il exprime ses regrets (I, 35-36 et 43-45) et se livre à un long éloge de Rome, mettant en relief ce qui constitue sa grandeur. Il fait des vœux pour cette cité et pour son peuple (115-154), et enfin pour son propre voyage (155-156).

74. Albinus, chez qui Rutilius est hébergé, est ainsi présenté comme un véritable *alter ego* du poète (I, 466-474) ; Rufius est une part de lui-même (I, 426 : *animae portio magna meae*) ; Palladius est l'espoir et la gloire de sa famille (I, 208 : *generis spemque decusque mei*).

Les modèles imités : le poète voyageur et ses doubles[75]

Cela dit, Rutilius mélange les références, et les modèles qu'il convoque sont multiples. Mais un travail concerté d'harmonisation, non seulement évite la disparate, mais donne une cohérence aux éléments insérés. Aussi les modèles imités, loin d'éparpiller le sens, permettent une organisation littéraire de l'expérience et confèrent une intelligibilité au voyage[76].

Les références à Ovide, à l'*Odyssée* et à Virgile, par exemple, prises séparément, sont assez banales et correspondent à des *topoi* de l'époque. Mais lorsqu'on les met en relation les unes avec les autres, une unité se dégage : la plupart d'entre elles rappellent en effet les voyages d'illustres prédécesseurs.

Le rapport à Ovide est d'emblée sensible et le voyage d'Ovide vers l'exil, tel qu'il est décrit dans les *Tristes,* apparaît comme une référence importante pour Rutilius. Dès le premier vers, Rutilius s'adresse au lecteur, procédé particulièrement fréquent dans les *Tristes*[77]. A peine plus loin, le *macarismos* : *O quantum et quotiens possum numerare beatos, / nasci felici qui meruere solo* (I, 5-6) est évidemment un écho de *Tristes* III, 12, 25-26 : *O quater et quotiens non est numerare beatum, / non interdicta cui licet Vrbe frui.* Arrivé au port de Rome, Rutilius, après avoir rappelé la joie que, selon Homère, cause la vue d'une fumée qui s'élève des foyers de la patrie (I, 195-196), comme le faisait aussi Ovide (*Pontiques* I, 3, 33-34), entend le bruit du cirque et des théâtres de Rome (I, 201-202), qu'Ovide était réduit à imaginer (*Tristes* III, 12, 23-24). Ces allusions ont un sens : Rutilius

75. Voir J. Soler, *Écritures du voyage. Héritages et inventions dans la littérature latine tardive*, p. 272-301.

76. M. Roberts, « The treatment of narrative in Late Antique Literature. Ammianus Marcellinus (16.10), Rutilius Namatianus and Paulinus of Pella », p. 187-188.

77. *Tristes* I, 7, 32 ; I, 11, 35 ; III, 1, 2 ; IV, 1, 2 ; IV, 10, 132 ; V, 1, 66.

veut dire qu'il écrit ses propres *Tristes*[78]. Il force ainsi l'analogie entre sa situation et celle du poète augustéen, de façon à donner plus d'éclat à son propre dévouement (partir en Gaule devient une forme d'exil consenti)[79].

Le choix original du distique élégiaque, un schéma métrique qui a été très peu employé en littérature après l'époque augustéenne (on ne peut guère citer que Martial, Pentadius, le Lactance du *De aue Phoenice,* quelques textes d'Ausone, de Prudence et de Claudien), renvoie également à Ovide, à la fois en tant qu'il est le maître de la poésie personnelle élégiaque, et dans la mesure où il a montré que le distique convenait à tous les sujets (qu'on en juge par les *Fastes*, le *Contre Ibis* ou même l'*Art d'aimer*). Rutilius accompagne ainsi, voire suscite le renouveau que connaît le distique élégiaque à partir du Ve siècle (citons notamment le *Commonitorium* d'Orens, les *Fables* d'Avianus, la *Satisfactio* de Dracontius, les *Élégies* de Maximianus et la majorité des poèmes de Venance Fortunat) ; il est alors souvent employé en rupture avec la tradition[80].

Par d'autres traits encore Rutilius retrouve Ovide et les élégiaques augustéens : par sa glorification du patrimoine national

78. Voir A. Fo, « Ritorno a Claudio Rutilio Namaziano », *Materiali e discussioni per l'analisi dei testi classici* 22, 1989, p. 51.

79. Il paraît difficile d'objecter, comme le fait N. Brocca, « A che genere letterario appartiene il *de reditu* di Rutilio Namaziano ? », dans *Forme letterarie nella produzione latina di IV-V secolo*, a cura di F. E. Consolino, Roma, Herder, 2003, p. 252, que Rutilius ne pouvait désirer être assimilé à un poète qui avait été chassé de Rome pour des raisons politiques. Ovide n'était plus senti au Ve siècle comme un condamné. Au contraire Rutilius est comparable à Ovide en ce qu'il quitte Rome pour obéir à une injonction supérieure, quelle qu'elle soit.

80. Conformément à une tendance de la poésie tardo-antique, où le lien entre genre littéraire et schéma métrique déterminé s'affaiblit. Sur le succès de ce mètre chez les poètes chrétiens, voir *La poesia cristiana latina in distici elegiaci. Atti del convegno internazionale, Assisi, 20-22 marzo 1992*, Assisi, Accamedia Properziana del Subasio, 1993.

romain, par son goût, déjà évoqué, pour les développements étiologiques (I, 229-236 : le dieu patron de Castrum d'Inuus ; I, 255-268 : l'origine des thermes de Thermae Taurinae ; I, 287-292 : l'abandon de Cosa par ses habitants ; I, 435-438 : la découverte de la Corse), et par la reprise décalée ou parodique de thèmes élégiaques (voir par exemple I, 43, les baisers à la porte de la *domina*, I, 166, les adieux pleins de larmes, ou I, 189 sq., le départ de l'amant qui se retourne vers sa belle).

Un deuxième masque que Rutilius aime à prendre est celui d'Ulysse. S'il ne se livre évidemment pas à un travail précis de réécriture, mais se contente de réminiscences générales, il prend soin, toutefois, de les ajuster étroitement à son propos. Ces dernières apparaissent en effet lorsque Rutilius croise des individus qui ne respectent pas les valeurs fondamentales de la civilisation gréco-romaine auxquelles lui croit. Le juif de Falésie est ainsi comparé à Antiphatès, le roi des Lestrygons (I, 382), géants anthropophages qui dévoraient les étrangers, car il viole les lois de l'hospitalité et suit un comportement alimentaire inhumain. La foi étrange du moine de Gorgon est assimilée aux poisons de Circé (I, 525-526). Le poète quant à lui se compare, par l'intermédiaire d'Ovide, à Ulysse qui espère apercevoir une fumée montant du sol natal ; cependant pour Rutilius, ce n'est pas une simple fumée, mais l'éclat des monuments qui signale la ville de Rome (I, 193-196). Le parcours réel semble donc doublé d'un parcours textuel, qui modifie les données de l''expérience initiale : le haut fonctionnaire d'origine gauloise devient un nouvel Ulysse qui espère revoir un jour sa terre (Rome), et qui doit lutter en paroles contre des monstres dignes de l'*Odyssée*, des monstres qui menacent l'intégrité et les valeurs de sa patrie spirituelle. Rome serait le terme d'un *nostos* littéraire. Et, de fait, toutes les digressions ramènent en pensée le poète à sa Ville et à son histoire.

Énée est un autre personnage auquel le poète va se référer, pour accomplir ce retour mental vers Rome. Dans l'hymne initial (I, 137), Rutilius fait allusion à la prophétie de Jupiter (*Énéide* I, 278-279), ne fixant aucune borne temporelle à l'empire romain ; à une époque où chrétiens et païens s'opposent pour savoir lequel de ces deux groupes est responsable de la prise de Rome, l'éternité de la Ville est ici fortement réaffirmée[81] : le principe de sa croissance est de renaître toujours de ses cendres (I, 140). Dès lors, il faut se soumettre à cette loi d'éternel retour : Rutilius, en écrivant son voyage, retrace le chemin qui mène aux origines de Rome, comme s'il cherchait à accélérer sa renaissance. En suivant Énée, il retourne à cette époque primordiale.

Ainsi, se séparant de son ami Rufius, Rutilius mentionne l'ancienneté de sa *gens*, qui, « au témoignage de Virgile » (I, 170 : *teste Marone*), remonterait jusqu'aux rois Rutules : le texte fait saillir l'unité qui existe entre les origines légendaires et les personnages actuels, susceptibles de faire renaître la grandeur romaine. Un peu plus tard, le voyageur croise le fantôme d'Énée (I, 181-182), lorsqu'il évite le bras gauche du Tibre, ensablé, auquel ne reste que la gloire d'avoir accueilli le héros troyen : les vicissitudes du présent s'effacent devant une légendaire grandeur.

Après le départ du poète, d'autres lieux de mémoire s''enchaînent, toujours liés à la geste d'Énée. Les lieux de la côte toscane, cités par Rutilius, se trouvent aussi dans le catalogue des alliés étrusques de l'*Énéide* (X, 168-184)[82]. Le poète tardif les agence autrement, puisque sa liste est un itiné-

81. S'il est impossible, on l'a vu, d'affirmer précisément que le *De reditu suo* est une réponse à la *Cité de Dieu* d'Augustin, il est clair néanmoins que le poème s'inscrit dans le contexte des débats sur l'éternité de Rome. Cf. P. Courcelle, *Histoire littéraire des grandes invasions germaniques*, Paris, Hachette, 1948, 3e éd. Collection des Études Augustiniennes, 1964, p. 104-107.

82. Le fait est signalé par W. Maaz, « Poetisch-mythologische Realität in 'De reditu suo' des Rutilius Namatianus », dans *Roma renascens, Beiträge zur Spätantike und Rezeptionsgeschichte, Ilona Opelt von ihren Freunden und Schülern... gewidmet*, herausgegeben von M. Wissemann, Frankfurt-am-Main, Peter Lang, 1988, p. 227, et par A. Fo, Rutilio Namaziano, *Il ritorno*, p. 80.

raire qui suit l'ordre de sa progression géographique ; mais il en conserve la patine archaïque et se sert du pouvoir évocateur de ces noms. D'abord apparaît Pyrgi, *Pyrgi ueteres* chez Virgile (*En.* X, 184), dont Rutilius rappelle qu'autrefois, ce fut une petite ville (I, 224 : *oppida parua prius*). Puis Caeré (*En.* X, 183 ; *De red.* I, 225), les « guérets du Munio » (*En.* X, 183 : *Minionis in aruis* ; *De red.* I, 279 : *litus...Munione uadosum*), la « malsaine Graviscae » (*En.* X, 184 : *intempestae Grauiscae* ; *De red.* I, 281-282, où il est aussi fait mention de l'insalubrité du climat), Cosa (*En.* X, 168 ; *De red.* I, 286), l'île d'Elbe, « riche de ses inépuisables mines d'acier » (*En.* X, 174 : *insula inexhaustis Chalybum generosa metallis*), qui est dite, dans le *De reditu suo*, « fameuse par ses mines qui donnent l'acier » (I, 351 : *Chalybum memorabilis Ilua metallis*)[83], Populonia (*En.* X, 172 ; *De red.* I, 401), et enfin Pise, « alphéenne d'origine » (*En.* X, 179 : *Alpheae ab origine Pisae* ; *De red.* I, 565 : *Alpheae ueterem contemplor originis urbem*). Les toponymes sont donc souvent chargés d'une réminiscence virgilienne, et la liste itinéraire de Rutilius est porteuse de sens dans la mention même des noms de lieux. Elle déroule une sorte de géographie historique, qui dispose, dans l'espace dessiné par l'itinéraire singulier, plusieurs éléments du passé légendaire de Rome. L'itinéraire tel qu'il est présenté rapproche aussi le voyageur d'Énée : son voyage rassemble les composantes étrusques qui, en s'alliant au héros fondateur, ont fait la force de Rome[84]. Le parcours individuel de Rutilius ranime donc l'entreprise originaire, comme si le poète du Ve siècle voulait se pénétrer de la cer-

83. Dans ce développement (I, 351-354), Rutilius réécrit plusieurs passages de l'*Énéide*, notamment la description du travail des Cyclopes (VIII, 418-21, 445-46, 453). Voir A. Fo, Rutilio Namaziano, *Il ritorno,* p. 94.

84. Rutilius peut aussi faire référence à la légende mise en œuvre par Virgile en désignant comme celui-ci l'Étrurie par son ancien nom mythique de Corytus (*De reditu suo* I, 600 ; *Énéide* IX, 10).

titude qu'il participe, par ce retour aux sources, à un mouvement de restauration de Rome.

Même les lieux qui n'appartiennent pas au catalogue virgilien des alliés étrusques sont marqués d'une référence à l'*Énéide*. Ainsi Castrum Novum, localité à moitié en ruines, est identifié par Rutilius avec Castrum d'Inuus (I, 227-232), et l'on a parfois cru qu'il faisait là une confusion et commettait une erreur topographique[85]. Or il n'en est rien. Le poète fait ici une allusion savante à l'ancien nom de cette bourgade, peut-être mentionné par Virgile (*Énéide* VI, 775), suivant une tradition de commentaires dont témoigne Servius[86]. Il est intéressant de comparer le reste du passage concernant ce Castrum d'Inuus chez Rutilius et Virgile. Au chant VI de l'*Énéide*, Anchise, interrogé par Énée lors de sa descente aux Enfers, lui montre les hommes qui feront la grandeur de sa race. Il cite les villes qu'ils fonderont, dont Castrum d'Inuus, et ajoute : « Ce seront alors noms illustres, ce sont maintenant terres sans nom » (VI, 776 : *Haec tum nomina erunt, nunc sunt sine nomine terrae*). Or Rutilius fait une remarque du même genre à propos de ce lieu presque détruit, disant qu'avec le temps, l'ancien nom a disparu (I, 231). Il semble que l'endroit soit redevenu un désert sans nom, comme du temps d'Énée. Le texte ramène le lecteur et le voyageur à cette époque des origines, annonciatrice d'une régénérescence, dont le dieu Inuus, qui « renouvelle les générations mortelles » (I, 235), est peut-être le symbole[87].

85. J. Vessereau et Fr. Préchac, Rutilius Namatianus, *Sur son retour*, Paris, Les Belles Lettres, 1933, p. xv note 3, pensent que Rutilius confond cette bourgade avec le Castrum Inui qui se trouve au sud de Rome.

86. Voir A. Fo, Rutilio Namaziano, *Il ritorno*, p. 82, qui cite le commentaire de Servius à *Énéide* VI, 775 : *una est in Italia ciuitas, quae Castrum Nouum dicitur : de hac autem ait Castrum Inui, id est Panos, qui illic colitur.*

87. On peut noter dans le *De reditu suo* une présence diffuse des divinités de la fécondité et de la régénération : Pan (I, 233) et

De même, la description du port de Centumcellae (I, 239-246) fait penser à un autre passage de l'*Énéide* (I, 157-173) : le moment où les Énéades épuisés abordent aux côtes de la Libye. La précision assez technique de la description du port, qui relève du genre du périple, se double d'un travail minutieux de réécriture littéraire, qui superpose sans cesse au parcours de Rutilius celui d'Énée.

Une péripétie du voyage des Énéades est également rappelée lorsque le poète fustige les Harpyes du trésor, qui pillent les caisses de l'État (I, 609-612). Cette image, que l'on trouve aussi ailleurs[88], semble participer, dans le contexte, à un projet d'ensemble qui double l'itinéraire accompli d'un *iter* littéraire et métaphorique. Là encore le voyageur tardif paraît s'identifier à Énée, pour lutter en paroles contre des ennemis de Rome. L'identification est encore plus nette lorsqu'il contemple, à Pise, la statue de son père Lachanius : « Ici s'offre à mes yeux l'image de mon vénérable père » (I, 575 : *Hic oblata mihi sancti genitoris imago*). Le lecteur pense à la vision d'Énée au milieu de Troie en flammes : « l'image de mon père bien-aimé monta devant moi » (*Énéide* II, 560 : *subiit cari genitoris imago*).

Les écrivains romains de cette époque, païens ou chrétiens, ont souvent utilisé le thème de la chute de Troie pour évoquer la prise de Rome en 410[89], et Rutilius ne fait pas

Faunus (I, 235 : « il renouvelle (*renouat*) par une abondante procréation les générations mortelles (*mortalia semina*) »), Osiris (I, 375-376 : « Osiris enfin ressuscité (*reuocatus*) fait lever les fécondes semences (*germina laeta*) pour des moissons nouvelles (*in fruges nouas*) »). Cela rejoint le thème de la renaissance de Rome (I, 140 : *ordo renascendi*), affirmée dans l'hymne initial.

88. Une invective semblable contre les fonctionnaires des finances, Harpyes du trésor, se trouve dans le *Querolus* 59. La source est *Énéide* III, 211-218.

89. Voir P. Courcelle, « Les lecteurs de l'*Énéide* devant les grandes invasions germaniques », *Romanobarbarica* 1, 1976, p. 34-45.

exception. Pour lui, Stilicon est un traître, qui « a dissimulé un ennemi en armes » dans les entrailles sans défense de la Ville (II, 47), et y introduisit, pour ainsi dire, un nouveau cheval de bois. Ainsi donc, Rome a été prise comme Troie avant elle, mais elle va renaître tout comme Troie, grâce à une fondation pareille à celle d'Énée, à ceci près qu'il s'agit d'une refondation symbolique, d'ordre culturel. Le voyage de Rutilius à travers les textes, comparable à celui d'Énée à travers la Méditerranée, reprend le modèle héroïque, accomplit une fondation, ravivant certains écrits et certains épisodes historiques qui ont fait la grandeur de Rome.

Et c'est cette valeur symbolique et métalittéraire de l'*iter* qui se transmettra aux écrivains postérieurs : Sidoine Apollinaire, Ennode de Pavie ou Venance Fortunat doubleront volontiers la description de leurs parcours réels, sous forme de listes de toponymes, de l'évocation d'itinéraires savants, textuels, au terme desquels ces poètes voyageurs se présentent comme chantres et hérauts de la culture antique (une culture revivifiée, selon eux, par l'esprit du christianisme[90]), assurant grâce à leurs cheminements le transfert de cet héritage gréco-latin[91].

Le voyage

François Paschoud a bien montré qu'on ne pouvait dater au jour près les étapes ni les reconstituer de manière exacte[92]. En effet, Rutilius transpose la réalité et n'en retient que cer-

90. Voir J. Soler, *Écritures du voyage. Héritages et inventions dans la littérature latine tardive*, p. 307-356.

91. La signification métaphorique de ce genre, si bien en accord avec leurs projets, n'échappera pas aux auteurs de la Renaissance lorsqu'ils écriront leurs *Hodoeporica.* Voir, par exemple, le recueil des frères N. et J. Reusner, *Hodoeporicorum sive Itinerum totius fere orbis libri VII*, Basileae, 1580.

92. F. Paschoud, « Une relecture poétique de Rutilius Namatianus », p. 320-321 et 323. Des vers comme I, 192 et 204 montrent bien que le poète s'autorise à réélaborer l'expérience vécue.

tains éléments, on l'a déjà indiqué. Ainsi exclut-il le plus possible, sauf dans quelques cas particuliers qui fournissent matière à des développements signifiants, les détails matériels du registre bas, notamment ce qui touche au logement[93], à la nourriture et à la domesticité ; plus largement il rejette les notations concrètes et contingentes ou les adapte aux nécessités de l'art. A défaut de reconstituer exactement son voyage, on peut du moins examiner ce qu'il nous en dit.

Rutilius a choisi la voie maritime, parce que la voie de terre est exclue pour plusieurs raisons (I, 37-42 : la plaine est impraticable en raison des pluies d'automne, la montagne hérissée de rochers ; la via Aurelia a été saccagée par les Goths, les auberges et les ponts ont été détruits). Après ses adieux à Rome (I, 43-164), il quitte la ville, accompagné de plusieurs amis, notamment Rufius Volusianus, et gagne le Portus Augusti (I, 165-182). Là, il attend quinze jours la nouvelle lune, mais ne nous précise pas où il loge ; à l'issue de ce délai il se sépare de son parent Palladius, qui était donc resté avec lui (I, 182-216).

Il lève l'ancre enfin avec une flottille de petites barques[94], qui doivent lui permettre de se réfugier rapidement sur la côte en cas de mauvais temps ; de fait il pratique le cabotage et couche toujours à terre. Part-il seul avec les mariniers et quelques esclaves ? S'il semble parfois dans le cours du récit que quelqu'un converse avec lui (cf. I, 295), il n'y a aucune mention explicite d'un compagnon, et Rutilius paraît à certains moments réduit aux réflexions solitaires (cf. I, 369).

La première étape (J1) le conduit, le long du rivage toscan[95], à Centumcellae, l'actuelle Civitavecchia, dont le port est

93. Les vers 7-10 du fragment A constituent peut-être une exception.

94. Qualifiées de *nauis*, *cymba*, *puppis*, et cela généralement au pluriel, cf. I, 179, 219, 238, 559. Mais s'agit-il d'un pluriel collectif ou poétique ?

95. Rutilius y voit d'abord Pyrgi, puis Caere (I, 223-225), alors que dans la réalité du voyage l'ordre est inverse. Cet *hysteron proteron* géographique a une raison littéraire, voir la note au passage.

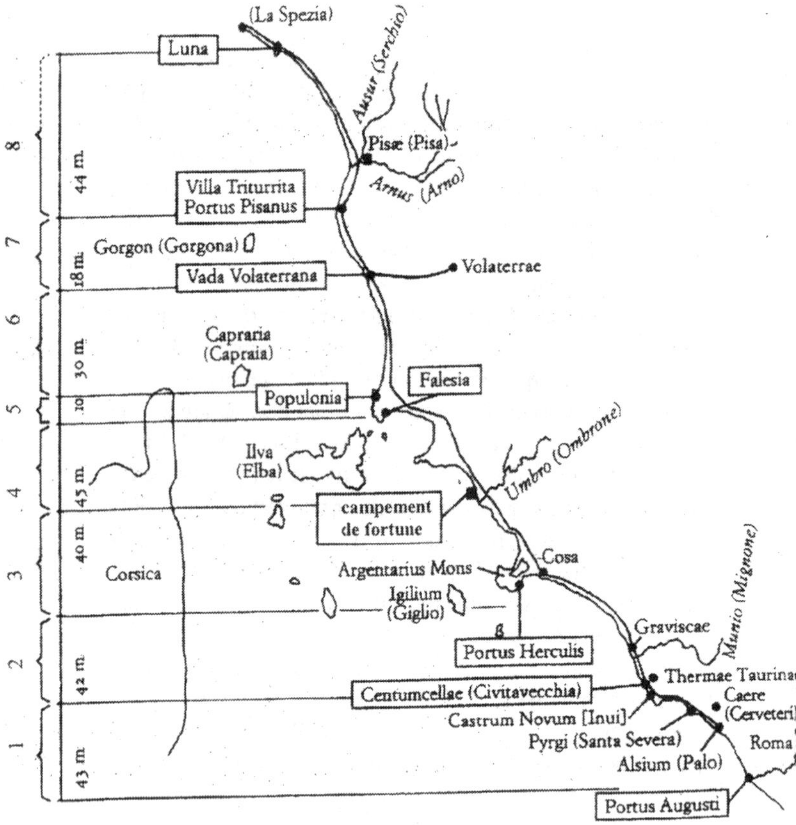

Carte synoptique du voyage

(les distances, en regard des 8 étapes, sont en milles romains ; 1 mille = 1450 mètres)

soigneusement décrit. De là, il va visiter Thermae Taurinae ; car, quoiqu'il doive en principe se dépêcher d'aller aider ses compatriotes, il ne se prive pas de faire du tourisme. Le texte ne dit pas positivement que la visite de cette ville d'eaux eut lieu le jour même (I, 217-276).

La deuxième étape (J2) le mène jusqu'à Portus Herculis, aujourd'hui Port'Ercole. Là, les traces d'un vieux camp suscitent une digression sur l'histoire de la famille des Lépides (I, 277-312).

Le troisième jour de navigation (J3), il contourne le Monte Argentario, voit au loin l'île d'Igilium (Isola del Giglio), et arrive à l'embouchure de l'Umbro (l'Ombrone) ; comme le mouillage est excellent, il voudrait s'arrêter là, mais les matelots préfèrent continuer. Finalement, le vent tombe, la nuit survient, et les voyageurs sont contraints de dormir sur le rivage, abrités par des tentes improvisées (I, 313-348).

Le quatrième jour (J4), ayant en face de lui l'île d'Elbe, il parcourt à la rame la distance qui le sépare de Falésie, où il parvient vers midi ; tous les critiques admettent que la chose est impossible. Là, il assiste aux joyeuses fêtes d'Osiris[96], et loge dans une villa-hôtellerie tenue par un juif désagréable (I, 349-398).

Le cinquième jour (J5), il gagne à la rame Populonia, dont il décrit les ruines, avant d'apprendre que son ami Volusianus a été nommé préfet de la Ville (I, 399-428). La distance parcourue est faible en raison du vent contraire.

Le sixième jour (J6), après avoir vu au loin la Corse[97] et l'île de Capraria peuplée de moines, il atteint les Vada Volaterrana, au curieux chenal artificiel. Le mauvais temps le

96. La fête d'Osiris (I, 373-376) est décrite avant que Rutilius ne descende de bateau. Or il n'y a aucune chance que de la mer il ait pu voir les paysans « répandus à travers les carrefours de la campagne ». Voir la note au passage.

97. Il est peu probable que Rutilius ait réellement aperçu la Corse, distante de plus de 80 kilomètres ; voir I. Lana, *Rutilio Namaziano*, p. 126-129.

force à relâcher au moins jusqu'au surlendemain (cf. I, 463) ; il trouve refuge dans la villa de son ami Albinus, contemple les salines qui se trouvent au-dessous, et a le bonheur de rencontrer le Tolosate Victorinus (I, 429-510).

La septième étape (J8) est assez brève, des Vada Volaterrana à la villa Triturrita, bâtie sur un promontoire artificiel près du port de Pise, qui n'est protégé que par les algues. Rutilius, malgré le beau temps et le vent favorable, veut aller voir son ami Protadius, image de la vertu ; mais il n'est plus question ensuite de leur rencontre[98] (I, 511-558). Il met donc ses bateaux à l'abri et se rend à Pise, le jour même ou plutôt le lendemain. A Pise (J9), il voit la statue de son père Lachanius, fait son éloge, loue également l'actuel *consularis Tusciae et Umbriae*, Decius, et le père de celui-ci, Lucillus (I, 559-614). Revenu à la villa Triturrita, le poète ne peut se remettre en route car le vent a tourné : en attendant (J10) il se livre à une partie de chasse (I, 615-630). L'arrêt forcé se prolonge plusieurs jours (I, 632 : *continuos...dies* ; II, 11 : *tandem nimbosa maris obsidione solutis*).

La huitième et dernière étape connue (J12 au mieux) mène Rutilius de la villa Triturrita (où sans doute il logeait) à Luna ; l'Apennin, au cours du trajet, lui inspire un développement sur la configuration providentielle de la péninsule italienne, auquel s'ajoute une invective contre Stilicon (II, 1-68).

Il est impossible de dater plus précisément les étapes, quoique de nombreux critiques s'y soient employés, en aboutissant significativement à des résultats différents. On ne peut, en effet, conjuguer de manière cohérente les diverses indications chronologiques (précisions météorologiques ou astronomiques : I, 184, 187, 206, 222, 633-638 ; allusions à des *realia* : I, 201-202, 415-418 et 373-376) fournies par le texte.

98. Protadius, dont le domaine est en Ombrie et non en Étrurie, a dû venir jusqu'à Pise à cette occasion. Voir sur cette rencontre problématique A. Fo, « Ritorno a Claudio Rutilio Namaziano », p. 61-62.

Tout au plus affirmera-t-on que Rutilius est parti de Rome dans la seconde moitié d'octobre ou les premiers jours de novembre 417.

Structure de l'œuvre

Elle repose en bonne partie, comme le résumé ci-dessus a permis de le voir, sur la succession des étapes, bien délimitées par des précisions météorologiques ou chronologiques (I, 217-218, 277, 313-314, 349, 399-400, 429-430, 511-512 ; II, 11). Chaque étape est caractérisée par un certain nombre de notations ou d'événements (fait historique, souvenir d'un ami, etc.), qui constituent ainsi une suite de petits tableaux. Ce schéma d'ensemble est néanmoins tempéré à la fois par un système de parallélismes et de récurrences thématiques qui crée un lien entre les séquences autonomes, et par le principe de variété qui soutient l'attention du lecteur.

Les deux livres étaient certainement de dimension équivalente[99]. A l'éloge de Rome du livre I répond au livre II l'éloge de l'Italie. Au livre I, le voyage commence par un arrêt forcé au port de Rome (I, 185-206) et finit par un arrêt forcé au port de Pise (I, 615-644). De plus, au premier comme au dernier jour de navigation de ce livre, Rutilius fait une excursion pédestre (Thermae Taurinae dans un cas, Pise dans l'autre), tandis que les bateaux restent tranquillement au port (cf. I, 238 et 559). Les étapes, ou plus exactement les journées depuis le départ du port de Rome, occupent chacune un nombre de vers sensiblement égal. Ces diverses symétries charpentent le texte.

De même quelques thèmes parcourent l'ensemble du poème. Le plus évident est sans doute celui des ruines[100].

99. Mais il est difficile de savoir si la pause correspond à la moitié du parcours, dans la mesure où on ignore jusqu'où se continuait le récit.

100. N. Brocca, « A che genere letterario appartiene il *de reditu* di Rutilio Namaziano ? », p. 238, veut minimiser l'importance de ce thème chez Rutilius : elle fait remarquer d'une part qu'il est as-

L'Italie que nous présente Rutilius semble parsemée de villes dont la gloire passée s'est dissoute en une lente agonie, et les paysages apparaissent comme les plaies de Rome personnifiée. Il s'agit presque toujours de cités étrusques qui ont perdu leur splendeur passée, sous l'action de la dépopulation et du temps, et dont il ne reste que quelques murs effondrés (Castrum d'Inuus, I, 227-232 ; Cosa, I, 285-286 ; Populonia, I, 409-414) ou quelques maisons (Alsium et Pyrgi, I, 223-224 ; Graviscae, I, 281-282). A ce spectacle, qui suscite de la part de Rutilius des réflexions mélancoliques (I, 409-410 et 413-414), s'ajoute l'évocation de la campagne tyrrhénienne dévastée par les barbares (I, 39-42). Mais les causes ne sont pas les mêmes dans les deux cas : tandis que l'état désolé de la campagne est dû à la violence des Goths, les ruines de la côte tyrrhénienne sont le résultat d'une irréversible dépopulation entraînée par l'ensablement du rivage[101].

Non moins essentiel est le thème de l'eau, qui domine le texte non seulement parce qu'il s'agit d'un récit de navigation, dans lequel la plupart des lieux évoqués sont logiquement situés en bord de mer[102], mais aussi parce que Rutilius semble délibérément s'intéresser aux paysages où l'élément

sez répandu dans la littérature latine, d'autre part que Rutilius évoque aussi des lieux où l'activité poursuit apparemment son cours normal (Centumcellae, I, 237-248 ; le port de Pise, I, 531-540).

101. Cependant, quoique Rutilius n'en dise rien, pour certaines villes de la côte comme Castrum d'Inuus et Graviscae, le processus de déclin a été parachevé par les destructions des Goths : voir E. Carnabuci, *Via Aurelia*, Roma, Libreria dello Stato, 1992, p. 67 et 91.

102. Notons les descriptions détaillées de plusieurs ports, très différents entre eux, Centumcellae, port entièrement artificiel (I, 237-248), Populonia, qui dispose s'une situation naturelle très favorable (I, 401-408), Vada Volaterrana, avec son curieux chenal (I, 453-462), et Portus Pisanus (I, 531-540), seulement protégé par une barrière d'algues.

liquide joue un rôle important[103]. Ainsi il ne dit presque rien de la ville même de Pise, mais décrit le confluent des deux fleuves qui la ceignent (I, 566-570), et la désigne comme « originaire des bords de l'Alphée » (I, 565). S'arrêtant à Centumcellae, il va visiter les thermes de Thermae Taurinae, et loue la pureté de leurs eaux avec un vocabulaire aquatique d'une grande richesse (I, 251-266). Ailleurs, il observe le fonctionnement de salines en étudiant le système d'arrivée de l'eau de mer, et compare avec préciosité la croûte de sel à la glace de l'Hister gelé (I, 475-490) ; ou bien il se plaît à regarder les poissons d'un vivier s'ébattre dans des bassins artificiels (I, 378-380). Pendant la tempête, il consacre certes quelques moments à une partie de chasse, mais contemple surtout les éléments déchaînés, en faisant allusion aux diverses théories sur l'origine des marées (I, 631-644). Enfin, quand il vante l'agrément de Rome et ses édifices prestigieux, l'eau et les constructions liées à l'eau (aqueducs, thermes, fontaines) occupent une grande place (I, 97-110).

La variété est donnée par la succession même des épisodes, toujours différents. De plus, dans plusieurs étapes, les motifs forment contraste entre eux[104]. Ainsi, à la quatrième étape, la joyeuse fête d'Osiris (I, 373-376) tranche avec les grognements du juif (I, 381-386) ; Rutilius a délibérément voulu opposer « les forces de la vie incarnées par le paganisme et les forces de la mort incarnées par le judéo-christianisme »[105]. A la cinquième étape, le contraste entre la méditation mélancolique sur les ruines de Populonia (I, 409-414) et la joie qu'éprouve le narrateur en apprenant que son ami Volusianus vient d'être

103. Nous nous inspirons dans ce paragraphe du mémoire de maîtrise non publié de N. Roux, *La description du paysage dans le* De reditu suo *de Cl. Rutilius Namatianus*, Paris IV-Sorbonne, 2000, p. 109.

104. Voir É. Wolff, « Rutilius Namatianus, *De reditu suo* I », p. 221-222.

105. F. Paschoud, « Une relecture poétique de Rutilius Namatianus », p. 325.

nommé préfet de la Ville (I, 415-428), ne peut manquer de frapper. Plus largement, le contraste permet d'opposer des modes de vie ou des systèmes de valeurs : d'un côté les amis de Rutilius, acteurs célébrés de la grandeur romaine, dans une pose héroïsée, de l'autre les forces centrifuges comme les moines chrétiens, les juifs, les pilleurs du trésor public (I, 607-614), les Lépides (I, 295-312) ou Stilicon (II, 41-60). Cette variété empêche la monotonie.

Si chaque étape constitue une séquence autonome, Rutilius relie parfois ces séquences par une transition subtile[106]. L'avarice de l'hôtelier juif vient illustrer la méditation du passage précédent sur l'amour aveugle de l'or (cf. I, 358). L'attaque contre le judaïsme semble préparer celle contre le christianisme. Les quatre constellations qui sont censées dater l'arrêt à la villa Triturrita (les Hyades, le Lièvre, le chasseur Orion et le Chien) reprennent le thème de la chasse que le poète vient de traiter (I, 621-630).

La structure de l'œuvre montre donc que Rutilius pratique un art conscient de lui-même[107]. Il intervient du reste en qualité d'auteur, en s'expliquant par exemple sur la division en deux livres (II, 1-10), ou en s'excusant d'une anecdote risible (I, 287-288 : *ridiculam cladis pudet inter seria causam / promere*) et d'une digression trop longue (II, 61 : *sed diuerticulo fuimus fortasse loquaces*). Il s'adresse deux fois à son lecteur, au début de chacun des livres, dans un cas directement (I, 1 : *mirabere, lector*), dans l'autre indirectement (II, 4 : *ne lector...paueret*)[108]. Parfois il introduit une complicité avec lui en l'incluant dans un « nous » (I, 413-414 : *Non indignemur mortalia corpora solui : / cernimus exemplis oppida posse mori*)[109], ou en multipliant les vers gnomiques à portée universelle. L'art de Rutilius peut même se faire subtile-

106. Voir aussi les notes à I, 151-152, I, 178 et I, 247-248.

107. Nous reviendrons là-dessus plus loin en traitant du style.

108. La reprise de l'adjectif *longus* (I, 3 et 4 ; II, 1) institue un autre lien entre l'incipit de chacun des deux livres.

109. Voir aussi I, 265 (*credamus*) et II, 31 (*si...fatemur*).

ment allusif : par l'emploi du substantif *diuerticulum* (II, 61) et par l'image de la borne milliaire, qui indique la distance parcourue et celle qu'il reste à parcourir (II, 7-8), il reprend la métaphore du chemin, certes très présente dans la conception romaine de l'écriture, mais particulièrement appropriée à un récit d'un voyage.

L'éloge de Rome et le sens de l'œuvre

La variété n'empêche pas la présence d'un fil directeur diffus[110] qui peut prendre plusieurs formes. Ce qu'on appelle traditionnellement l'éloge de Rome (I, 47-164) – en réalité une prière au style direct adressée par le narrateur à Rome et, du point de vue du contenu, un hymne à la déesse Rome[111] autant qu'une *laudatio* de la ville Rome – est l'un d'eux.

Sans doute les sièges et le sac de 410 par Alaric avaient-ils provoqué un incontestable appauvrissement et une baisse démographique ; en outre de nombreux édifices avaient été endommagés. Mais certaines sources suggèrent que les plaies de Rome furent rapidement pansées. Dès 411 Honorius, selon la *Chronique* du comte Marcellin, y célébra ses *decennalia*, cela sans doute pour donner aux Romains des festivités propres à leur faire oublier qu'il les avait abandonnés à leur sort. Et d'après Orose (*Histoires* VII, 40, 1 ; voir aussi II, 19, 12-14), le souvenir de ce qui était arrivé disparut en peu de temps.

110. Selon le principe de composition tardo-antique bien dégagé par M. Roberts, « The treatment of narrative in Late Antique Literature. Ammianus Marcellinus (16.10), Rutilius Namatianus and Paulinus of Pella », p. 185-190.

111. Rome est une déesse : elle a, en association avec Vénus, un temple sur le Forum, construit sous Hadrien et restauré par Maxence. Mais Martial XII, 8, 1, la qualifiait déjà de *terrarum dea gentiumque*. C'est le préfet de la Ville – ce qu'a été Rutilius, on l'a dit – qui présidait à l'anniversaire de la déesse Rome, le 21 avril ; aussi en est-il venu à incarner le paganisme ; voir A. Chastagnol, *La préfecture urbaine à Rome sous le Bas-Empire*, p. 460.

Les inscriptions invitent cependant à tempérer ce propos : la restauration de la ville dura jusqu'en 425[112].

Rutilius n'a vraisemblablement pas assisté à la prise de Rome, puisque la cour était basée à Ravenne depuis 402[113], et il n'évoque le fait que par une périphrase pudique (I, 119 : *tristem...casum*). Il témoigne néanmoins indirectement du traumatisme que causa l'événement. Certes il sait que les civilisations sont mortelles (I, 413-414), mais il veut croire que Rome échappe à cette fatalité de l'histoire (I, 134-138), qu'elle peut rajeunir (I, 115-116) ou se relever après une chute[114] (I, 121-132 et 139-140), bref il conjugue un modèle biologique (qui impliquerait une fin de Rome) et un schéma cyclique (où tout déclin est suivi d'un renouveau) dans une dialectique subtile entre le temporel et l'éternel[115]. C'est le paradoxe romain.

112. Voir A. Chastagnol, *Les Fastes de la préfecture de Rome au Bas-Empire*, p. 269-271 (préfets Naeratius Palmatus, Epiphanius, Albinus), et 286-290 (préfets Acilius Glabrio Faustus et Valerius Bellicius). Il est clair que les diverses sources antiques dont nous disposons ne concordent pas sur l'ampleur des dévastations causées par les Goths. Le propos des auteurs anciens a été, sur ce sujet sensible, particulièrement déterminé par des motifs idéologiques.

113. Voir E. Stein, *Histoire du Bas-Empire*, édition française par J.-R. Palanque, Paris, Desclée de Brouwer, 1949-1959, 3 t. en 2 vol., t. I, p. 249. Cependant le détail des activités de Rutilius, en dehors de ses quelques charges prestigieuses, nous échappe. Il était en tout cas à Rome l'année 414.

114. D'où l'usage multiplié du préverbe *re-* pour traduire l'idée de cette renaissance (I, 116, 123, 129, 131, 139, 140).

115. Voir Y.A. Dauge, *Le Barbare. Recherches sur la conception romaine de la barbarie et de la civilisation*, Bruxelles, Latomus 176, 1981, p. 372 ; V. Zarini, « Histoire, panégyrique et poésie : trois éloges de Rome l'éternelle autour de l'an 400 (Ammien Marcellin, Claudien, Rutilius Namatianus) », *Ktèma* 24, 1999, p. 178-179 et note 42.

En tout cas il vante la splendeur de la ville, qui, si on veut l'en croire, ne portait plus trace des pillages et des destructions. Sa beauté radieuse fait d'ailleurs un singulier contraste avec l'état d'abandon et de délabrement – évoqué plus haut – de nombreuses villes d'Italie (notamment les cités autrefois puissantes de l'Étrurie maritime) que voit ensuite Rutilius. Rome seule échappe au temps.

Deux axes gouvernent cet éloge qui est à la fois rhétorique et sincère – les deux choses ne s'excluent nullement, pour les Anciens surtout (en effet l'éloge de Rome est, aussi, un *topos* littéraire : la référence dans ce domaine est le *Discours en l'honneur de Rome* du rhéteur grec Aelius Aristide[116]). D'une part Rome, personnifiée sous la forme d'une déesse féminine, se confond avec le monde dont elle est la maîtresse. Et Rutilius reprend en une formule (I, 66) le jeu d'Ovide sur les paronymes *orbis* et *urbs* (*Fastes* II, 684 : *Romanae spatium est urbis et orbis idem* ; voir aussi *Art d'aimer* I, 174)[117]. Rome et le monde s'identifient ; Rome a réalisé l'idéal stoïcien du cosmopolitisme en assimilant à elle les peuples vaincus (I, 63). D'autre part, Rome est caractérisée par certains détails de topographie urbaine et alors resserrée sur elle-même : la nature y a aussi sa place, Rutilius développant la topique du *locus amoenus*, en vantant ses eaux, ses forêts peuplées d'oiseaux et sa douceur perpétuelle (I, 101-114)[118]. Bref, d'un côté le

116. On relève entre ce texte et l'éloge de Rome de Rutilius de nombreux thèmes communs qui ressortissent au genre lui-même, mais aucun parallèle précis qui permettrait de conclure à une imitation.

117. Voir sur ce jeu de mots B. Poulle, « Les jeux de mots sur le nom de Rome chez Ovide », dans *Mélanges François Kerlouégan*, Besançon, Annales littéraires de l'université de Besançon, 1994, p. 533-537.

118. Voir V. Zarini, « Histoire, panégyrique et poésie : trois éloges de Rome l'éternelle autour de l'an 400 (Ammien Marcellin, Claudien, Rutilius Namatianus) », p. 170.

territoire de Rome s'étend à tout l'empire, de l'autre l'empire se retrouve en résumé dans la ville de Rome[119].

La Rome que célèbre Rutilius est la Rome païenne. Il en ignore complètement les monuments chrétiens, pourtant nombreux en 417 (les plus célèbres étaient les trois basiliques constantiniennes du Latran, de Saint-Pierre et de Saint-Paul-hors-les-Murs, auxquelles s'ajoutait la basilique libérienne, future Sainte-Marie-Majeure). La Rome apostolique glorieuse du sang des martyrs n'existe pas pour lui, alors que Damase ou Prudence l'exaltent.

Avant de faire l'éloge de Rome, Rutilius s'est livré à un éloge du sénat (I, 13-18). Il présente la Curie sénatoriale comme une assemblée éminente, image sur terre du *concilium summi...Dei*[120]. La nature souveraine du sénat légitime son exercice du gouvernement, tandis que l'empereur, Honorius en l'occurrence (qui était certes un fantoche), n'est jamais nommé[121].

La place accordée aux amis dans le texte est la suite logique de ce double éloge. Le voyage de Rutilius est récapitulation des amis autant que des lieux traversés, et à la description des lieux se mêle de manière constante le portrait de brillants clarissimes, habilement inséré[122]. Le texte rappelle les charges importantes qu'ils exercent, mais aussi les magistratures, comme le consulat (I, 175-176 et 271-272), qui sont le symbole de la tradition du pouvoir sénatorial. En même temps, est employé au sujet de ces serviteurs de l'État le vocabu-

119. F. Paschoud, *Roma aeterna. Étude sur le patriotisme romain dans l'Occident latin à l'époque des invasions*, Neuchâtel, Institut suisse de Rome, 1967, p. 166.

120. On ne saurait voir dans ce dieu suprême stoïcien une figure de l'empereur.

121. En I, 328 (*domini genio*) et I, 564 (*pii principis*), l'allusion à l'empereur est à la fois indirecte et discrète.

122. Sur cette galerie de portraits, voir É. Wolff, « Rutilius Namatianus, *De reditu suo* I », p. 225-226.

laire traditionnel de l'idéologie sénatoriale[123]. Les amis, qui appartiennent tous à la classe sénatoriale, illustrent donc le rôle glorieux du sénat, élément indispensable pour la renaissance de l'empire après la crise de 410. Cette galerie de portraits, loin de constituer une suite de digressions, a ainsi une fonction politico-idéologique marquée. Les nombreuses allusions à l'histoire romaine, qui se rapportent très majoritairement à l'époque républicaine, vont dans le même sens[124].

La question du destinataire du *De reditu suo* peut trouver à partir de ce qui précède une ébauche de solution. Cette œuvre, qui est méditation historique et affirmation idéologique autant que voyage géographique, serait destinée, d'abord, aux amis mêmes qui y sont mentionnés, puis, plus largement, à l'ensemble de ceux qui partagent les idées politiques de l'auteur et ont avec lui un système de références culturelles commun, c'est-à-dire, en gros, l'aristocratie païenne. Ce public de plus en plus restreint pourrait expliquer que le *De reditu suo* n'ait connu qu'une faible diffusion (voir plus loin).

Les ennemis de Rome et le rejet de l'autre[125]

Les ennemis de Rome sont ceux qui nient ou refusent les valeurs de la civilisation romaine, refus qui suscite, chez Rutilius, plus d'horreur et d'indignation que d'étonnement

123. Voir S. Roda, « L'aristocrazia senatoria occidentale al tempo di Attila : l'ideologia oltre la crisi dell'impero », dans *Attila flagellum Dei ?*, a cura di S. Blason Scarel, Roma, L'Erma di Bretschneider, 1994, p. 140-144.

124. I, 108 ; I, 125-128 ; I, 169-170 ; I, 271-272 ; I, 295-306 ; I, 395-396 ; I, 555-558 (où le rapprochement entre les héros de la République romaine et tel ami de Rutilius est explicite).

125. Voir J. Soler, « Le sauvage dans le *De reditu* de Rutilius Namatianus : un non-lieu », dans *Les espaces du sauvage dans le monde antique*, M.-C. Charpentier éditeur, Besançon, Presses Universitaires de Franche-Comté, 2004, p. 223-234 ; et *Écritures du voyage. Héritages et inventions dans la littérature latine tardive*, p. 283-295.

et de curiosité. Il y a en premier lieu les juifs. A Falésie, on l'a vu, le voyageur fait les frais de la colère et de la cupidité d'un aubergiste juif. Et c'est le début d'une longue invective, où Rutilius passe d'un juif particulier aux juifs en général. Le juif devient un sauvage qui se distingue du Romain d'abord par le fait qu'il ne respecte pas les lois de l'hospitalité ; ensuite par ses coutumes religieuses : la circoncision, présentée comme une mutilation impudique (I, 388), le sabbat, où l'on éteint le feu, symbole de l'homme civilisé (I, 389) ; enfin par sa nourriture, et le texte comporte là un hapax qui met en relief l'inhumanité du sauvage en question : le juif est un *humanis animal dissociale cibis* (I, 384), « une créature qui répugne à partager une nourriture humaine », parce qu'il ne mange pas de porc, mets apprécié des Romains. L'adjectif *dissocialis* est forgé afin d'évoquer, en l'inversant, la formule de Sénèque selon laquelle l'homme est un *animal sociale*[126]. Le juif est ainsi rejeté hors de la société humaine.

Il y a ensuite les moines. Rutilius, doublant l'île de Capraria dont il sait qu'elle est un repaire de moines, a là l'occasion de dire tout le mal qu'il pense de ces gens. Il les fait apparaître comme des sauvages. Eux aussi sont asociaux, puisqu'ils « veulent vivre seuls, sans témoins » (I, 442 : *quod soli nullo uiuere teste uolunt*), et que, nouveaux Bellérophons, ils prennent en haine le genre humain (I, 452) ; leur misanthropie supposée les exclut donc de la communauté humaine. D'autre part, leur caractère étranger est souligné par l'évocation de l'origine grecque de leur nom (I, 441 : *Graio cognomine*) ; or Rutilius, par nationalisme romain et peut-être par défiance envers une *pars Orientis* massivement chrétienne, accueille avec réserve ce qui est grec (cf. I, 100 et 263). Ces

126. Sénèque, *De la clémence* I, 3, 2 : *nos, qui hominem sociale animal communi bono genitum uideri uolumus* ; voir aussi É. Wolff, « Retour sur quelques problèmes du *De reditu suo* de Rutilius Namatianus », p. 51. On notera que Rutilius présente les juifs d'une façon assez comparable à celle de Juvénal, *Satires* XIV, 96-106.

sauvages inversent les caractéristiques humaines, puisqu'ils ont des « cervelles à l'envers » (I, 445 : *peruersi...cerebri*). Afin de les déshumaniser plus encore, Rutilius leur applique l'adjectif rare et péjoratif *lucifugus* (I, 440 : *lucifugis...uiris*), employé par Virgile dans les *Géorgiques* (IV, 243) pour qualifier les blattes qui envahissent la ruche. Mais cet adjectif rappelle aussi le substantif *lucifuga*, par lequel Sénèque (*Lettres à Lucilius* 122, 15) désignait, en soulignant leur comportement contre nature, les débauchés qui vivent la nuit. La vie monacale est ainsi comparée implicitement à celle d'insectes répugnants ou d'individus dépravés[127].

Le propos tenu sur le solitaire de Gorgon n'est pas différent. Un jeune noble romain, quittant la société des hommes (I, 521 : *homines terrasque reliquit*), s'est exilé volontairement sur ce rocher où il vit en ermite, sale (I, 523 : *illuuie*)[128] et caché (I, 522 : *turpem latebram*). Ce délire, résumé par l'oxymore *uiuo funere* (I, 518), constitue pour le voyageur une altérité incompréhensible[129].

Le problème avec ces différents sauvages est qu'ils ne se trouvent pas à l'extérieur ou à la périphérie de l'empire, mais en son milieu, dans un espace familier, italien et souvent enchanteur (comme Falésie), et ils suscitent une répulsion d'autant plus grande qu'ils sont géographiquement proches.

127. L'adjectif *lucifugus* connote en outre la misanthropie (cf. Cicéron, *Fin.* I, 61). Comme il se trouve également dans l'*Octavius* de Minucius Felix (8, 4), où il sert à désigner péjorativement les chrétiens, on en a parfois déduit que Rutilius, dans son invective contre les moines, visait plus largement les chrétiens.

128. L'usage des bains, rappelons-le, fait partie intégrante des valeurs de la romanité païenne.

129. On sait l'accueil réservé par leur propre milieu, pourtant chrétien, à des aristocrates comme Paulin de Nole, l'élève d'Ausone, ou Pinien, le mari de Mélanie le Jeune, lors de leur conversion à l'ascétisme ; voir P. Laurence, *Jérôme et le nouveau modèle féminin*, Paris, Institut d'Études Augustiniennes, 1997, p. 361-362 et 364-365.

Dans l'éloge de Rome, Rutilius développait la fiction de l'expansion civilisatrice de la Ville, qui avait ordonné et unifié le monde habité en gommant les différences entre les peuples. La sauvagerie, en théorie, ne devrait plus avoir de place dans cet espace homogène. Mais elle réapparaît sous la forme d'hommes qui échappent à cette harmonie universelle et menacent de corrompre par contagion la communauté entière. L'expansion conquérante que le poète vantait auparavant devient alors une source de regret : « Ah ! si seulement la Judée n'avait jamais été soumise par les armes de Pompée et le pouvoir de Titus ! La contagion de ce fléau se répand plus largement une fois qu'on l'a retranché, et la nation vaincue pèse lourdement à son vainqueur[130] » (I, 395-398). Car, défiant les lois de la logique et du bon gouvernement, le juif est encore plus dangereux vaincu.

Le vers I, 397 (*latius excisae pestis contagia serpunt*) est clairement inspiré de *Géorgiques* III, 469 (*dira per incautum serpant contagia uulgus*)[131], où Virgile conseillait d'éliminer au plus vite la brebis malade, pour éviter que la contagion ne se glisse parmi les autres bêtes. De même que les moines étaient, par le biais d'un souvenir des *Géorgiques*, comparés aux blattes qui envahissent la ruche, symbole de Rome, la cité idéale, de même les juifs, par un autre souvenir des *Géorgiques*, sont assimilés à la brebis malade qui risque de contaminer le troupeau, autre symbole de Rome. Pour les uns comme pour les autres, c'est par leur intégration même dans l'empire qu'ils peuvent entraîner sa perte.

L'idée revient à propos des Goths. C'est parce qu'on a cherché à les intégrer dans l'empire que l'on a précipité sa dégradation. Rutilius accuse nettement Stilicon d'être responsable de la prise de Rome par Alaric. A ses yeux Stilicon, en

130. L'imitation de la célèbre formule d'Horace (*Epîtres* II, 1, 156) souligne combien l'extension triomphale de l'*Urbs* peut se muer en faiblesse.

131. Mais Rutilius ajoute une allusion implicite, qui fait métaphore, à l'hydre de Lerne.

incorporant des barbares dans l'armée romaine, leur a traîtreusement livré la ville (II, 46-51). Mais en fait c'est toute la politique de l'empire théodosien depuis le *foedus* de 382 qui est ainsi remise en cause.

Il y a donc une contrepartie aux ambitions œcuméniques de Rome : si l'extension géographique de Rome va de pair avec une homogénéisation des peuples conquis, qui fait perdre à l'autre ses traits potentiellement sauvages, en retour l'autre, s'il demeure sauvage et refuse la loi de l'assimilation, risque de contaminer tout l'espace de l'empire. La disparition des frontières entre le Romain et son autre, louée au début du poème par Rutilius, apparaît à la fin extrêmement problématique. On touche là les limites de l'universalisme païen qui, étayé par le stoïcisme, imprègne le *De reditu suo*. C'est que l'éloge de l'assimilation romaine dans les textes tardifs ne concerne en fait que les peuples anciennement romanisés, jamais les nouveaux venus[132]. Certains chrétiens seuls dépasseront ces contradictions, en abolissant la notion de sauvage grâce à l'évangélisation universellement civilisatrice.

Les fragments

Précieux par les confirmations qu'ils apportent et sur la date de l'œuvre et sur l'extension du poème, les deux fragments posent bien des problèmes de détail. Leur mutilation et les incertitudes de lecture, même dans les parties conservées du texte qu'ils transmettent, interdisent qu'on en propose une traduction suivie. La lacune entre eux serait de quelque 12 vers[133] ; quant à la longueur du passage manquant depuis II, 68,

132. Voir V. Zarini, « Histoire, panégyrique et poésie : trois éloges de Rome l'éternelle autour de l'an 400 (Ammien Marcellin, Claudien, Rutilius Namatianus) », p. 176.

133. M. Ferrari, « Frammenti ignoti di Rutilio Namaziano », p. 27 ; E. Cecchini, « Per il nuovo Rutilio Namaziano », *Rivista di filologia e di istruzione classica* 102, 1974, p. 404 ; E. Castorina, dans l'article-débat collectif « Il nuovo Rutilio Namaziano », *Maia*, n.s. 27, 1, janvier-mars 1975, p. 8.

elle est impossible à déterminer. L'ordre même dans lequel il faut les lire fait question : A (au recto) + B (au verso), ou B + A ? La question se pose dans la mesure où ces deux lambeaux de texte sont plus consacrés, l'un à la louange de Marcellinus, le *comes* ami du poète, l'autre à celle de Constantius, qu'à nous faire connaître des détails un peu significatifs sur l'itinéraire suivi après Luna. Le seul lieu évoqué dont l'identification soit à peu près certaine est Albingaunum (Albenga), la *noua urbs* restaurée par Constantius (B, vers 7)[134]. Pour E. Cecchini[135], suivi par I. Lana[136], on ne peut exclure que ce lieu soit celui où s'arrête Rutilius pour faire étape et où il rencontre son ami Marcellinus. Mais plus nombreux sont les critiques qui considèrent, avec de bons arguments, que l'ordre à adopter est A + B. Pour A. Bartalucci[137], le lieu évoqué en A, où Rutilius fait halte dans une auberge et rencontre Marcellinus, serait, entre Luni et Albenga, Vada Sabatia (Vado Ligure) ; V. Tandoi[138]

134. Cette identification, due à E. Cecchini (voir M. Ferrari, « Frammenti ignoti di Rutilio Namaziano », p. 29 note 1) et généralement acceptée, se fonde notamment sur le fait que la mention des murailles nouvelles, associée au nom de Constantius, a un parallèle dans une épitaphe en distiques élégiaques, conservée au palais épiscopal d'Albenga (*CIL* V, 7781 = *CLE* 893), où Constantius est loué pour avoir restauré la ville. On trouve le texte de cette inscription, commenté et traduit, dans A. Fo, Rutilio Namaziano, *Il ritorno*, p. 150-152. N. Lamboglia, « Albenga e i nuovi frammenti di Rutilio Namaziano », *Rivista ingauna e intemelia* 31-33, 1976-1978, p. 37-38, et F. Della Corte, « Rutilio Namaziano ad Albingaunum », p. 101, trouvant des échos de Rutilius dans cette inscription, n'ont pas hésité à la lui attribuer (voir la note 169).

135. E. Cecchini, « Per il nuovo Rutilio Namaziano », p. 404 ; « Il nuovo Rutilio Namaziano », p. 10-11.

136. I. Lana, « Il nuovo Rutilio Namaziano », p. 11-12.

137. A. Bartalucci, « Il nuovo Rutilio Namaziano », p. 9.

138. V. Tandoi, « Il nuovo Rutilio Namaziano », p. 9-10. Il a été suivi par F. Della Corte, « Il frammento A di Rutilio Namaziano », dans *Laurea Corona. Studies in Honour of Edward Coleiro*, Amsterdam, Grüner, 1987, p. 182-184.

penche pour Gênes, et voit dans les *hiberna Ligustica* cités en A vers 5 un quartier d'hiver des soldats de Milan, à situer dans une *mansio*, le long de la via Aurelia, plus proche de leur base que ne l'est Albenga, qui serait donc l'étape suivante. Cette hypothèse semble probable[139].

Langue, style, métrique[140]

La langue de Rutilius s'écarte assez peu des modèles classiques, ce qui s'explique à la fois par son inspiration et, plus largement, par le caractère formellement conservateur de la poésie à Rome. Notons les particularités les plus remarquables. Pour ce qui est du lexique, on relève trois hapax, *dissocialis* (I, 384), dont on a déjà parlé, *interrigare*, « laisser couler de l'eau en la divisant » (I, 539), forgé pour illustrer le caractère insolite du port que Rutilius décrit , et *glutineus* (I, 610, doublet de *glutinosus*), auxquels il faut ajouter l'adjectif *Lepidus* (I, 312), « des Lépides », manifestement créé pour faire jeu de mots (*Lepidum...malum* est un oxymore intraduisible, « un joli fléau » ne rendant pas le jeu sur le nom propre). Le verbe *insordesco* (I, 617) apparaît ici pour la première fois en latin[141]. *Fomes* (I, 488) et *insinuare* (I, 590) ont respectivement leur sens tardif de « cause » et de « faire savoir » ; *non omnes* (I, 394) pour *nullus* est également tardif ; *collegae* (I, 15) est curieusement appliqué aux sénateurs ; *portio uitae* (I, 426), *regere iura* (I, 157), *postliminium* (I,

139. Voir la note au passage.

140. Sur ces points J. Vessereau, *Cl. Rutilius Namatianus. Édition critique...suivie d'une étude historique et littéraire sur l'œuvre de l'auteur*, Paris, Fontemoing, 1904, p. 361-423, et R. Pichon, *Études sur l'histoire de la littérature latine dans les Gaules. Les derniers écrivains profanes*, Paris, Leroux, 1906, p. 246-250, restent utiles. Mais on verra aussi E. Doblhoher, Rutilius Claudius Namatianus, *De reditu suo sive Iter Gallicum*, t. I, p. 41-57.

141. Le *ThLL* VII[1], 1942, 75-77 présente comme antérieur un emploi chez Petronius, évêque de Bologne, mais en réalité le *De reditu suo* précède chronologiquement ce texte.

214) avec une valeur métaphorique, *natatus* (I, 247) au sens concret de « bassin », *crepusculum* (I, 277) pour *diluculum*, *terrigena* (I, 596) pour *indigena* ne sont guère usuels. Les mots abstraits sont fréquents, trait de la langue du Bas-Empire : par exemple, le poète à la chasse prend avec un filet trompeur aux larges mailles, *rara fraude plagarum* (I, 625), un sanglier redoutable par sa défense foudroyante, *terribilis...fulmine dentis* (I, 626) ; on trouve parfois ces abstraits employés au pluriel (e.g. *occasibus*[142], I, 123 et 633), ce à quoi répugnait le latin classique. Certaines constructions verbales sont peu ordinaires : *praeludere* avec l'accusatif (I, 257, cf. Avienus, *Descriptio orbis terrae* 1365 : *praeludit proelia*), *crebrescere per*, pour une rumeur (I, 415 ; on attendrait *ad*), *persultare* transitif, en parlant du son de la trompette qui frappe les collines[143] (I, 629). Cependant plusieurs tournures ou emplois audacieux sont des images précieuses justifiées par le statut poétique du texte ou qui peuvent s'autoriser de précédents ; à ceux que nous avons déjà cités, ajoutons *sparsae dispendia rupis*, « les contours de la falaise émiettée » (I, 321), *sinuosa cura*, « la tâche de tourner » (I, 322), *frenata potestas*, « autorité pleine de mesure (contrôlée) » (I, 501), *otia naualia*, « le temps de repos pour les navires (dans la navigation) » (I, 621), *noctis requiem metamur*, où il s'agit d'un campement improvisé (I, 345), *furtum Agenoreum* (I, 261) à propos de l'enlèvement d'Europe, *terrena uiarum* , « la voie de terre » (I, 37, cf. e.g. Lucrèce 5, 695 : *ardua terrarum*),

142. Le *ThLL* IX², 337, 69-71, cite quelques exemples de cette forme, principalement en poésie, e.g. Manilius I, 598 et 827. En revanche *complexibus* et *usibus*, qu'on lit en I, 35 et 152, sont fréquents, cf. e.g. Ovide, *Met.* III, 390 et *Fastes* II, 521.

143. On trouve *persultare* transitif chez Prudence, *Peristephanon* XI, 77 (*haec persultanti*), au sens de « faire retentir, émettre (des mots) ». Le verbe peut aussi avoir le sens intransitif de « retentir », ainsi chez Prudence, *Hamartigeneia*, *praef.* 10 (*uox ecce summo missa persultat throno*).

uentorum aduersa, « l'hostilité des vents » (I, 509, cf. Tacite, *Agricola* 25, 1 : *fluctuum aduersa*).

En ce qui concerne la syntaxe, signalons surtout l'emploi du réfléchi à mauvais escient (I, 390 : *sed cor frigidius religione sua* ; I, 554 : *pro paruis animo magna fuere suo*), deux adjectifs verbaux librement construits (I, 43 : *relinquendis...portis* ; I, 642 : *destituenda...arua*), et un participe d'un verbe intransitif avec une valeur passive (I, 313 : *decessis... umbris* ; peut-être en I, 79 faut-il comprendre de même la forme *recessus* comme un participe passif de *recedo* plutôt que comme le substantif).

Rutilius maîtrise l'art de la composition, comme nous l'avons déjà indiqué en traitant de la structure de l'oeuvre. En effet, tandis que la succession des étapes assure un lien dans le récit et facilite les transitions, Rutilius pour éviter la monotonie introduit de nombreuses digressions. Le texte a ainsi un caractère à la fois « progressif et digressif », selon la jolie formule de A. T. Laugesen[144]. Digressions et comparaisons s'enchaînent presque à chaque étape. Par exemple[145], à Centumcellae (I, 249-276), l'envie lui prend de visiter Thermae Taurinae (digression) ; il rappelle l'origine de ces eaux (en insérant deux comparaisons), puis les rapproche de la source Hippocrène (nouvelle comparaison) ; enfin, il signale la pièce de vers de Messalla sur le sujet et en profite pour faire l'éloge de celui-ci (double digression). Les digressions peuvent prendre aussi la forme du développement gnomique d'un lieu commun : réflexion sur l'instabilité des choses humaines, devant les ruines de Populonia (I, 413-414) ; parallèle entre les services rendus par le fer et les crimes causés par l'or, à propos de l'île d'Elbe (I, 355-368). Rutilius a aussi le sens de la description : brèves et pittoresques, ses

144. A.T. Laugesen, « Deux récits de voyage du début du Ve siècle », *Classica et mediaevalia* 22, 1961, p. 58.

145. Voir J. Vessereau, *Cl. Rutilius Namatianus. Édition critique...suivie d'une étude historique et littéraire sur l'œuvre de l'auteur*, p. 369-370.

descriptions témoignent d'un goût pour les *mirabilia*[146] : la rade de Centumcellae, avec son île artificielle et son bassin pénétrant jusqu'au milieu des maisons (I, 239-248) ; l'écueil de Populonia, où l'on a construit un château (I, 403-408) ; le port boueux de Vada Volaterrana, auquel on accède par un chenal dessiné par des pieux (I, 453-462) ; la villa Triturrita, construite sur une presqu'île artificielle (I, 527-530) ; le port de Pise, protégé par un rideau d'algues (I, 532-540).

Au total, Rutilius vérifie ce que Jean-Louis Charlet a dégagé comme grandes tendances esthétiques de la poésie tardive[147].

Le style témoigne d'une grande recherche. Le désir de concision et la volonté d'éliminer les mots non poétiques conduisent à une fréquente ellipse du verbe *esse* : ainsi I, 3, 11, 21, 22, 23, etc. Après l'ellipse, les figures auxquelles Rutilius recourt le plus volontiers sont le parallélisme et l'antithèse[148]. Citons[149] I, 14 : *nec putat externos, quos decet esse suos*, sur l'ouverture du sénat romain aux étrangers qui en sont dignes ; I, 470 : *uitae flore puer, sed grauitate senex*, qui caractérise Albinus avec le *topos* du *puer-senex*. Très souvent s'y ajoute l'anaphore[150] : ainsi I, 72, au sujet de Rome, qui vainc ceux qu'elle a craints, et aime ceux qu'elle a vaincus : *quos timuit superat, quos superauit amat* ; I, 336, sur l'île

146. Voir É. Wolff, « Quelques aspects du *De reditu suo* de Rutilius Namatianus », p. 72-73.

147. J.-L. Charlet, « Aesthetic Trends in Late Latin Poetry », *Philologus* 132, 1988, p. 74-85.

148. Voir S. Grilli, « L'antitesi in Rutilio Namaziano », *Euphrosyne* N.S. 29, 2001, p. 331-344.

149. Voir également I, 22 (*sed quam grata minus, tam miseranda magis*) ; I, 328 (*siue loci ingenio seu domini genio*), etc.

150. Voir également I, 145 (*aeternum tibi Rhenus aret, tibi Nilus inundet*) ; I, 204 (*uel quia perueniunt, uel quia fingit amor*), etc. On notera, dans la comparaison du fer et de l'or à propos de l'île d'Elbe (I, 357-368), l'anaphore multiple de *aurum-aureus* d'une part et *ferrum-ferreus-ferratus* d'autre part.

d'Igilium, où les Romains ont trouvé refuge pendant l'invasion gothique : *tam prope Romanis, tam procul esse Getis* ; I, 553-554 : *mens inuicta uiri pro magnis parua tuetur, / pro paruis animo magna fuere suo*, pour définir la force d'âme de Protadius. Au lieu de l'anaphore, ce peut être la reprise d'un mot de même racine : ainsi I, 154 : *deuehat hinc (commercia) ruris, subuehat inde maris*, à propos de la circulation des marchandises sur le Tibre ; I, 505-506 : *plus palmae est illos inter uoluisse placere / inter quos minor est displicuisse pudor*, sur le bon gouvernement de Victorinus en Bretagne ; II, 59-60 : *hic immortalem, mortalem perculit ille*[151]*, / hic mundi matrem perculit, ille suam*, sur Stilicon, plus criminel que Néron. Les *sententiae*, que Rutilius affectionne, reposent souvent sur l'antithèse, mais peuvent prendre une autre forme : ainsi I, 4 : *nil unquam longum est, quod sine fine placet* ; I, 444 : *quisquam sponte miser, ne miser esse queat ?* ; I, 491 : *o quam saepe malis generatur origo bonorum.*

Le choix des mots est également fort soigné, allant jusqu'à la préciosité[152]. Décrivant la villa Triturrita bâtie sur une presqu'île artificielle, Rutilius dit que pour l'édifier il a fallu d'abord fonder le sol (I, 530 : *quique domum posuit, condidit ante solum*). S'excusant de publier deux volumes au lieu d'un seul, il déclare partager entre deux opuscules la rougeur tremblante qu'il eût mieux valu soutenir d'un seul coup (II, 9-10 : *partimur trepidum per opuscula bina ruborem, / quem satius fuerat sustinuisse semel*). Plusieurs rencontres de mots vont jusqu'à l'oxymore : ainsi la joie triste (I, 578 : *gaudia maesta*) que l'auteur éprouve devant la statue de son père à Pise, ou les pertes avantageuses (I, 122 : *ditia damna*) que sont pour Rome ses défaites, si souvent suivies de victoires, ou encore le cadavre vivant (I, 518 : *uiuo funere*)

151. On a ici un chiasme, figure rare chez Rutilius (nous n'avons relevé que I, 138, 212, 538, 611), qui préfère la symétrie.

152. R. Pichon, *Études sur l'histoire de la littérature latine dans les Gaules. Les derniers écrivains profanes*, p. 247.

que constitue tel honorable jeune homme qui, converti, s'est retiré sur un îlot.

Rutilius goûte aussi les jeux de mots, souvent difficiles à rendre en français. Ce peut être une paronomase : I, 66 : *urbem fecisti, quod prius orbis erat*[153] ; I, 366 : *ferro crudeles sustinuere feras* ; I, 429 : *currere curamus* ; la reprise d'un même mot sous une forme ou dans un sens différent : I, 91-92 : *quod regnas minus est quam quod regnare mereris ; / excedis factis grandia facta tuis* ; I, 398 : *uictoresque suos natio uicta premit* ; I, 399-400 : *surgit Boreas, sed nos quoque remis / surgere certamus* ; II, 45 : *dumque timet quicquid se fecerat ipse timeri* ; II, 50 : *et captiua (Roma) prius quam caperetur erat* ; un polyptote : I, 146 : *altricemque suam fertilis orbis alat* ; I, 167-168 : *aliis Romam redeuntibus haeret eunti / Rufius* ; I, 328 : *siue loci ingenio seu domini genio* ; I, 456 : *dirigit et puppim...regit* ; I, 547-548 : *aspicienda... /... suspicienda* ; I, 555 : *regum rectores* ; II, 28 : *qua fert atque refert Phoebus uterque diem* ; ou des jeux étymologiques : le nom de Palladius implique l'étude (I, 207-208) ; Exuperantius a naturellement triomphé des révoltes en Armorique (I, 213-216) ; l'île de Gorgon ne peut être habitée que par un monstre (I, 515-526)[154].

Les passages importants sont souvent soulignés par l'allitération[155]. Les cas les plus remarquables sont I, 155 : *pande, precor, gemino placatum Castore pontum* ; I, 173 : *rexerat ante puer populos pro consule Poenos* ; I, 219 : *progredimur paruis per litora proxima cymbis* ; I, 576 : *Pisani proprio quam posuere foro* ; II, 39 : *iam tum multiplici meruit muni-*

153. Ce jeu de mots est emprunté à Ovide, on l'a indiqué plus haut.

154. Voir sur ces jeux étymologiques A. Fo, Rutilio Namaziano, *Il ritorno*, p. XV et 79-80.

155. Voir J. Vessereau, *Cl. Rutilius Namatianus. Édition critique...suivie d'une étude historique et littéraire sur l'œuvre de l'auteur*, p. 380-381 ; É. Wolff, « Retour sur quelques problèmes du *De reditu suo* de Rutilius Namatianus », p. 45-48.

mine cingi. Ainsi s'explique la présence de certains mots, choisis pour leur sonorité. Par exemple le Tage se verra qualifié de tartessien (I, 356 : *quam Tartesiaci glarea fulua Tagi* ; nous n'avons pas trouvé d'autre exemple d'une telle association), ou l'Étrurie sera appelée Lydie (I, 596 ; cet emploi de *Lydia* est apparemment unique) pour faire allitération avec Lachanius. L'allitération accompagne fréquemment l'homéotéleute, ainsi I, 174 : *aequalis Tyriis terror amorque fuit* ; I, 215 : *leges restituit libertatemque reducit*.

Il n'y a presque aucune irrégularité prosodique dans le *De reditu suo*[156]. On en relève trois, à chaque fois dans un nom propre grec, où la chose était mieux acceptée : la longue centrale (*-pyi-*) de *Harpyias*, mot habituellement trisyllabique, vaut ici deux brèves (I, 608-609) ; la syllabe finale de *Hyades*, qui devrait être brève puisqu'il s'agit d'un mot grec, est allongée (I, 633) ; le *-o-* de *Paeoniam* est abrégé (I, 75). Rutilius connaît les dures lois de la prosodie, qui lui interdisent par exemple de citer le nom de son ami Volusianus (I, 420), sauf à ruser alors avec la langue.

L'hexamètre de Rutilius se caractérise par une prépondérance des spondées[157], ce qui lui donne gravité et majesté. Les deux types les plus fréquents, dans la distribution des spondées et des dactyles, sont en effet dsss et sdss. On trouve même trois vers spondaïques (I, 585 et 637 ; II, 33). Les vers particuliers[158] sont toujours au service d'un effet précis[159]. La

156. Aux remarques qui suivent on peut ajouter les considérations de A. Bartalucci sur la métrique conjecturale des fragments, « Il nuovo Rutilio Namaziano », p. 8.

157. On trouve néanmoins trois vers holodactyliques (I, 117, 213, 427).

158. C'est-à-dire, outre les hexamètres spondaïques et holodactyliques, ceux dont les quatre premiers pieds sont des spondées (I, 35, 225, 233, 237, 317, 455, 459, 629 ; II, 37).

159. Ils peuvent servir à ouvrir ou fermer une séquence : ainsi I, 35 et 237 (qui ont chacun quatre spondées premiers). Voir également les notes aux vers I, 117, 427, 455, 459, 585.

césure habituelle est la penthémimère, qui peut être accompagnée d'une trihémimère ou d'une hephthémimère. Les autres cas sont soit une coupe double trihémimère-hephthémimère (I, 197 [où l'on peut voir aussi une triple b], 411, 523, 571 ; II, 15), soit une triple a (I, 51, 121, 185, 467), soit, exceptionnellement, une trihémimère seule (I, 285). Les mots longs en fin d'hexamètre, d'ordinaire évités en poésie latine, sont rares : trois quadrisyllabes (I, 585 : *praefecturam* ; I, 637 : *Orioni* ; II, 33 : *Appenninum*[160] ; dans les trois cas il s'agit de vers spondaïques), et un mot de cinq syllabes (I, 239 : *amphitheatrum*). La syllabe finale, à huit exceptions près[161], se termine par une consonne ou une voyelle longue. Les élisions sont peu nombreuses, conformément à l'habitude de la poésie tardive. Il n'y a jamais deux élisions dans un même vers. Aucun monosyllabe n'est élidé.

Le pentamètre respecte la même rigueur. On trouve un seul monosyllabe en fin de premier hémistiche (I, 506)[162] et un seul également à la fin du second (I, 364). Si figurent deux fois en fin de vers un mot de sept syllabes (I, 450 : *sollicitudinibus*[163] ; I, 628 : *Amphitryoniadae*), et deux fois un mot de cinq syllabes (I, 306 : *adulterii* ; I, 472 : *amicitiis*)[164], Rutilius comme ses prédécesseurs préfère à cette place les mots de

160. Les deux finales *Orioni* et *Appenninum* ne sont pas sans exemple, cf. respectivement Virgile, *Énéide* III, 517 et Perse I, 95 ; voir E. Doblhofer, Rutilius Claudius Namatianus, *De reditu suo sive Iter Gallicum*, t. II, p. 260 et 270.

161. I, 87, 121, 247, 505, 575, 589, 643 ; II, 59.

162. En I, 4 et 140, l'aphérèse fait disparaître le monosyllabe *est*.

163. Il y a un précédent à cette finale chez Horace, *Épodes* 13, 10, mais il s'agit d'un vers iambique. Le vers de Rutilius reste de toute façon exceptionnel, puisqu'il consiste en deux mots seulement.

164. Là aussi il y a des précédents, nombreux, voir E. Doblhofer, Rutilius Claudius Namatianus, *De reditu suo sive Iter Gallicum*, t. II, p. 146-147 (ajouter Ausone, *Epitaphia heroum* II, 4, un pentamètre) et p. 212.

deux syllabes. Les élisions sont rares, et il n'y en a aucune dans la seconde moitié du pentamètre (en I, 364, il s'agit d'une aphérèse, qui s'autorise en outre de Tibulle I, 10, 4).

Rutilius est très attentif à la disposition des mots dans le vers. On relève chez lui plusieurs *uersus aurei*, vers avec deux substantifs et deux adjectifs entrecroisés autour du verbe selon l'ordre a+a'+v+s+s' (I, 117, 338 et 339)[165] ou a+a'+v+s'+s (I, 265 et 457), ou encore s+a'+v+a+s' (I, 492[166]) ; et il pratique volontiers la rime intérieure, qu'on appellera plus tard léonine (I, 33, 92 ; II, 51, etc.), et qui contribue à la musicalité du vers. L'ordre des mots peut aussi avoir valeur symbolique, ainsi en I, 48 (Rome divinisée est au centre des cieux qui l'ont accueillie), I, 315 (la presqu'île du *mons Argentarius* est entourée lexicalement par l'eau) ou I, 564 (l'empereur est au centre du vers, entouré par ceux qui assurent sa protection)[167].

Le distique de Rutilius forme un tout soigneusement élaboré, à l'unité duquel concourent les moyens rhétoriques évoqués plus haut. Conformément à l'habitude, le pentamètre y reprend souvent la pensée de l'hexamètre en la variant, la complétant ou l'exprimant sur un autre ton. Si dans la tradition classique les distiques fonctionnent fréquemment deux par deux en formant une unité sémantique de quatre vers, la phrase de Rutilius s'étend plus rarement sur plusieurs distiques : cet enjambement, quand il se produit, peut être imposé par une comparaison, ou par le caractère descriptif du passage[168]. Un des cas les plus remarquables est constitué par les vers I, 255-262.

165. Cet ordre est le mieux représenté chez Rutilius (cf. I, 60, 101, 105, etc.) qui préfère, on l'a dit, la symétrie au chiasme.

166. Sur ce vers voir le commentaire de A. Fo, Rutilio Namaziano, *Il ritorno*, p. 107.

167. Voir A. Fo, Rutilio Namaziano, *ibid.*, p. 68 et 113.

168. Voir E. Doblhofer, Rutilius Claudius Namatianus, *De reditu suo sive Iter Gallicum*, t. I, p. 56-57.

Survie de Rutilius

Nous n'avons aucun témoignage sur le *De reditu suo* entre le moment de son écriture et la seconde moitié du XVe siècle[169]. Il n'est pas exclu cependant que Sidoine Apollinaire l'ait lu[170]. De ce que, sur le lambeau de parchemin découvert en 1973, les fragments sont écrits en minuscule cursive nord-italienne des VIIe-VIIIe siècles, on peut évidemment déduire que l'œuvre a été copiée à cette époque, à laquelle remonte aussi le manuscrit trouvé par Galbiato à Bobbio en 1493 (voir plus bas). Mais c'est tout ce que l'on sait de manière certaine sur la survie de l'œuvre avant la Renaissance ; en effet, si l'*Itinerarium breve de Ianua usque ad Ierusalem et Terram Sanctam* (1358) de Pétrarque[171] présente, dans la description de la côte de Toscane, quelques similitudes troublantes avec le *De reditu suo*[172], la chose s'explique seulement par l'identité du sujet.

169. Il n'est pas certain que l'inscription d'Albenga, dont nous avons parlé plus haut à propos du fragment B, témoigne de la diffusion de l'œuvre, puisque, si l'on a suggéré que son rédacteur pouvait connaître le *De reditu suo* (M. Ferrari, « Frammenti ignoti di Rutilio Namaziano », p. 29), on a pensé aussi à l'inverse que c'était Rutilius qui s'était inspiré de l'inscription, voire l'avait rédigée lui-même et ensuite intégrée dans son œuvre (F. Della Corte, « Rutilio Namaziano ad Albingaunum », *Romanobarbarica* 5, 1980, p. 101-102). A. Fo, « Ritorno a Claudio Rutilio Namaziano », p. 53 et Rutilio Namaziano, *Il ritorno*, p. 151, rapporte cette dernière hypothèse avec intérêt.

170. Voir É. Wolff, « Retour sur quelques problèmes du *De reditu suo* de Rutilius Namatianus », p. 53-54. En revanche il est douteux que la pièce 38 des *Epigrammara Bobbiensia* soit redevable à Rutilius, voir la note à I, 267-268.

171. Voir sur ce texte É. Wolff, « Quelques remarques sur l'*Itinerarium* de Pétrarque », *Latomus* 60, 2001, p. 176-181.

172. Elles ont été relevées par W. Maaz, « Poetisch-mythologische Realität in 'De reditu suo' des Rutilius Namatianus », p. 249-250 note 11.

Depuis son exhumation à l'extrême fin du XVe siècle, le *De reditu suo* a suscité un intérêt régulier, attesté par les éditions, en raison notamment des informations historiques qu'il contient[173]. C'est à ce titre peut-être que Rutilius doit, avec Claudien, d'avoir été moins maltraité par la critique que d'autres auteurs tardifs. Ses invectives contre les moines, qui soulèvent inévitablement chez les commentateurs, jusqu'à la fin du XIXe siècle, un couplet indigné, ne l'ont pas empêché d'être lu, notamment en France où il a été parfois revendiqué comme auteur français[174]. Cependant le *De reditu suo* a quelquefois été réduit à son aspect informatif : Gibbon s'étonne ainsi qu'il soit écrit en vers, et trouve les 180 premiers vers hors sujet[175]. En revanche, c'est comme champion du décadentisme que Rutilius figure, en compagnie d'Ausone et de Claudien, dans la bibliothèque de Des Esseintes (Huysmans, *A rebours*, chap. III) : « Rutilius, avec ses hymnes à la gloire de Rome, ses anathèmes contre les juifs et les moines, son itinéraire d'Italie en Gaule, où il arrive à rendre certaines impressions de la vue, le vague des paysages reflétés dans l'eau, le mirage des vapeurs, l'envolée des brumes entourant les monts »[176]. Au XXe siècle, les avis restent partagés.

173. Ainsi le jugement de Rutilius sur les juifs et les moines constitue-t-il un témoignage souvent cité.

174. Voir par exemple l'*Histoire littéraire de la France*, Paris, Osmont puis autres éditeurs, 1733- , t. II, p. 74.

175. E. Gibbon, *The Miscellaneous Works of E.G.*, 2e ed. London, Murray, 1814, 5 vol., t. V, p. 436 (« If Rutilius has lopped off the first 180 verse of his poem, the reader would not have been a loser ») et 439 (« Rutilius's voyage is read with pleasure ; it is interesting and useful ; but why was it written in verse ? Poetry seems equally to misbecome the subject and the genius of the author »).

176. Huysmans a bien remarqué la sensibilité de Rutilius aux phénomènes de lumière et à la variation des couleurs. Le ciel de Rome est d'une clarté particulière (I, 197-200), ses temples éblouissent (I, 95). Les pins aux alentours de Graviscae se reflètent dans l'eau (I, 284 ; le vers fait penser à l'Ausone de la *Mosella*). Les montagnes de Corse, quand elles se découvrent au voyageur,

Pour E. Norden[177], le *De reditu suo* « ist eine kulturgeschichtlich sehr wichtige Schrift, auch poetisch eine achtungswerte Leistung ; Sprache und Versbau sind von einer Reinheit, wie sie selbst Claudian, sein Zeitgenosse, nicht erreicht hat (...). Abgesehen von der entschiedenen Begabung des Dichters, Land und Leute lebendig zu schildern, fesselt uns seine liebenswürdige, stark persönliche Art ». P. de Labriolle[178] en revanche considère « que Rutilius est un touriste des plus superficiels, qui ne sait ni voir ni faire voir, et rencontre bien rarement une observation de quelque relief » ; et E. Merone[179] n'hésite pas à parler de la « mediocrità » de sa poésie.

On l'a dit, la découverte en 1973 des deux fragments du *De reditu suo* a relancé l'intérêt pour ce poème, auquel on ne trouve plus, désormais, une simple valeur documentaire. Un film lui a même été consacré en 2003 en Italie (*De reditu – Il ritorno*, de Claudio Bondi), à partir de la traduction italienne de A. Fo[180].

Les manuscrits. Les éditions

Il n'existe aucun point d'appui pour reconstituer l'histoire du texte jusqu'à sa redécouverte, et les hypothèses qui

sont estompées par la brume (I, 431-432). La mer déchaînée, prenant la couleur du sable de la côte qu'elle soulève, devient jaune (I, 639). Et il y a une grande variété dans la description des aubes, qui, annonçant le jour nouveau, scandent la progression du voyage et du récit (I, 217-218, 277-278, 313, 349, 399, 429-430, 511).

177. E. Norden, *Die römische Literatur, mit Anhang : Die lateinische Literatur im Übergang vom Altertum zum Mittelalter*, 1905, 6e éd. Leipzig, Teubner, 1961, p. 114.

178. P. de Labriolle, « Rutilius Claudius Namatianus et les moines », *Revue des Études latines* 6, 1928, p. 31.

179. E. Merone, « Dante, Rutilio e la città che muoiono », *Giornale italiano di filologia* 3, 1950, p. 156.

180. Il est abondamment question de ce film dans l'article de A. Fo consacré à la réception de Rutilius au XXe siècle en Italie, « Rievocazioni : Rutilio Namaziano dal viaggio alla letteratura e allo spectacolo (con un ritorno) » dans *Aspetti della fortuna dell'antico nella cultura europea*, Pisa, ETS, 2005, p. 101-207.

ont été émises reposent sur des bases trop fragiles[181]. A la fin de 1493, Giorgio Merula, qui travaillait à une histoire des Visconti dont l'avait chargé le comte Ludovic Sforza dit le More, envoya à Bobbio, pour y chercher des documents, son secrétaire Giorgio Galbiato[182]. Ce dernier y fit la dernière grande découverte humaniste de textes classiques. Parmi les auteurs retrouvés figurait notre Rutilius, sous une forme certainement déjà mutilée[183] ; sans doute Galbiato fit-il une copie du texte. Merula, mort en mars 1494, ne put publier les trésors de Bobbio. D'autres s'y intéressèrent alors. En 1496-1497 l'humaniste Tommaso Fedra Inghirami, qui faisait partie d'une ambassade pontificale à la cour de Milan, séjourna plusieurs mois à Milan et Vigevano, d'où il lui était facile de se rendre à Bobbio ; peut-être aussi fut-il en contact avec Tristano Calco, qui, chargé de continuer le travail de Merula, eut entre les mains les manuscrits de ce dernier[184]. En tout cas Raffaele Maffei Volaterranus, au quatrième livre de ses *Commentarii urbani* de 1506, écrit, après avoir donné la liste des œuvres découvertes à Bobbio, que Tommaso Inghirami en emporta à Rome une bonne partie. Cependant ce dernier, pour Rutilius du moins, ne prit pas avec lui le manuscrit original, mais une copie. En effet la présence du manuscrit est attestée à Bobbio en 1706. A cette date il fut dérobé par le comte de Bonneval, alors au service d'Eugène de Savoie contre la

181. Ainsi celles de M. Ferrari, « Spigolature bobbiesi II. Frammenti ignoti di Rutilio Namaziano », p. 23-26.

182. Selon G. Morelli, « Le liste degli autori scoperti a Bobbio nel 1493 », *Rivista di filologia e di istruzione classica* 117, 1989, p. 5 note 2, il se serait appelé plutôt Galbiate.

183. Sur le détail de la découverte voir E. Doblhofer, Rutilius Claudius Namatianus, *De reditu suo sive Iter Gallicum*, t. I, p. 57-58, et surtout J.-L. Charlet, « Histoire résumée du texte et des éditions de Rutilius Na(u)mati(an)us », p. 57-58.

184. M. Ferrari, « Le scoperte a Bobbio nel 1493 : vicende di codici e fortuna di testi », *Italia medioevale e umanistica* 13, 1970, p. 143 et 163.

France, qui dut ensuite le perdre dans sa vie aventureuse[185]. Sur ce *Bobiensis* disparu, on est réduit à des suppositions. De ce que plusieurs des manuscrits trouvés en 1493 étaient écrits en « écriture lombarde »[186], on peut déduire qu'il en allait de même pour le Rutilius, ce qui renvoie à peu près au VIIIe siècle ; le texte des fragments confirme la chose. Le poème de Rutilius n'occupait certainement pas le manuscrit entier, mais il y figurait en tête, puisque le manuscrit est désigné par lui. Il est curieux qu'aucun des catalogues de Bobbio ne le mentionne[187]. Quoi qu'il en soit, c'est des diverses copies (et notamment, sans doute, de celle apportée par Tommaso Inghirami à Rome), plutôt que de l'original, que dérivent les manuscrits de Rutilius que nous possédons ou dont nous avons connaissance, à savoir le *Vindobonensis* 277 (= *V*), le *Romanus Ms. Caet.* 158 (= *R*), le manuscrit qui servit pour l'édition princeps de Pio et le manuscrit de Gabriele Faerno (voir plus bas). Remonte peut-être aussi à une source romaine la transcription de II, 17-30, faite par un commentateur du premier quart du XVIe siècle en marge d'un Virgile aujourd'hui à Copenhague[188]. Il n'est pas certain en revanche que Lilio Gregorio Giraldi, citant dans ses *Historiae poetarum tam Graecorum quam Latinorum dialogi decem*, parus à Bâle en 1545, les vers II, 41-44 et 49-56, se soit servi d'un manuscrit

185. E. Doblhofer, Rutilius Claudius Namatianus, *De reditu suo sive Iter Gallicum*, t. I, p. 58-59.

186. C'est le cas notamment du manuscrit de Terentianus Maurus (voir E. Doblhofer, *ibid.*, t. I, p. 59 note 232) et de celui de Dracontius (voir Dracontius, *Œuvres*, Paris, Les Belles Lettres, 1985-1996, 4 vol., t. III, p. 74-75).

187. M. Ferrari, « Spigolature bobbiesi II. Frammenti ignoti di Rutilio Namaziano », p. 22-23.

188. Kongelige Bibliotek Gl. kgl. S. 429 f. 52v ; voir M. Ferrari, « Le scoperte di Bobbio nel 1493 : vicende di codici e fortuna di testi », p. 170-171 ; C. Vecce, *Iacopo Sannazaro in Francia*, p. 68 ; J.L. Charlet, « Histoire résumée du texte et des éditions de Rutilius Na(u)mati(an)us », p. 61-62.

inconnu de nous[189]. En effet la phrase par laquelle il introduit ses citations (*Vidi et ego opusculum elego carmine compositum, Rutilii Claudii Numatiani Galli, ad Venereum Ruffinum hodoeporicon, non indignum ut legatur*) rappelle le titre intérieur de l'édition princeps, où l'ouvrage de Rutilius est présenté comme adressé à un certain Venerius Rufius[190]. Il est enfin un manuscrit (si du moins il s'agit bien d'un manuscrit, et non de l'édition de 1520) dont on ne sait rien, celui que l'humaniste Parrasio laissa par testament à Seripando et dont la présence est encore attestée au XVIIe siècle dans la bibliothèque du monastère de San Giovanni a Carbonara de Naples[191].

C'est à Rome même, selon E. Doblhofer[192], que le poète humaniste Sannazar (1458-1530) vint en possession d'un Rutilius. Quel que soit l'endroit où il l'ait recueilli, nous le trouvons en tout cas en juillet ou août 1502 dans le Milanais

189. E. Doblhofer, Rutilius Claudius Namatianus, *De reditu suo sive Iter Gallicum*, t. I, p. 61 ; C. Vecce, *Iacopo Sannazaro in Francia*, p. 61 ; J.-L. Charlet et A. Maranini, « Le *Liber (Fuluii) Vrsini* : un nouveau témoignage sur la transmission du texte de Rutilius ? » (à paraître). Les citations de Rutilius figurent dans le dialogue VIII de l'ouvrage de Giraldi, p. 923-924 (dans l'édition des *Opera omnia* de Giraldi parue à Leyde, 1696, 2 vol., elles se trouvent t. II, col. 432).

190. Déformation de Rufius Volusianus, nom d'un ami que Rutilius évoque à deux reprises (I, 168-170 et 419-422), mais à qui il n'a pas dédié son livre.

191. Voir M. Ferrari, « Le scoperte di Bobbio nel 1493 : vicende di codici e fortuna di testi », p. 177 ; « Spigolature bobbiesi II. Frammenti ignoti di Rutilio Namaziano », p. 19. J.-L. Charlet, « Histoire résumée du texte et des éditions de Rutilius Na(u)mati(an)us », p. 60, et J.-L. Charlet et A. Maranini, « Le *Liber (Fuluii) Vrsini* : un nouveau témoignage sur la transmission du texte de Rutilius ? » (à paraître), excluent avec de bons arguments qu'il puisse s'agir de l'édition de 1520.

192. E. Doblhofer, Rutilius Claudius Namatianus, *De reditu suo sive Iter Gallicum*, t. I, p. 59 ; il ne précise pas sa source.

en train de préparer un nouvel exemplaire de Rutilius, avec l'aide de deux amis[193]. Ce manuscrit, le *Vindobonensis* 277 (*V*), fut acquis à Naples en 1562-1563 par l'érudit hongrois Johannes Sambucus (János Zsámboky), et passa à sa mort à la bibliothèque impériale de Vienne[194] ; il est aujourd'hui conservé à la Nationalbibliothek de Vienne. Il n'a été signalé qu'en 1836, par le *Catalogus codicum philologicorum latinorum bibliotecae Palatinae Vindobonensis* de S. Endlicher[195] ; il est reconnu comme le meilleur témoin du texte de Rutilius ; A.W. Zumpt s'en servit le premier pour son édition de 1840, en mettant à profit la collation de F. Wolf. C'est un *codex miscellaneus* de 93 feuillets, où le *De reditu suo* occupe la neuvième et dernière place (folios 84r-93v). Sur ce manuscrit Filippino Bononi[196] (= V^1) a copié l'*inscriptio* et les vers I, 1-242 et 415-456 ; Sannazar (= V^2) a copié les vers I, 243-414 et 457-644, en comblant çà et là les lacunes laissées par V^1 (quand V^1 n'avait pas réussi à lire, par exemple le vers I, 2), et en corrigeant les erreurs de V^1 ; un troisième copiste anonyme (= V^3) a écrit la *subscriptio* du livre I et les vers II, 1-68[197]. En outre, figurent en marge de *V* quelques leçons différentes de celles du texte, accompagnées du signe *.f.* (dont le sens est discuté : soit *fiat*, soit plutôt *fortasse*), par-

193. C. Vecce, *Iacopo Sannazaro in Francia*, p. 66. La chronologie des voyages de Sannazar exclut la date de septembre 1501 donnée par M. Ferrari, « Le scoperte di Bobbio nel 1493 : vicende di codici e fortuna di testi », p. 176.

194. C. Vecce, *Iacopo Sannazaro in Francia*, p. 167-170 et 176 ; *Gli Zibaldoni di Iacopo Sannazaro*, Messina, Sicania, 1998, p. 15-16 et 21-22.

195. S. Endlicher, *Catalogus codicum philologicorum latinorum bibliotecae Palatinae Vindobonensis*, Wien, 1836, p. 121-122. Voir aussi C. Vecce, *Iacopo Sannazaro in Francia*, p. 95-96.

196. Voir M. Ferrari, « Le scoperte di Bobbio nel 1493 : vicende di codici e fortuna di testi », p. 172-176.

197. Voir pour une description plus détaillée du manuscrit E. Doblhofer, Rutilius Claudius Namatianus, *De reditu suo sive Iter Gallicum*, t. I, p. 62-64.

fois barré ensuite d'un trait. Certains ont pensé à l'intervention de plusieurs réviseurs[198]. E. Castorina en revanche, qui désigne ces mains par V^4, croit qu'elles proviennent d'une collation avec d'autres manuscrits et ont donc la dignité de sources indépendantes[199] ; cette théorie est aujourd'hui rejetée. A. Fo note en effet avec M. Ferrari[200] que ces variantes marginales sont manifestement de la main de Sannazar pour le livre I, de la main du copiste anonyme du livre II pour II, 6, et que l'unique exception est l'annotation marginale à I, 76, due à Pietro Summonte, l'ami de Sannazar qui a copié, dans le *Vindobonensis*, les feuillets précédant le texte de Rutilius.

Sannazar avait évidemment fait connaître ses découvertes de textes anciens. Il en avait envoyé des extraits avant la fin de 1502 à son ami Francesco Poderico, qui les avait communiqués à Pontano. Nous le savons par une lettre que le vieux Pontano adressa à Sannazar le 13 février 1503, et où il porte sur Rutilius ce jugement tranchant : *Rutiliani illi versiculi enodes sunt et nitidi, cultus vero peregrinus potius quam urbanus, ne dicam arcessitus*[201]. Ensuite Sannazar semble se désintéresser du texte au lieu de l'éditer, et il n'en permet pas la diffusion. Seul Antonio De Ferrariis, dit Galateo, réussit à y avoir accès[202] : c'est en effet d'après *V* qu'il cite dans son *De educatione* de 1505 dix-huit vers de Rutilius (I, 63-72,

198. *Ibid.*, t. I, p. 64-65.

199. E. Castorina, Claudio Rutilio Namaziano, *De reditu*, introduzione, testo critico, traduzione e commento, Firenze, Sansoni, 1967, réimpr. 1975, p. 11-12, 20, 27-29

200. A. Fo, Rutilio Namaziano, *Il ritorno*, p. 135 ; M. Ferrari, « Spigolature bobbiesi II. Frammenti ignoti di Rutilio Namaziano », p. 18 note 1.

201. Voir C. Vecce, *Iacopo Sannazaro in Francia*, p. 57-58, 65 et 164.

202. C. Vecce, *Iacopo Sannazaro in Francia*, p. 66-67 ; J.-L. Charlet, « Histoire résumée du texte et des éditions de Rutilius Na(u)mati(an)us », p. 59-60.

77-78, 81-82, 89-92)[203]. On considère parfois que Sannazar s'est inspiré de Rutilius, notamment dans son *Elegia ad ruinas Cumarum*[204]. La chose ne paraît pas évidente : on ne relève aucune ressemblance textuelle précise, et le thème du temps qui efface les traces du passé est banal[205].

En 1520, par une voie difficile à préciser[206], Giovan Battista Pio obtint un exemplaire de Rutilius, ensuite perdu, et l'édita à Bologne : c'est l'édition princeps (= *B*), particulièrement soignée, à qui on attribue valeur de source manuscrite eu égard au manuscrit inconnu qu'elle reproduit. Cependant elle est en partie dénaturée par des interventions arbitraires de l'éditeur, qui tendent en général à virgilianiser le texte[207]. Curieusement, comme le font remarquer Jean-Louis Charlet et Anna Maranini, quand on considère ce petit livret, on s'aperçoit qu'il ne se présente pas comme l'édition princeps d'un texte important, mais qu'il s'agit d'un cadeau courtisan adressé au pape Léon X[208]. Cette édition a été lue : c'est par

203. A. De Ferrariis dit Galateo, *De educatione*, édité et traduit par C. Vecce et P. Tordeur, Louvain, Peeters, 1993, p. 64. Seule pose problème la leçon *consortia regni* (I, 65) au lieu du *consortia iuris* de *V*. Il ne s'agit pas d'une banalisation, la tournure *consortia regni* étant rare en latin (nous n'avons trouvé que Paulin de Nole, *Poèmes* 18, 70 et Claudien, *De Saluatore* 32). Cependant les deux manuscrits les plus autorisés du *De educatione* conservent pour ce vers 65 la note marginale : *aliter iuris* ; voir p. 65 note 3.

204. Voir C. Vecce, *Iacopo Sannazaro in Francia*, p. 156-157.

205. Voir la note à Rutilius I, 413-414.

206. M. Ferrari, « Spigolature bobbiesi II. Frammenti ignoti di Rutilio Namaziano », p. 18 ; « Le scoperte di Bobbio nel 1493 : vicende di codici e fortuna di testi », p. 152 ; J.-L. Charlet, « Histoire résumée du texte et des éditions de Rutilius Na(u)mati(an)us », p. 60.

207. Voir E. Doblhofer, Rutilius Claudius Namatianus, *De reditu suo sive Iter Gallicum*, t. I, p. 69 et 71.

208. J.-L. Charlet et A. Maranini, « Le *Liber (Fuluii) Vrsini* : un nouveau témoignage sur la transmission du texte de Rutilius ? »

exemple d'après elle que Leandro Alberti cite Rutilius dans sa *Descrittione di tutta Italia* de 1550[209].

En 1523 parut à Rome une nouvelle édition de Rutilius, par les soins de Jacopo Mazocchi[210], sans intérêt pour l'histoire du texte, puisqu'elle reproduit la princeps en y ajoutant des erreurs. Le *De reditu suo* y est intégré dans un ensemble de textes consacrés à Rome qui porte le titre *De Roma prisca et nova varii auctores*.

Le second manuscrit conservé, le *Romanus Ms. Caet.* 158 (*R*), n'est pas antérieur à l'édition princeps comme le croyait E. Castorina[211], il date d'environ 1530[212]. Son origine est sans doute romaine[213]. Il comprend 87 feuillets et s'ouvre sur le *De reditu suo*, qui en occupe les feuillets 2r-27r. Rutilius y a été copié, avec de nombreuses fautes, par Giovanni Andrea Cruciano, dont le nom figure, sous forme abrégée, à la fin du livre I, et en toutes lettres, à la fin du texte conservé du livre II. Le *De reditu suo* y est suivi de divers traités d'histoire naturelle, qui sont mis pour certains sous le nom d'un prétendu Euax rex Arabum ; ceci explique que le manuscrit se trouve désormais dans un fonds musulman. Ce manuscrit appartenait dans la seconde moitié du XIXe siècle à l'avocat antiquaire

(à paraître). Les auteurs soulignent que Rutilius dans ses premières éditions n'a pas été édité pour lui-même.

209. L. Alberti, *Descrittione di tutta Italia*, Bologna, 1550, f. 25v-32v (Venezia, 1561, f. 27v-35r) ; voir M. Ferrari, « Spigolature bobbiesi II. Frammenti ignoti di Rutilio Namaziano », p. 19. Sont cités I, 565-566, 571-574, 401-414, 371-372, 337-340, 315-318, 295-298, 279-292, avec de nombreuses erreurs.

210. Son nom est parfois graphié à tort Mazzochi.

211. E. Castorina, Claudio Rutilio Namaziano, *De reditu*, p. 33. Il a été réfuté dans le compte rendu qu'a fait A. Bartalucci de son édition, *Atene e Roma* 13, 1968, p. 91.

212. E. Doblhofer, Rutilius Claudius Namatianus, *De reditu suo sive Iter Gallicum*, t. I, p. 67.

213. C. Vecce, *Iacopo Sannazaro in Francia*, p. 69 ; J.-L. Charlet, « Histoire résumée du texte et des éditions de Rutilius Na(u)mati(an)us », p. 60-61.

Annibale Bontadosi et revint par héritage, à sa mort (1880), à la famille Caetani di Sermoneta. Il a été découvert avant 1890 par A. Elter dans la bibliothèque du duc de Sermoneta à Rome, et collationné par C. Hosius en 1890[214] puis par V. Ussani pour son édition publiée en 1920. Ensuite il disparut, jusqu'à ce que E. Castorina le retrouve en 1963 auprès de l'Accademia dei Lincei, à qui il avait été donné en 1924 par Leone Caetani, duc de Sermoneta. Il est actuellement dans la bibliothèque de l'Accademia dei Lincei, Via della Lungara 10, à Rome, dans la collection de la Fondazione Caetani per gli Studi Musulmani, sous le numéro 158[215].

Une troisième édition parut en 1558 à Venise, par les soins d'Onofrio Panvinio ; elle est insérée dans ses *Reipublicae Romanae commentariorum libri tres*, p. 255-286, et fait donc partie d'un immense dossier sur la *Respublica Romana*. Elle a été plusieurs fois rééditée[216], notamment à Paris en 1588. Panvinio dans sa préface déclare[217] avoir corrigé le texte (à partir de l'édition princeps) et ajouté quelques vers qui manquaient (allusion à I, 575-578), avec l'aide du poète érudit Gabriele Faerno ; on suppose qu'il s'est servi d'un manuscrit qu'avait mis à sa disposition Faerno, puisqu'il donne les vers I, 575-578, omis par l'édition princeps de Pio et par l'édi-

214. Voir C. Hosius, « Die Textgeschichte des Rutilius », *Rheinisches Museum* 51, 1896, p. 197-210.

215. E. Castorina, Claudio Rutilio Namaziano, *De reditu*, p. 31-35 ; E. Doblhofer, Rutilius Claudius Namatianus, *De reditu suo sive Iter Gallicum*, t. I, p. 66.

216. J. Vessereau, *Cl. Rutilius Namatianus. Édition critique... suivie d'une étude historique et littéraire sur l'œuvre de l'auteur*, p. 110.

217. *Reipublicae Romanae commentariorum libri tres*, p. 258 : *Eum autem et multis librariorum vitio obortis erroribus sublatis, emendatum, et aliquot versus qui in vulgato deerant locupletatum, Gabrielis Faerni viri optimi, doctissimi, poetarumque omnium nostro saeculo celeberrimi opera, denuo in lucem dare decrevi.*

tion de Mazocchi[218]. Les recherches de Jean-Louis Charlet et Anna Maranini devraient permettre de mieux apprécier le travail de Faerno[219]. Cette édition a joui d'une certaine autorité ; on le voit par le fait qu'un réviseur du manuscrit *V* qui est sans doute Sambucus[220], à la fin de ce qui reste du livre II, a ajouté : *desunt in excuso quoque ab Onofrio panvino in sua Roma* ; il avait donc vérifié que le livre II était également tronqué dans l'édition de Panvinio. Curieusement Panvinio, qui avait pourtant lu le texte comme le montre sa préface, parle (p. 257) de deux voyages, l'un de Rome en Gaule au livre I, l'autre de Gaule à Rome au livre II, erreur répétée parfois après lui.

En 1973, sur un fragment de parchemin utilisé pour raccommoder un manuscrit de Bobbio aujourd'hui à Turin (Biblioteca Nazionale F IV 25), Mirella Ferrari identifia deux fragments de Rutilius qu'elle attribua au *Bobiensis* perdu. Il s'agirait d'une partie d'un feuillet endommagé qu'on aurait conservée dans l'idée qu'elle pouvait servir. Après une première annonce dans *Atene e Roma* 18, 1973, p. 228-229, M. Ferrari proposa une édition de ces fragments, accompagnée de photographies, dans *Italia medioevale e umanistica* 16, 1973, p. 12-13 et 26-30.

Les manuscrits *V* et *R* et le manuscrit dont s'est servi Pio pour l'édition princeps (*B*) dérivent d'une source commune, le *Bobiensis* retrouvé en 1493. Tous trois en effet ont la même lacune au début, s'arrêtent à II, 68, et ont en commun un vers corrompu (I, 227) et un certain nombre de fautes[221]. Cependant il est vraisemblable qu'aucun des trois témoins ne remonte directement au *Bobiensis*. La chose est particulièrement nette

218. Voir M. Ferrari, « Le scoperte di Bobbio nel 1493 : vicende di codici e fortuna di testi », p. 177-178.

219. J.-L. Charlet, « Histoire résumée du texte et des éditions de Rutilius Na(u)mati(an)us », p. 61-62.

220. C. Vecce, *Iacopo Sannazaro in Francia*, p. 69 et 96.

221. Voir E. Doblhofer, Rutilius Claudius Namatianus, *De reditu suo sive Iter Gallicum*, t. I, p. 70 et note 298.

pour *R*, où le vers I, 213 manque (à la place on lit *deest*) ; il manquait donc dans l'apographe dont se servait Cruciano, le copiste de *R*, alors qu'il figure dans *V*. Par ailleurs les nombreuses divergences entre *R* et *VB* ne peuvent être entièrement imputables au copiste de *R*. De leur côté *V* et *B* sont étroitement apparentés[222]. Comme, sans doute, Sannazar ne s'en serait pas remis à autrui s'il s'agissait de copier à partir d'un manuscrit aussi difficile à déchiffrer que le *Bobiensis*, on considère que *V* et *B* dérivent du même intermédiaire, souvent identifié, mais sans aucune preuve, avec la copie apportée à Rome par Tommaso Inghirami.

Le stemma peut donc s'établir ainsi :

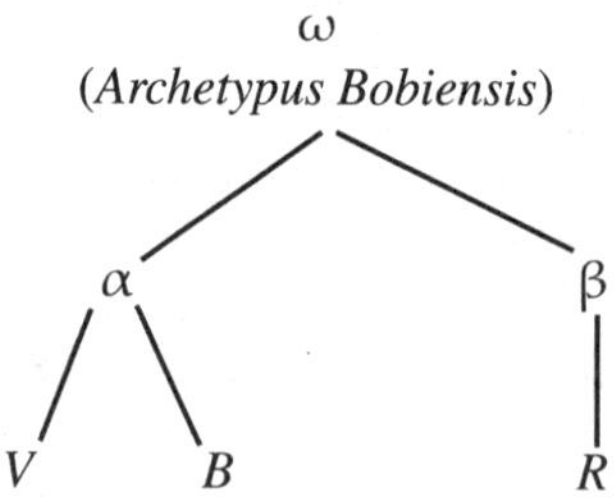

Le *De reditu suo* a été souvent édité. On trouvera dans E. Doblhofer (t. I, p. 71-80) une liste commentée des éditions principales ; nous nous contentons de les signaler rapidement. L'édition princeps de Giovan Battista Pio (Bologne, 1520), l'édition de J. Mazochius (= Giacomo Mazocchi, Rome, 1523) et celle d'Onofrio Panvino (Venise, 1558) ont déjà été évoquées. On citera ensuite les éditions de J. Simler (dans *Aethici Cosmographia. Antonii Augusti itinerarium provinciarum (...). Itinerarium Rutilii Claudii Numatiani. Vibii Sequestri liber de*

222. *Ibid.*, t. I, p. 70 et note 299. L'omission de I, 575-578 dans la princeps, alors que ces vers apparaissent dans *V*, ne vient pas contredire cette affirmation : il s'agit en effet d'un saut du même au même, la fin du vers 574 (*genus*) étant presque identique à celle du vers 578 (*genis*).

fluminibus (...). Libellus provinciarum Galliae, Bâle, 1575, p. 297-326), J. Castalio (= Giuseppe Castaglione, Rome, 1582), P. Pithou (dans les anonymes *Epigrammata et poematia vetera*, Paris, 1590, p. 340-362, plusieurs rééditions), J. Zinzerling-Th. Sitzmann (Lyon, 1616), C. Barth (Francfort, 1623), Th.J. van Almeloveen (Amsterdam, 1687), P. Burman (dans *Poetae Latini minores*, Leyde, 1731, t. II, p. 1-84), Ch.T. Damm (Brandebourg, 1760), J.Ch. Kapp (Erlangen, 1786), J.Ch. Wernsdorf (Altenbourg, 1788), A.W. Zumpt (Berlin, 1840), L. Mueller (Leipzig, 1870), E. Baehrens (dans *Poetae Latini minores*, t. V, Leipzig, 1883, p. 3-30), J. Vessereau (Paris, 1904, avec traduction française), Ch.H. Keene (Londres, 1907, avec traduction anglaise), G. Heidrich (Vienne et Leipzig, 1912), V. Ussani (Florence, 1920-1921), R. Helm (Heidelberg, 1933), J. Vessereau-F. Préchac (Paris, 1933, avec traduction française, rééd. 1961), P. van de Woestijne (Anvers, 1936), E. Castorina (Florence, 1967, avec traduction italienne, réimpr. 1975), E. Doblhofer (Heidelberg, 1972-1977, avec traduction allemande), et A. Fo (Turin, 1992, avec traduction italienne), qui sont accompagnées pour la plupart[223] d'un commentaire, d'ampleur variable.

En ce qui concerne les fragments, ils ont été édités, après M. Ferrari (1973), par V. Tandoi (1975), P. Frassinetti (1980, avec traduction italienne), H.S. Sivan (1986, avec traduction anglaise), A. Mazzolai (1990, reprise de l'édition de Tandoi, avec traduction italienne)[224], A. Fo (1992), et traduits partiellement par F. Della Corte[225], tandis que proposaient des cor-

223. Font exception les éditions de L. Mueller, E. Baehrens, G. Heidrich, V. Ussani, et P. van de Woestijne.

224. Sur cette publication confidentielle que nous n'avons pu consulter, voir A. Fo, Rutilio Namaziano, *Il ritorno*, p. 126 et 161.

225. F. Della Corte, « La ricostruzione di Albingaunum (414-417 d.C.) », *Atti del congresso 'I Liguri dall'Arno all'Ebro'*, Bordighera, Istituto Internazionale di Studi Liguri, 1985, p. 225-232, repris dans F. Della Corte, *Opuscula* X, Genova, DARFICLET, 1987, p. 230. Seul le fragment B est traduit.

rections ou des restitutions E. Cecchini (1974 et 1975), A. Bartalucci (1975), E. Castorina (1975), I. Lana (1975), et S. Paglieri (1986, avec traduction italienne). Comme il a déjà été dit, nous avons jugé aventureux de proposer une traduction de ces fragments par trop mutilés.

Notre édition

Nous nous sommes fait un scrupule de collationner les deux manuscrits et l'édition princeps, plus par acquis de conscience que dans l'espoir d'y trouver autre chose que ce qu'y avaient vu nos prédécesseurs. La lecture du manuscrit *V* a été faite sur microfilm ; la lecture directe du manuscrit *R* a été possible grâce à un séjour à Rome. En revanche nous n'avons pu voir le fragment découvert par M. Ferrari, dont l'état s'est dégradé depuis qu'il a été détaché du manuscrit qu'il servait à raccommoder ; nous avons dû nous contenter des photos qui en ont été publiées[226]. Quant aux éditions, elles ont été consultées dans diverses bibliothèques parisiennes (Bibliothèque Nationale de France, Bibliothèque Mazarine, Bibliothèque Interuniversitaire de la Sorbonne).

L'apparat critique, évidemment positif, se veut, conformément aux règles de la Collection des Universités de France, à la fois précis et intelligible. A ce titre il passe sous silence, par souci de légèreté, les variantes orthographiques sans influence sur le sens ; on les trouvera, si on le souhaite, dans l'introduction de l'édition de P. van de Woestijne de 1936. Il omet également, quand une conjecture proposée par un éditeur n'est pas reçue dans le texte, le nom des éditeurs ou critiques favorables à cette conjecture rejetée ; l'apparat n'est pas, en effet, une histoire des éditions. Ainsi l'unité critique de I, 5 se présentera sous la forme : ‖ 5 quantum *VRB* : quater *Heinsius* ‖, et non : ‖ 5 quantum *VRB* : quater *Heinsius Müller Bährens Keene* ‖. Enfin il s'abstient de mentionner quelques correc-

226. M. Ferrari, « Spigolature bobbiesi II. Frammenti ignoti di Rutilio Namaziano », planche IV p. 12-13.

tions fantaisistes ou erreurs unanimement négligées par les éditeurs du texte[227] : le lecteur qui voudrait un apparat exhaustif se reportera à l'édition de J. Vessereau de 1904.

Sur la traduction, nous nous sommes partiellement expliqué dans l'Avertissement ; les traductions françaises anciennes, parfois élégantes (celle de J.-J. Lefranc de Pompignan, de 1749, plusieurs fois reprises, notamment, avec corrections, dans la collection de Désiré Nisard en 1843, celle de F.Z. Collobet, Paris, Delalain, 1842, celle de M.E. Despois, Paris, Panckoucke, 1843), ne sont d'aucun profit eu égard aux exigences actuelles de précision. En revanche nous avons évidemment consulté les traductions modernes en langue étrangère. Le goût de Rutilius pour la variation synonymique (cf. par exemple, pour le vocabulaire de l'eau, I, 249-266) est un des écueils les plus contrariants auxquels se heurte le traducteur.

Les notes éclairent les difficultés, mais ne constituent pas un commentaire à prétention exhaustive à la manière de celui de E. Doblhofer (auquel, du reste, nous renvoyons souvent). Nous nous sommes un peu étendu sur les fragments, qui n'avaient jamais figuré dans une édition française.

Nous avons plaisir pour terminer à remercier amicalement notre réviseur Vincent Zarini, dont l'acribie et la compétence nous ont aidé à corriger ou à améliorer bien des points. Les imperfections qui pourraient subsister ne sont évidemment imputables qu'à nous.

227. Par exemple les variantes qu'on trouve dans les citations de Leandro Alberti (voir plus haut), et qui sont en réalité de simples coquilles, par exemple en I, 337 *Tarquinius* pour *tangimus*.

BIBLIOGRAPHIE

I. Éditions. Seules sont mentionnées quelques éditions récentes. On trouvera dans l'Introduction une liste des éditions importantes du *De reditu suo* depuis la princeps.

Claudio Rutilio Namaziano, *De reditu*, introduzione, testo critico, traduzione e commento di E. Castorina, Firenze, Sansoni, 1967, réimpr. 1975 (texte latin et traduction italienne).

Rutilius Claudius Namatianus, *De reditu suo sive Iter Gallicum*, herausgegeben, eingeleitet und erklärt von E. Doblhofer, Heidelberg, Carl Winter, 2 vol., 1972-1977 (texte latin et traduction allemande ; index complet).

Rutilio Namaziano, *Il ritorno*, a cura di A. Fo, Torino, Einaudi, 1992 (texte latin et traduction italienne en vers).

Rutili Namacià, *Del seu retorn*, introd., rev. del text, trad. i notes de D. Condom, Barcelona, Fundació Bernat Metge, 2000 (texte latin et traduction catalane ; cité d'après l'*Année philologique*, non consulté).

II. Études. On s'est limité aux publications récentes et/ou essentielles.

(Collectif) *Guida alle antiche strade romane*, Novara, Istituto geografico De Agostini, 1994.

(Collectif) « Il nuovo Rutilio Namaziano », *Maia*, n.s. 27, 1, janvier-mars 1975, p. 3-26.

L. Alfonsi, « Significato politico e valore poetico del 'De reditu suo' di Rutilio Namaziano », *Studi Romani* 3, 1955, p. 125-139.

A. Bartalucci, « Note rutiliane », *Studi classici e orientali* 14, 1965, p. 30-39.

—, compte rendu de l'édition de E. Castorina, *Atene e Roma* 13, 1968, p. 90-97.

—, voir (Collectif) « Il nuovo Rutilio Namaziano ».

—, compte rendu de l'édition de E. Doblhofer, *Sileno* 5-6, 1979-1980, p. 403-416.

T. Bertotti, « Rutiliana », dans l'ouvrage collectif *Contributi a tre poeti latini (Valerio Flacco, Rutilio Namaziano, Pascoli)*, a cura di A. Traina, Bologna, Pàtron, 1969, p. 93-134.

M.P. Billanovich, « Il carme di Costantina : romano o pavese ? e i frammenti attribuiti a Rutilio Namaziano », *Italia medioevale e umanistica* 39, 1996, p. 1-26.

N. Brocca, « A che genere letterario appartiene il *de reditu* di Rutilio Namaziano ? », dans *Forme letterarie nella produzione latina di IV-V secolo*, a cura di F. E. Consolino, Roma, Herder, 2003, p. 231-255.

—, « Il *proditor Stilicho* e la distruzione dei *Libri Sybillini* », dans *Nuovo e antico nella cultura greco-latina di IV-VI secolo*, Milano, Cisalpino, 2005, p. 137-184.

D. Brodka, *Die Romideologie in der römischen Literatur der Spätantike*, Frankfurt-am-Main, P. Lang, 1998.

B. Bureau, « Rutilius, lecteur critique de Claudien poète politique », dans *L'intertexte virgilien et sa réception*, Dijon, Université de Bourgogne, 2007, p. 157-183.

Al. Cameron, « Rutilius Namatianus, St. Augustine, and the Date of the *De reditu* », *Journal of Roman Studies* 57, 1967, p. 31-39.

J. Carcopino, « Chronologie et histoire littéraire. A propos du poème de Rutilius Namatianus », *Revue des Études Latines* 6, 1928, p. 180-200.

—, « La date et le sens du voyage de Rutilius Namatianus » dans J. Carcopino, *Rencontres de l'histoire et de la littérature romaines*, Paris, Flammarion, 1963, p. 233-270 (ce chapitre est la reprise, avec ajouts et modifications, de l'article précédent).

E. Carnabuci, *Via Aurelia*, Roma, Libreria dello Stato, 1992.

E. Castorina, voir (Collectif) « Il nuovo Rutilio Namaziano ».

E. Cecchini, « Per il nuovo Rutilio Namaziano », *Rivista di filologia e di istruzione classica* 102, 1974, p. 401-404.

—, voir (Collectif) « Il nuovo Rutilio Namaziano ».

J.-L. Charlet, « Histoire résumée du texte et des éditions de Rutilius Na(u)mati(an)us », *Vita Latina* 173, décembre 2005, p. 57-65 et bibliographie p. 98-100.

J.-L. Charlet et A. Maranini, « Le *Liber (Fuluii) Vrsini* : un nouveau témoignage sur la transmission du texte de Rutilius ? » (à paraître).

A. Chastagnol, *Les Fastes de la préfecture de Rome au Bas-Empire*, Paris, Nouvelles Éditions Latines, 1962.

R. Chevallier, *Voyages et déplacements dans l'empire romain*, Paris, Armand Colin, 1988.

F. Corsaro, *Studi rutiliani*, Bologna, Pàtron, 1981.

P. Courcelle, *Histoire littéraire des grandes invasions germaniques*, 1948, 3e éd. Paris, Études augustiniennes, 1964.

F. Della Corte, « Rutilio Namaziano ad Albingaunum », *Romanobarbarica* 5, 1980, p. 89-103, repris dans F. Della Corte, *Opuscula* VII, Genova, DARFICLET, 1983, p. 261-275.

—, « Il frammento A di Rutilio Namaziano », dans *Laurea Corona. Studies in Honour of Edward Coleiro*, Amsterdam, Grüner, 1987, p. 181-185, repris dans F. Della Corte, *Opuscula* XI, Genova, DARFICLET, 1988, p. 209-213.

R. Delmaire, *Les institutions du Bas-Empire romain, de Constantin à Justinien*, Paris, Éditions du Cerf-Éditions du CNRS, 1995.

É. Demougeot, *La formation de l'Europe et les invasions barbares*, Paris, Aubier, 1969-1979, 2 t. en 3 vol.

—, « L'évolution politique de Galla Placidia », *Gerión* 3, 1985, p. 183-210, repris dans E. Demougeot, *L'empire romain et les barbares d'Occident (IVe-VIIe siècles).*

Scripta varia, Paris, Publications de la Sorbonne, 1988, p. 171-213.

G. Dennis, *The Cities and Cemeteries of Etruria*, London, J. Murray, 1878, 2 vol.

E. Doblhofer, « Bellerophon und Kirke zwischen Heiden und Christen », dans *Festschrift Robert Muth*, herausgegeben von P. und W. Meid, Innsbruck, Institut für Sprachwissenschaft der Universität Innsbruck, 1983, p. 73-87.

E. Fernandez Vallina, « ¿ Vino nuevo en odres viejos ? Expresión de un conflicto a principios del siglo V », *Helmantica* 40, 1989, p. 245-254.

M. Ferrari, « Le scoperte a Bobbio nel 1493 : vicende di codici e fortuna di testi », *Italia medioevale e umanistica* 13, 1970, p. 139-180.

—, « Spigolature bobbiesi II. Frammenti ignoti di Rutilio Namaziano », *Italia medioevale e umanistica* 16, 1973, p. 12-13 et 15-30 (avec photo des fragments).

A. Fo, « Ritorno a Claudio Rutilio Namaziano », *Materiali e discussioni per l'analisi dei testi classici* 22, 1989, p. 49-74.

—, « Da una breve distanza : Rutilio fra Roma e il suo lido », dans *Arma virumque : Studi di poesia e storiografia in onore di Luca Canali*, Pisa, Istituti Editoriali e Poligrafici Internazionali, 2002, p. 163-188.

—, « Rievocazioni : Rutilio Namaziano dal viaggio alla letteratura e allo spectacolo (con un ritorno) » dans *Aspetti della fortuna dell'antico nella cultura europea*, Pisa, ETS, 2005, p. 101-207.

P. Frassinetti, « Postille rutiliane », *Bollettino di studi latini* 2, 1972, 36-48.

—, « I nuovi frammenti di Rutilio Namaziano », *Studi e ricerche dell'Istituto di Latino* 3, 1980, p. 51-58.

H.A. Gärtner, « Rome et les barbares dans la poésie latine au temps d'Augustin : Rutilius Namatianus et Prudence », *Ktèma* 9, 1984, p. 113-121.

A. Giannotti, *La metrica di Rutilio Namaziano*, Udine, Istituto delle Edizioni Accademiche, 1940.

J.-Y. Guillaumin, « *Radix stultitiae* chez Rutilius Namatianus (v. 389) », *Vita Latina* 174, juin 2006, p. 114-122.

A. Ianni Ventura, « Studi recenti su Rutilio Namaziano e note al suo classicismo », *Atene e Roma* 16, 1971, p. 83-102.

D. Korzeniewski, « Reiseerlebnisse des Rutilius Namatianus. Exegetische Beiträge zu seinem Gedicht *De reditu suo* », *Gymnasium* 86, 1979, p. 541-556.

P. de Labriolle, *La réaction païenne. Étude sur la polémique antichrétienne du Ier au VIe siècle*, Paris, L'Artisan du livre, 1934, 13e éd. 1948.

I. Lana, *Rutilio Namaziano*, Torino, Giappichelli, 1961.

—, voir (Collectif) « Il nuovo Rutilio Namaziano ».

—, « Originalità e significato dell'inno a Roma di Rutilio Namaziano », dans *La coscienza religiosa del letterato pagano*, Genova, DARFICLET, 1987, p. 101-123.

D. Lassandro, « Descrizione geografica e rievocazione storica nel De reditu suo di Rutilio Namaziano », dans *Geografia e storiografia nel mondo classico*, a cura di M. Sordi, Milano, Vita e Pensiero, 1988 (= Contributi dell'Istituto di storia antica dell'Università del Sacro Cuore 14), p. 113-123.

A. Ligneri, « Morte delle città in Rutilio Namaziano », dans *Tredici secoli di elegia latina. Atti del convegno internazionale, Assisi, 22-24 aprile 1988*, Assisi, Accademia Properziana del Subasio, 1989, p. 311-330.

W. Maaz, « Poetisch-mythologische Realität in 'De reditu suo' des Rutilius Namatianus », dans *Roma renascens, Beiträge zur Spätantike und Rezeptionsgeschichte, Ilona Opelt von ihren Freunden und Schülern...gewidmet*, herausgegeben von M. Wissemann, Frankfurt-am-Main, Peter Lang, 1988, p. 235-256.

J.F. Matthews, « Gallic supporters of Theodosius », *Latomus* 30, 1971, p. 1073-1099.

S. Mazzarino, *La fin du monde antique. Avatars d'un thème historique*, trad. fr. Paris, Charpentier, 1973.

E. Merone, *Rutilio ellenizzante*, Napoli, Loffredo, 1953, 2e éd. corrigée sous le titre *Aspetti dell'ellenismo in Rutilio Namaziano*, Napoli, Edizioni Intercontinentalia, 1967.

A.P. Mosca, « Aspetti topografici del viaggio di ritorno in Gallia di Rutilio Namaziano », dans *Pothos : il viaggio, la nostalgia*, a cura di F. Rosa e F. Zambon, Trento, Università degli studi, 1995, p. 133-151.

S. Paglieri, « Rutilio Namaziano in Piemonte ? », *Bollettino della Società per gli studi storici, archeologici ed artistici nella Provincia di Cuneo* 84, 1986, p. 85-98.

F. Paschoud, *Roma aeterna. Étude sur le patriotisme romain dans l'Occident latin à l'époque des grandes invasions*, Neuchâtel, Institut suisse de Rome, 1967.

—, « Une relecture poétique de Rutilius Namatianus », *Museum Helveticum* 35, 1978, p. 319-328.

—, « A quel genre le poème de Rutilius Namatianus appartient-il ? », *Revue des Études latines* 57, 1979, p. 315-322.

M. Pastor Muñoz, « Cuestiones en torno a Rutilio Namaciano », *Hispania antica* 3, 1973, p. 187-217.

L.A. Porterfield, *Rutilius Namatianus. De reditu suo. Some historical, political, and literary considerations*, Diss. Columbia University, New York, 1971.

S. Ratti, « Le *De reditu suo* de Rutilius Namatianus : un hymne païen à la vie », *Vita Latina* 173, décembre 2005, p. 75-86.

—, « Rutilius Namatianus, Aelius Aristide et les chrétiens », à paraître dans *Antiquité tardive* 14, 2006.

M. Roberts, « The treatment of narrative in Late Antique Literature. Ammianus Marcellinus (16.10), Rutilius Namatianus and Paulinus of Pella », *Philologus* 132, 1988, p. 181-195.

—, « Rome personified, Rome epitomized : representations of Rome in the poetry of the early fifth century », *American Journal of Philology* 122, 2001, p. 533-565.

S. Roda, « L'aristocrazia senatoria occidentale al tempo di Attila : l'ideologia oltre la crisi dell'impero », dans *Attila flagellum Dei ?*, a cura di S. Blason Scarel, Roma, L'Erma di Bretschneider, 1994, p. 131-151.

N. Roux, *La description du paysage dans le* De reditu suo *de Cl. Rutilius Namatianus*, Mémoire de maîtrise non publié, Université de Paris IV-Sorbonne, 2000.

E. Sanchez-Salor, « La última poesía latino-profana », *Estudios clásicos* 25, 1981-1983, p. 111-162.

H.S. Sivan, « Rutilius Namatianus, Constantius III and the Return to Gaul in Light of New Evidence », *Mediaeval Studies* 48, 1986, p. 522-532.

J. Soler, « Le *Retour en Gaule* de Rutilius Namatianus : un itinéraire à travers les textes », dans *Miroirs de textes. Récits de voyage et intertextualité*, études réunies et présentées par S. Linon-Chipon, V. Magri-Mourgues et S. Moussa, Nice, Presses Universitaires de Nice, 1998, p. 19-32.

—, « Le sauvage dans le *De reditu* de Rutilius Namatianus : un non-lieu », dans *Les espaces du sauvage dans le monde antique*, M.-C. Charpentier éditeur, Besançon, Presses Universitaires de Franche-Comté, 2004, p. 223-234.

—, *Écritures du voyage : héritages et inventions dans la littérature latine tardive*, Paris, Institut d'Études Augustiniennes, 2005.

—, « Religion et récit de voyage. Le *Peristephanon* de Prudence et le *De reditu suo* de Rutilius Namatianus », *Revue d'études augustiniennes et patristiques* 51, 2005, p. 297-326.

—, « Le poème de Rutilius Namatianus et la tradition du récit de voyage antique : à propos du 'genre' du *De reditu suo* », *Vita Latina* 174, juin 2006, p. 104-113.

M. Squillante, *Il viaggio, la memoria, il ritorno. Rutilio Namaziano e le trasformazioni del tema odeporico*, Napoli, M. D'Auria, 2005.

G. Stampacchia, « Problemi sociali nel *De reditu suo* di Rutilio Namaziano », *Index* 17, 1989, p. 243-254.

E. Stein, *Histoire du Bas-Empire*, édition française par J.-R. Palanque, Paris, Desclée de Brouwer, 1949-1959, 3 t. en 2 vol.

V. Tandoi, voir (Collectif) « Il nuovo Rutilio Namaziano ».

S. Teillet, *Des Goths à la nation gothique. Les origines de l'idée de nation en Occident du Ve au VIIe siècle*, Paris, Les Belles Lettres, 1984.

G. Tissol, « Ovid and the Exilic Journey of Rutilius Namatianus », *Arethusa* 35, 2002, p. 435-446.

M. Torelli, *Etruria*, Roma-Bari, Laterza, 1985.

C. Vecce, *Iacopo Sannazaro in Francia. Scoperte di codici all'inizio del XVI secolo*, Padova, Antenore, 1988.

W. Verbaal, « A Man and his Gods. Religion in the *De reditu suo* of Rutilius Namatianus », *Wiener Studien* 119, 2006, p. 157-171.

É. Wolff, « Quelques aspects du *De reditu suo* de Rutilius Namatianus », *Vita Latina* 173, décembre 2005, p. 66-74.

—, « Rutilius Namatianus, *De reditu suo* I », dans *Silves latines 2006*, Neuilly, Éditions Atlande, 2006, p. 197-255.

—, « Retour sur quelques problèmes du *De reditu suo* de Rutilius Namatianus », *Revue des Études latines* 84, 2006, p. 39-54.

V. Zarini, « Histoire, panégyrique et poésie : trois éloges de Rome l'éternelle autour de l'an 400 (Ammien Marcellin, Claudien, Rutilius Namatianus) », *Ktèma* 24, 1999, p. 167-179.

ANNEXE PROSOPOGRAPHIQUE

Albinus (Caecina Decius Acinatius Albinus) (I, 466-474) : Rutilius Namatianus trouve refuge chez lui alors qu'il est pris par une tempête dans les Vada Volaterrana. Le poète nous apprend qu'Albinus lui a succédé très jeune à la préfecture de la Ville en 414 ; il semble qu'Albinus ait obtenu l'itération de cette charge en 426 ; il fut ensuite préfet du prétoire pour l'Italie en 443 et 447, consul en 444, et reçut le titre de patrice en 446 : cf. A. Chastagnol, *Les Fastes de la préfecture de Rome au Bas-Empire*, Paris, Nouvelles Éditions Latines, 1962, p. 273-275 ; A.H.M. Jones and J.R. Martindale, *The Prosopography of the Later Roman Empire*, Cambridge, Cambridge University Press, 3 t. en 4 vol., 1971-1992 [désormais abrégé en *PLRE*], vol. II, p. 50-51, s.v. Albinus 7.

Albinus (Ceionus Rufius Albinus) (I, 168) : père de Rufius, fut préfet de la Ville de 389 à 391 ; c'est un des personnages des *Saturnales* de Macrobe : cf. *PLRE* I, p. 37-38, s.v. Albinus 15.

Constantius (Flavius Constantius) (fragment B, 7-12) : comte et *magister utriusque militiae* à partir de 411, consul en 414, 417, 420, patrice à partir de 415, empereur en 421 sous le nom de Constance III, meurt la même année ; chrétien, mari de Galla Placidia, père de Valentinien III : cf. *PLRE* II, p. 321-325, s.v. Constantius 17 ; W. Lütkenhaus, *Constantius III*, Bonn, R. Habelt, 1998.

Dardanus (Claudius Postumus Dardanus) (I, 307-308) : préfet du prétoire des Gaules deux fois, la seconde en 412-

413, y réprima l'usurpation de Jovin et s'aliéna l'aristocratie gauloise ; chrétien engagé, il correspondit avec Jérôme et Augustin : cf. *PLRE* II, p. 346-347, s.v. Dardanus.

Decius (I, 598-600) : fils de Lucillus, était gouverneur de l'Étrurie au moment où Rutilius en longeait les rivages, en novembre 417 : cf. *PLRE* II, p. 349, s.v. Decius 1.

Exuperantius (I, 213-216) : proche de Rutilius et père de Palladius, occupait une haute charge militaire en Bretagne en 417 ; préfet du prétoire dans les Gaules en 424, il y fut tué dans une sédition militaire ; il est peu vraisemblable qu'il faille l'identifier au Julius Exuperantius qui écrivit un épitomé de Salluste intitulé *De Marii, Lepidi ac Sertorii bellis ciuilibus* : cf. *PLRE* II, p. 448, s.v. Exuperantius 2.

Lachanius (Claudius Lachanius) (I, 575-596) : père de Rutilius, qui nous retrace sa carrière : cf. *PLRE* I, p. 491, s.v. Lachanius.

Lucillus (I, 599-614) : père de Decius, cité avec éloge par Rutilius pour son œuvre satirique, et aussi pour son intégrité dans sa charge de comte des largesses sacrées pour l'Occident, avant 417 : cf. *PLRE* II, p. 691, s.v. Lucillus.

Marcellinus (fragment A, 11-19) : ami de Rutilius, a fait carrière d'abord comme *protector*, puis comme tribun, avant d'être récemment promu comte ; Rutilius vante son action, bénéfique pour les populations locales (le personnage est inconnu de la *PLRE*).

Messalla (Valerius Avienus Messalla) (I, 268-276) : Rutilius célèbre son œuvre poétique, mais mentionne également sa préfecture du prétoire pour l'Italie et pour l'Afrique en 399-400 : cf. *PLRE* II, p. 760-761, s.v. Messalla Avienus 3.

Palladius (I, 208-212) : parent de Rutilius, et son cadet ; Palladius est à Ostie où il accompagne le poète au moment de son embarquement ; fils d'Exuperantius, Palladius était très probablement de naissance clarissime, mais nous ne savons rien de sa carrière postérieure à 417 ; c'est peut-être Rutilius Taurus Aemilianus Palladius, le futur auteur de l'*Opus agriculturae* : cf. *PLRE* II, p. 819, s.v. Palladius 4.

Protadius (I, 542-558) : Rutilius va lui rendre visite en chemin, dans sa résidence non loin de Pise. Il s'agit du préfet de la Ville de 401, grand ami de Symmaque : cf. A. Chastagnol, *Les Fastes de la préfecture de Rome au Bas-Empire*, p. 253-255 et *PLRE* I, p. 751-752, s.v. Protadius 1.

Rufius (Rufius Antonius Agrypnius Volusianus) (I, 168-178 et 415-422) : Rufius, qui a été proconsul d'Afrique et questeur du palais, accompagne son ami Rutilius à son départ de Rome. Le poète apprendra en chemin, à son escale de Populonia, début novembre 417, que Rufius vient d'être nommé préfet de la Ville ; celui-ci n'accédera cependant jamais au consulat que son ami espérait pour lui ; c'était par ailleurs un païen invétéré : cf. A. Chastagnol, *Les Fastes de la préfecture de Rome au Bas-Empire*, p. 125-127 ; *Idem*, « Le sénateur Volusien et la conversion d'une famille de l'aristocratie romaine au Bas-Empire », *Revue des études anciennes* 58, 1956, p. 241-253 ; *PLRE* II, p. 1184, s.v. Volusianus 6 ; *Prosopographie chrétienne du bas-empire. 2. Prosopographie de l'Italie chrétienne*, 2. vol., t. II, Rome, École française de Rome, 2000, p. 2340-2341, s.v. Volusianus 1.

tribunus anonymus (I, 561-564) : il fournit à Rutilius, qu'il connaissait, des chevaux et une voiture : cf. *PLRE* II, p. 1230, s.v. Anonymus 66.

Victorinus (I, 493-510) : originaire de Toulouse, ancien vicaire de Bretagne, il vient d'être nommé comte et d'accéder à l'illustrat lors du passage de Rutilius en Étrurie, en 417 : cf. *PLRE* II, p. 1161, s.v. Victorinus 1.

CONSPECTVS SIGLORVM

I. Codices et editio princeps

V	*Vindobonensis 277*, anno fere 1501.
V^1	manus Filippini Bononi, qui scripsit uersus I, 1-242 et 415-456 ;
V^2	manus Sannazari, qui scripsit uersus I, 243-414 et 457-644, suppleuit et correxit V^1, emendationes nonnullas in margine adiecit ;
V^3	manus ignota quae scripsit uersus II, 1-68 ;
*V**	manus Petri Summonte, qui ad I, 76 in margine correxit.
R	*Romanus, Ms. Caet. 158*, anno fere 1530.
B	editio princeps Bononiae anno 1520 edita.
C	*Copenhague Kongelige Bibliotek, Gl. kgl. S. 429*, saeculo XVI ineunte, f. 52v.

II. Editiones et adnotationes criticae

Almeloveen : Th.J. van Almeloveen, édition de Rutilius, Amsterdam, J. Wolters, 1687.

Auctores observationum miscellanearum, vol. III, Amsterdam, 1733, p. 363-369.

Bährens : E. Bährens, édition de Rutilius Namatianus, dans *Poetae Latini minores*, t. 5, Leipzig, Teubner, 1883, p. 3-30.

Bartalucci¹ : A. Bartalucci, « Note rutiliane », *Studi classici e orientali* 14, 1965, p. 30-39.

Bartalucci² : A. Bartalucci, recension de l'édition de Castorina, *Atene e Roma*, N.S. 13, 1968, p. 90-97.

Bartalucci[3] : A. Bartalucci, recension de l'édition de Doblhofer, *Sileno* 5-6, 1979-1980, p. 403-416.

Barthius : C. von Barth, édition de Rutilius, Francfort, D. et D. Aubrius et C. Schleich, 1623.

Bartoli : I. Bartoli, « De Rutilii Namatiani quaestiunculae quaedam », *Athenaeum* 9, 1931, p. 410-419.

Bertotti : T. Bertotti, « Rutiliana », dans l'ouvrage collectif *Contributi a tre poeti latini (Valerio Flacco-Rutilio Namaziano-Pascoli)*, a cura di A. Traina, Bologne, Pàtron, 1969, p. 93-134.

Boekmeyer : conjectures de R.K. Boekmeyer dans E. Bährens.

Boano : G. Boano, « Sul 'De reditu suo' di Rutilio Namaziano », *Rivista di filologia classica* 76 (N.S. 26), 1948, p. 54-87.

Brakman : C. Brakman, « Rutiliana », *Mnemosyne* 50 (nova series), 1922, p. 155-166.

Burman : P. Burman, édition de Rutilius, dans *Poetae Latini minores*, Leyde, C. Wishoff et D. Goedval, 2 vol., 1731, t. II, p. 1-84.

Castalio : J. Castalio, édition de Rutilius, Rome, V. Accolti, 1582.

Castorina : E. Castorina, édition de Rutilius, Florence, Sansoni, 1967.

Clausen : W. Clausen, « Silva coniecturarum », *American Journal of Philology* 76, 1955, p. 47-62.

Crusius : G.Ch. Crusius, *Probabilia critica*, Leipzig, 1753, p. 55-63.

Cuper : conjectures de G. Cuper dans P. Burman.

Damm : Ch.T. Damm, édition de Rutilius, Brandenbourg, J.W. Halle et J.S. Halle, 1760.

Damsté : P.H. Damsté, « Ad Rutilium Namatianum », *Mnemosyne* 50 (nova series), 1922, p. 147-154.

Doblhofer : E. Doblhofer, édition de Rutilius, Heidelberg, C. Winter, 2 vol., 1972-1977.

Drakenborch : conjectures de A. Drakenborch dans I.Ch.

Wernsdorf.

Duff : J.W. and A.M. Duff, édition de Rutilius, dans *Minor Latin Poets*, Londres-Cambridge (Mass.), Heinemann et Harvard University Press, 1934, édition révisée 1935, p. 753-829.

Ellis : R. Ellis (ed.), *Aetna*, Oxford, Clarendon Press, 1901, p. 97.

Fo : A. Fo, édition de Rutilius, Turin, Einaudi, 1992.

Frassinetti : P. Frassinetti, « Postille rutiliane », *Bollettino di studi latini* 2, 1972, p. 36-48.

Garzya : A. Garzya, « Rutilius Cl. Namatianus I 98 emendatur », *Mnemosyne* (quarta series) 9, 1956, p. 334-335.

Galateo : Antonio De Ferrariis dit Galateo, *De educatione*, 1505, édition 1993, Louvain, Peeters, p. 64.

Gelsomino : R. Gelsomino, édition de Rutilius, Urbino, Editrice Montefeltro, 1972.

Giraldi : Lilio Gregorio Giraldi, *Historiae poetarum tam Graecorum quam Latinorum dialogi decem*, Bâle, M. Isengrin, 1545, dial VIII, p. 923-924.

Graevius : conjectures de J.G. Graevius dans P. Burman.

Heidrich : G. Heidrich, édition de Rutilius, Vienne et Leipzig, C. Fromme, 1912.

Heinsius : conjectures de N. Heinsius dans P. Burman.

Helm : R. Helm, édition de Rutilius, Heidelberg, C. Winter, 1933.

Herrmann : L. Herrmann, « Notes critiques sur Rutilius Namatianus », *Revue belge de Philologie* 14, 1935, p. 854-859.

Juret : conjectures de Fr. Juret dans P. Burman.

Kalinka : E. Kalinka, *Aus der Werkstatt des Hörsaals* (Sitzungsberichte der Akademie der Wissenschaften in Wien, philosophisch-historische Klasse, 197), Vienne, 1922, p. 54-61.

Kapp : G.Ch. Kapp, édition de Rutilius, Erlangen, J.J. Palm, 1786.

Keene : Ch.H. Keene, édition de Rutilius, Londres, Bell, 1907.

Lana : I. Lana, *Rutilio Namaziano*, Turin, Giappichelli, 1961.

Maittaire : M. Maittaire, édition de Rutilius, dans *Opera et fragmenta veterum poetarum latinorum, profanorum et ecclesiasticorum*, Londres, J. Nicholson, B. Toolde et J. Tonson, 1713, 3 vol. en 2 t., p. 1410-1415.

Mariotti : conjectures de S. Mariotti dans I. Lana.

Markland : conjectures de J. Markland dans I.Ch. Wernsdorf.

Mazocchi : J. Mazocchi, édition de Rutilius, dans l'anonyme *De Roma prisca et nova varii auctores*, Rome (pas de nom d'éditeur), 1523, f. 161-173.

Merone : E. Merone, « Dante, Rutilio e le città che muoiono », *Giornale italiano di filologia* 3, 1950, p. 150-161.

Müller : L. Müller, édition de Rutilius, Leipzig, Teubner, 1870.

Panvinio : O. Panvinio, édition de Rutilius dans ses *Reipublicae Romanae commentariorum libri tres*, Venise, V. Valgrisi, 1558, p. 255-286.

Pithou : P. Pithou, édition de Rutilius, dans les anonymes *Epigrammata et poematia vetera*, Paris, D. Duval, 1589, p. 340-362.

Préchac : édition de Rutilius avec J. Vessereau, Paris, Les Belles Lettres, 1933, rééd. 1961.

Purser : conjectures de L.C. Purser dans Ch.H. Keene.

Reid : J.S. Reid, « Rutilius Claudius Namatianus II, 47-48 », *The Classical Review* I, 1877, p. 78.

Reusner : N. Reusner, édition de Rutilius, dans *Hodoeporicorum sive Itinerum totius fere orbis libri VII*, Bâle, P. Perna Lecythus, 1580, p. 170-194.

Schenkl : K. Schenkl, recension de l'édition de Müller, *Zeitschrift fur die österreichischen Gymnasien* 22, 1871, 126-140.

Schissel-Fleschenberg : O. Schissel-Fleschenberg, *Claudius Rutilius Namatianus gegen Stilicho* (Janus 2), Vienne, 1920.

Schrader : J. Schrader, *Liber emendationum*, Louvain,

H.A. de Chalmot, 1776, conjectures reprises dans I.Ch. Wernsdorf.

Schuster[1] : M. Schuster, « Die Überlieferung des Rutilius Claudius Namatianus im cod. Romanus », *Wiener Studien* 51, 1933, p. 109-140.

Schuster[2] : M. Schuster, « Zur Textgestaltung und Erklärung des Rutilius Claudius Namatianus », *Wiener Studien* 53, 1939, p. 147-164.

Schuster[3] : M. Schuster, recension de l'édition de Woestijne, *Gnomon* 14, 1938, p. 657-660.

Simler : J. Simler, édition de Rutilius, dans *Aethici Cosmographia. Antonii Augusti itinerarium provinciarum (...). Itinerarium Rutilii Claudii Numatiani. Vibii Sequestri liber de fluminibus (...). Libellus provinciarum Galliae*, Bâle (pas de nom d'éditeur), 1575, p. 297-326.

Sitzmann : *animadversiones* de Th. Sitzmann dans l'édition de J. Zinzerling, Lyon, N. Jullieron, 1616.

Tolkiehn : conjectures de J. Tolkiehn dans V. Ussani.

Unger : G.F. Unger, « Zu Rutilius Namatianus », *Philologus* 39, 1880, p. 370-372.

Ussani : V. Ussani, édition de Rutilius, Florence, Perrella, 1921.

Vessereau : J. Vessereau, édition de Rutilius, Paris, A. Fontemoing, 1904.

Vonck : conjectures de C.V. Vonck dans A.W. Zumpt.

Wernsdorf : J.Ch. Wernsdorf, édition de Rutilius, dans *Poetae Latini Minores*, t. V, pars prima, Altenbourg, Richter, 1788, p. 3-202.

Woestijne : P. van de Woestijne, édition de Rutilius, Anvers, De Sikkel, 1936.

Zumpt : A.W. Zumpt, édition de Rutilius, Berlin, F. Dümmler, 1840.

SUR SON RETOUR

LIVRE PREMIER

C'est mon prompt retour qui t'étonnera plutôt[1], lecteur, et que je puisse me passer si tôt des attraits romains[2]. Est-il séjour trop long pour ceux qui vénèrent Rome leur vie entière ? Non, rien n'est[3] long de ce qui ne cesse jamais de plaire. Oh ! combien, oh ! que de fois pourrais-je estimer heureux ceux qui ont eu la chance[4] de naître sur ce sol béni, ces généreux descendants des nobles romains, qui ajoutent à la gloire de leur naissance l'honneur de vivre à Rome[5] ! Les germes des vertus, bienfait tombé du ciel, n'auraient pu être plus dignement reçus en un autre lieu[6]. Heureux aussi les hommes qui, par une faveur du sort voisine de la première, ont obtenu une maison au cœur du Latium[7] ! La vénérable Curie s'ouvre au mérite venu du dehors ; elle ne considère pas comme étrangers ceux qui sont dignes de lui apparte-

LIBER PRIMUS

Velocem potius reditum mirabere, lector,
tam cito Romuleis posse carere bonis.
Quid longum toto Romam uenerantibus aeuo ?
Nil unquam longum est quod sine fine placet.
O quantum et quotiens possum numerare beatos,
nasci felici qui meruere solo,
qui Romanorum procerum generosa propago
ingenitum cumulant Vrbis honore decus !
Semina uirtutum demissa et tradita caelo
non potuere aliis dignius esse locis.
Felices etiam qui proxima munera primis
sortiti Latias obtinuere domos !
Religiosa patet peregrinae Curia laudi
nec putat externos quos decet esse suos.

Ex fragmentis RVTilii cLaudii Namatiani de reditu suo e Roma. In Galliam Narbonen<sem> (*margine dextera abscisa*) *V* CLAVDII RVTILII POETAE DI<GNISSIMI> (*cf. in fine libri I*) *R* CLAVDIVS RVTILIVS POETA PRISCVS DE LAVDIBVS VRBIS, ETRVRIAE ET ITALIAE *in prima pagina*, LEONI DECIMO PONTIFICI MAXIMO MEDICAE FLORENTINO IOANNES BAPTISTA PIVS CLIENS *in secunda, tum in nona et ante textum libri I* AD VENERIVM RVFIVM (*de quo uide adn. ad I, 421*) RVTILII CLAVDII NVMATIANI GALLI VIRI CONSVLARIS, PRAEFECTORII VRBIS, TRIBVNI MILITVM, PRAEFECTI PRAETORIO. LIBER PRIMVS CVI TITVLVS ITINERARIVM *B*

nonnullos uersus initio deesse censent plerique edd. || 1 potius *VRB* : prorsus *coni. Keene* || reditum *VRB* : -tu *coni. Bährens* || 2 *totum uersum om.* V^1, *suppl.* V^2 || tam cito *VRB* : quam cito *Pithou* quam me ita *coni. Barth* || 3 toto *VRB* : tot *Mazocchi* || 5 quantum *VRB* : quater *Heinsius* || possum *VR* : possem *B Panvinio Castalio* non est *Heinsius* || 13 curia *VB* : gloria *R* || 14 quos *VRB* : quo *Mazocchi.*

nir[8]. Ils jouissent de l'autorité de cet ordre, de l'autorité de leurs collègues ; ils ont une part à l'influence du génie qu'ils vénèrent[9]. Tel, croyons-nous, le Conseil du Dieu suprême se réunit-il dans les voûtes célestes de l'univers[10].

Mais ma fortune m'arrache à ces rivages[11] aimés et, enfant de la Gaule[12], les campagnes gauloises me rappellent. Elles sont, certes, fort enlaidies par de longues guerres[13], mais moins elles sont avenantes, plus elles sont à plaindre. Quand ils vivent en sécurité, c'est une faute légère de négliger ses compatriotes ; mais[14] les calamités publiques requièrent le dévouement des particuliers. C'est sur place[15] que nous devons pleurer les maisons de nos aïeux ; utile est l'effort qu'a souvent éclairé la souffrance. Il n'est pas permis d'ignorer plus longtemps la longue série des ruines, multipliées par les délais et l'ajournement des secours. Il est bien temps, quand nos terres sont ravagées par l'incendie implacable[16], de rebâtir ne fût-ce que des cabanes de berger. Que dis-je ? Les fontaines elles-mêmes, si elles pouvaient dire leur mot, nos arbousiers eux-mêmes, s'ils pouvaient parler[17], pourraient, devant mon retard, m'accabler de justes plaintes et presser[18] ma nostalgie.

À l'instant, desserrant l'étreinte de la ville qui nous est chère, nous cédons à cet appel et, si tard que ce soit, nous

Ordinis imperio collegarumque fruuntur
et partem genii quem uenerantur habent,
quale per aetherios mundani uerticis axes
concilium summi credimus esse Dei.
At mea dilectis fortuna reuellitur oris
indigenamque suum Gallica rura uocant.
Illa quidem longis nimium deformia bellis,
sed quam grata minus, tam miseranda magis.
Securos leuius crimen contemnere ciues :
priuatam repetunt publica damna fidem.
Praesentes lacrimas tectis debemus auitis ;
prodest admonitus saepe dolore labor.
Nec fas ulterius longas nescire ruinas,
quas mora suspensae multiplicauit opis.
Iam tempus laceris post saeua incendia fundis
uel pastorales aedificare casas.
Ipsi quin etiam fontes si mittere uocem
ipsaque si possent arbuta nostra loqui,
cessantem iustis poterant urgere querelis
et desideriis addere uela meis.
Iamiam laxatis carae complexibus Vrbis
uincimur et serum uix toleramus iter.

15 fruuntur V^2 *in margine RB* : feruntur *expunctum* V^1 ‖ 16 uenerantur *VB* : -ratur *R Ussani* ‖ 17 aetherios *RB* : etherios *V* aetherias *Bährens* ‖ mundani *VB* : -dam *R* ‖ axes *VR* : axis *R Ussani* arces *Bährens* ‖ 18 concilium *VR* : connubium *B Panvinio Castalio* ‖ dei *VB* : rei *R* ‖ 19 reuellitur *VRB* : refe- *Barth* ‖ 21 longis *VB* : lognis *R* ‖ 22 miseranda *VB* : uene- *R* ‖ 23 contemnere *VB* : contendere *R* ‖ 25 *uersus 25-26 post 27-28 ponendos censuit Schenkl* ‖ 26 labor *VRB* : fauor *Heinsius* ‖ 29 tempus *VB* : tepidus *R* ‖ saeua *VR* : longa *B Panvinio Castorina* ‖ 34 addere *VR* : reddere *B Panvinio* ‖ uela *VRB* : uerba *coni. uir doctus apud Wernsdorf* ‖ 35 laxatis *VRB* : laxatus *Simler* laxati *Almeloveen* lassati *Schrader* ‖ carae *VB* : e…re *lacuna fere quattuor litt. R* sacrae *coni. dubitanter Ussani.*

nous résignons, avec peine, au voyage[19]. C'est la voie de mer qui est choisie, car, sur la voie de terre[20], les plaines sont inondées par les fleuves, et les hauteurs, hérissées de rochers. Depuis que la campagne étrusque, que la chaussée d'Aurelius[21], ayant éprouvé le fer et le feu des troupes gothiques[22], n'ont plus de maison pour abréger les étapes en forêt, plus de pont pour resserrer les bords des fleuves, mieux vaut confier ses voiles à la mer, même incertaine[23].

A maintes reprises, sur ces portes qu'il me faut quitter, je colle mes baisers ; à regret mes pieds franchissent le seuil sacré[24] ; j'implore le pardon par des larmes, j'offre des louanges en sacrifice[25] (pour autant que les pleurs laissent courir mes paroles)[26] : « Écoute, ô reine si belle d'un monde qui t'appartient, ô Rome, admise parmi les astres du ciel[27] ! Écoute, mère des hommes, mère des dieux, nous sommes proches du ciel grâce à tes temples[28]. C'est toi que je chante, que toujours, aussi longtemps que le permettront les destins, je chanterai ; personne ne peut être sauf et perdre ton souvenir. Un criminel oubli aura plus vite fait d'ensevelir le soleil que je ne laisserai s'évanouir de mon cœur ta glorieuse image[29]. C'est que tu étends ta munificence jusqu'où atteignent les rayons du soleil, partout où l'Océan agite le cercle de ses flots[30]. Pour toi roule le char de Phébus lui-même, qui embrasse toutes choses ; chez toi se lèvent, chez toi[31] se couchent ses coursiers. Par ses sables embrasés la Libye n'a pas retardé ta marche ; armée de ses glaces, l'Ourse[32] ne t'a pas repoussée. Aussi loin que le monde vivable[33] s'étend vers les pôles, aussi loin la terre s'est ouverte à ta valeur. Tu

Electum pelagus, quoniam terrena uiarum
    plana madent fluuiis, cautibus alta rigent.
Postquam Tuscus ager postquamque Aurelius agger
    perpessus Geticas ense uel igne manus,
non siluas domibus, non flumina ponte coercet,
    incerto satius credere uela mari.
Crebra relinquendis infigimus oscula portis,
    inuiti superant limina sacra pedes.
Oramus ueniam lacrimis et laude litamus,
    in quantum fletus currere uerba sinit :
« Exaudi, regina tui pulcherrima mundi,
    inter sidereos, Roma, recepta polos !
exaudi, genitrix hominum genitrixque deorum,
    non procul a caelo per tua templa sumus.
Te canimus semperque, sinent dum fata, canemus :
    sospes nemo potest immemor esse tui.
Obruerint citius scelerata obliuia solem
    quam tuus e nostro corde recedat honos.
Nam solis radiis aequalia munera tendis,
    qua circumfusus fluctuat Oceanus.
Voluitur ipse tibi qui continet omnia Phoebus
    eque tuis ort*o*s in tua condit equos.
Te non flammigeris Libye tardauit arenis,
    non armata suo reppulit Vrsa gelu.
Quantum uitalis natura tetendit in axes,
    tantum uirtuti peruia terrae tuae.

37 terrena *VRB* : tyrrhena *coni. dubitanter Bartoli* || uiarum *VRB* : uetebant *Bährens* || 38 fluuiis *VRB* : pluuiis *Heinsius* || cautibus *VB* : cantibus *R* || 39 postquamque *B*V^2 : postquam V^1*R* post quamquam *Panvinio* || agger *BV* : ager *R* || 41 siluas *RB* : syluas *V* uillas *Heinsius* || 43 relinquendis *VR* : reliq- *B Panvinio* || 49 genitrix hominum *V* : genetrix h- *RB* nutrix h- *Bährens* || 51 sinent V^2*RB* : *om.* V^1 || 52 sospes *VRB* : hospes *Cuper* || 53 scelerata *VRB* : celatum *Heinsius* || 55 radiis *VB* : radios *R* || 56 qua V^2 *in margine RB* : quam V^1 || 58 ortos *Castalio* : ortus *VB Panvinio* ortas *R* || 59 te V^2*RB* : *om.* V^1 || 61 uitalis *VB* : -les *R Müller* || tetendit V^1 *p.c. B* : tendit V^1 *a.c. R*.

as formé pour des nations différentes[34] une même patrie ; aux peuples sans loi tu as rendu service en régnant sur eux après les avoir conquis. Et, en offrant aux vaincus le partage de tes propres lois, tu as fait une cité de ce qui jadis était l'univers[35].

« Pour auteurs de ta race nous reconnaissons Vénus et Mars, la mère des Énéades et le père des Romulides[36]. La force armée est adoucie par la clémence victorieuse : ton caractère réunit les vertus des deux divinités[37]. De là te vient la noble joie de combattre et d'épargner[38] : vaincre ceux qu'on a craints, aimer ceux qu'on a vaincus. Nous honorons d'un culte la déesse qui trouva l'olivier, le dieu qui découvrit le vin et le jeune homme qui le premier enfonça dans le sol la charrue ; l'art de Péon valut des autels à la médecine et sa noblesse fit d'Alcide un dieu[39]. Toi aussi, toi qui as embrassé le monde par tes triomphes législateurs, tu fais vivre toutes choses sous une même alliance. Oui, c'est toi, Déesse, que célèbre en quelque recoin[40] qu'il soit le Romain portant une tête libre sous un joug pacifique. Aucun des astres qui poursuivent leurs éternelles révolutions n'a jamais vu empire plus beau[41]. Quelle puissance

Fecisti patriam diuersis gentibus unam ;
profuit iniustis te dominante capi.
Dumque offers uictis proprii consortia iuris,
urbem fecisti quod prius orbis erat.
Auctores generis Venerem Martemque fatemur,
Aeneadum matrem Romulidumque patrem.
Mitigat armatas uictrix clementia uires :
conuenit in mores nomen utrumque tuos.
Hinc tibi certandi bona parcendique uoluptas :
quos timuit superat, quos superauit amat.
Inuentrix oleae colitur uinique repertor
et qui primus humo pressit aratra puer ;
aras Paeoniam meruit medicina per artem,
factus et Alcides nobilitate deus.
Tu quoque, legiferis mundum complexa triumphis,
foedere communi uiuere cuncta facis.
Te, dea, te celebrat Romanus ubique recessus,
pacificoque gerit libera colla iugo.
Omnia perpetuos quae seruant sidera motus
nullum uiderunt pulchrius imperium.

63 patriam *V^1 p.c. RB* : patrium : *V^1 a.c.* || 64 iniustis *VB* : inustis *R* inuictis *Castalio* inuitis *Juret* infestis *Schrader* || dominante *VRB* : domitante *Heinsius* || 65 iuris *VB* : uiris *R* regni *Galateo* || 67 auctores *V* : autores *R* autorem *B Panvinio Castalio* || uenerem martemque *VRB* : martem ueneremque *Damm* || 69 mitigat *V^1 p.c. RB* : nit- *V^1 a.c.* || 70 nomen *VRB* : numen *coni. Barth* || utrumque *VB* : utramque *R* || 71 bona *VRB* : par *coni. Bährens* || parcendique *VB* : certandique *R* || uoluptas *VRB* : uoluntas *coni. Burman* || 76 factus et *V* in margine plerique edd.* : fretus et *V^1RB Panvinio* fretus it *Barth* fertur et *Bährens* || nobilitate *VRB* : mob- *Castalio* || deus *V^2RB* : donis *deletum V^1* || 79 te dea *V^2RB* : dea *V^1* || recessus *VRB* : receptus *coni. dubitanter Burman* || 80 pacificoque *VB* : paciferoque *R Vessereau* || libera *VB* : libica *R p.c.* libeca *R a.c.* || 81 perpetuos *VRB* : -tuo *Müller* || motus *VRB* : motu *Müller*.

comparable les Assyriens avaient-ils réussi à constituer par leurs armes lorsque les Mèdes, leurs voisins, les domptèrent ? Quant aux grands rois des Parthes et aux tyrans de Macédoine, tour à tour ils s'imposèrent leurs lois à travers diverses vicissitudes[42]. Toi, à ta naissance, tu n'eus pas plus d'hommes ni plus de bras[43], mais tu eus plus de sagesse et de discernement. Illustre par des guerres justes et une paix sans insolence[44], ta gloire t'a portée au faîte de la puissance. Ton règne est moindre chose que ton mérite à régner ; tes exploits à toi dépassent les grands exploits.

« Dénombrer les hauts monuments de ta gloire, fertiles en trophées, c'est travail tel que si l'on voulait compter les étoiles[45]. Le regard qui se promène est brouillé par l'éclat de tes temples ; ainsi doivent être, je pense, les demeures des dieux mêmes. Que dirai-je des eaux vives suspendues sur des arcades dans les airs, là où Iris élèverait à peine son arc chargé de pluies[46] ? On croirait plutôt des montagnes dressées jusqu'aux astres : la Grèce pourrait vanter de telles œuvres de géant[47]. Des fleuves captés sont prisonniers dans tes murs ; tes bains sous leur haute voûte absorbent des lacs entiers[48]. Non moins abondamment se pressent[49] entre

Quid simile Assyriis conectere contigit armis,
Medi finitimos cum domuere suos ?
Magni Parthorum reges Mace*t*umque tyranni
mutua per uarias iura dedere uices.
Nec tibi nascenti plures animaeque manusque,
sed plus consilii iudiciique fuit.
Iustis bellorum causis nec pace superba
nobilis ad summas gloria uenit opes.
Quod regnas minus est quam quod regnare mereris :
excedis factis grandia facta tuis.
Percensere labor densis decora alta tropaeis,
ut si quis stellas pernumerare uelit,
confunduntque uagos delubra micantia uisus :
ipsos crediderim sic habitare deos.
Quid loquar aerio pendentes fornice riuos,
qua uix imbriferas tolleret Iris aquas ?
Hos potius dicas creuisse in sidera montes :
tale Giganteum Graecia laudet opus.
Intercepta tuis conduntur flumina muris ;
consumunt totos celsa lauacra lacus.

83 assyriis *V^2B* : assiriis *R om. V^1* ‖ armis *V* : arma *B Panvinio Castalio* arua *coni. Burman* ‖ *in fine uersus signum interrogationis posuit Doblhofer* ‖ 84 cum domuere *VB* : quum domuere *R* tum domuere *coni. Burman* condomuere *Müller* ‖ 85 magni *V^2RB* : *om. V^1* ipsi *V^2 in margine postea deletum Castorina* ‖ macetumque *Pithou* : macedumque *VRB* ‖ 89 pace *VB* : parce *R* ‖ 91 quam quod *VB* : quod quam *R* ‖ mereris *VB* : mireris *R* ‖ 92 facta *VRB* : fata *Panvinio multique edd.* ‖ 93 percensere *V^1 p.c. RB* : precensere *V^1 a.c.* persensere *Mazocchi* ‖ 96 ipsos : *VRB* : ipso *Mazocchi* ‖ crediderim sic *VRB* : credideris hic *Burman* ‖ 97 loquar *VB* : loquor *R* ‖ 98 qua *VRB* : par *uel* quo *coni. Burman* ‖ imbriferas *VB* : himbriferas *R* iris aquas *Garzya* ‖ tolleret *V^2 in margine RB* : tollerat *V^2 etiam in margine* tolerat *V^1* colligat *coni. Bährens* ‖ iris aquas *VRB* : imbrifera *Garzya* ‖ 99 sidera *V^2RB* : sidere *V^1* ‖ 100 tale *VRB* : quale *Barth* ‖ laudet *V^1 p.c.* : laudat *V^1 a.c. RB* Panvinio ‖ *in fine uersus signum interrogationis posuit Helm* ‖ 101 intercepta *V* : intercaepta *B* interrepta *R* intersaepta *Ellis*.

tes remparts humides les eaux qui sont tiennes, et y murmurent partout les sources nées de ton sol. Ainsi[50] un souffle frais tempère l'air en été, et une eau plus pure étanche la soif sans danger. C'est pour toi que, s'ouvrant soudain, un tourbillon d'eaux chaudes coupa le chemin de la roche Tarpéienne attaqué par l'ennemi. Si elles coulaient encore, je croirais peut-être à un effet du hasard : mais elles vinrent à ton secours, puisqu'elles rentrèrent ensuite sous terre[51]. Que dirai-je de ces bocages enclos dans des portiques à caissons, où l'oiseau né là peut s'ébattre avec des chants variés[52] ? Un printemps qui est bien à toi ne cesse jamais d'adoucir tes saisons ; l'hiver vaincu ménage tes charmes[53].

« Relève les lauriers qui couronnent tes cheveux, et rajeunis ton chef sacré, Rome, en une verdoyante coiffure[54]. Que la couronne d'or, au sommet de ton casque bordé de tours, lance des rayons ; que toujours des feux jaillissent de la bosse d'or de ton bouclier[55]. Que l'oubli de l'affront efface le souvenir d'une sinistre aventure[56] ; que le mépris des souffrances ferme et cicatrise tes plaies. Dans tes revers tu as coutume d'escompter le succès[57] ; à l'image du ciel tes pertes t'enrichissent. Les feux des astres préparent en se

Nec minus et propriis celebrantur roscida uenis
totaque natiuo moenia fonte sonant.
Frigidus aestiuas hinc temperat halitus auras
innocuamque leuat purior unda sitim.
Nempe tibi subitus calidarum gurges aquarum
rupit Tarpeias hoste premente uias.
Si foret aeternus, casum fortasse putarem :
auxilio fluxit qui rediturus erat.
Quid loquar inclusas inter laquearia siluas,
uernula qua uario carmine ludat auis ?
Vere tuo nunquam mulceri desinit annus
deliciasque tuas uicta tuetur hiems.
Erige crinales lauros seniumque sacrati
uerticis in uirides, Roma, recinge comas.
Aurea turrigero radient diademata cono
perpetuosque ignes aureus umbo uomat.
Abscondat tristem deleta iniuria casum ;
contemptus solidet uulnera clausa dolor.
Aduers*is* solemne *t*uis sperare secunda :
exemplo caeli ditia damna subis.

103 *uersus 103-104 post 105-106 ponendos censuit Schenkl* || 104 totaque *VRB* : lotaque *Müller* || moenia *VB* : nenia *R* || 105 aestiuas hinc *B* : estiuas hinc *V* extiuas hic *R* || 106 innocuamque *VB* : -cuumque *R* || 107 subitus *VB* : -tas *R* || 109 aeternus *VB* : ext- *R Vessereau* || 110 rediturus *VB* : reditur *R* periturus *Heinsius* || 111 loquar *VB* : liquar *R* || inter *VRB* : subter *Bährens* || 112 uernula qua *Panvinio Castalio* : uernula quae *VRB Simler* uernula quas *coni. Helm* uernulaque *Mazocchi* || uario *VB* : uaria *R* || ludat *VRB Castalio* : ludit *Panvinio* laudat *Bährens* || 113 annus *VB* : amnis *R* || 116 recinge *VRB* : refinge *Heinsius* retinge *Doblhofer* repinge *coni. Doblhofer* || 117 radient *V^2 in margine RB* : radiant *V^1* || 118 umbo *VR* : umbto *B* || deleta *VB* : delata *R* || 120 contemptus *VB* : contentus *R* || 121 aduersis solemne tuis sperare secunda *Simler* : aduersus solem ne uis s. s. *VB Panvinio* aduersus solem neuis s. s. *R* aduersis solemne uiris s. s. *Castalio* aduersis solemne tuum s. s. *coni. Keene* aduersis sollemne tibi s. s. *uel* aduersis sollemne uices s. secundas *coni. Burman* || 122 exemplo *VB* : ex templo *R* || caeli *edd.* : coeli *VRB* : coelo *Mazocchi.*

couchant des levers nouveaux ; tu vois la lune terminer son cours pour recommencer. À Brennus vainqueur ne se fit pas attendre longtemps le châtiment ; le Samnite expia par l'esclavage de cruels traités. Après de nombreuses défaites, tu as mis en fuite Pyrrhus qui t'avait vaincue ; Hannibal lui-même pleura ses succès[58]. Ce qui ne peut sombrer refait surface avec un élan[59] accru, et du fond de l'abîme bondit pour monter plus haut. Comme le flambeau qu'on incline reprend de nouvelles forces, ainsi, plus éclatante après la chute, tu aspires au ciel[60].

« Propage ces lois[61] qui vivront avec toi pour des siècles ; et, seule, ne redoute pas la fatale quenouille, bien qu'à onze cent soixante années écoulées tu ajoutes déjà la neuvième[62] ! Les temps qui te restent ne sont soumis à aucune limite, tant que subsistera la terre et que le ciel portera les astres[63]. Tu reçois une force nouvelle de ce qui détruit les autres royaumes : pouvoir croître dans ses malheurs, c'est la loi[64] de la renaissance !

« Courage donc ! Qu'une nation sacrilège tombe enfin en victime[65] ! Que les Goths courbent tremblants devant toi leur cou perfide[66] ! que leurs terres pacifiées te paient de riches tributs ! que le butin pris aux barbares emplisse ton

Astrorum flammae renouant occasibus ortus ;
lunam finiri cernis ut incipiat.
Victoris Brenni non distulit Allia poenam ;
Samnis seruitio foedera saeua luit.
Post multas Pyrrhum clades superata fugasti ;
fleuit successus Hannibal ipse suos.
Quae mergi nequeunt, nisu maiore resurgunt
exiliuntque imis altius acta uadis.
Vtque nouas uires fax inclinata resumit,
clarior ex humili sorte superna petis.
Porrige uicturas Romana in saecula leges
solaque fatales non uereare colos,
quamuis sedecies denis et mille peractis
annus praeterea iam tibi nonus eat.
Quae restant nullis obnoxia tempora metis,
dum stabunt terrae, dum polus astra feret.
Illud te reparat quod cetera regna resoluit :
ordo renascendi est crescere posse malis.
Ergo age, sacrilegae tandem cadat hostia gentis :
summittant trepidi perfida colla Getae.
Ditia pacatae dent uectigalia terrae ;
impleat augustos barbara praeda sinus.

123 renouant *V²* *in margine* *B* : nouant *V¹* ronauant *R* || 124 finiri *VB* : fini *R* || 125 brenni *V²* *in margine* : brēni *V¹* *p.c.* breni *B* poeni *V¹* *a.c.* bromii *R* || allia *VB* : alia *R* || poenam *V²* *in margine* : poenum *V¹* penum *R* paenum *B* *Panvinio* || 126 samnis *VB* : sannus *R* || saeua *VRB* : foeda *Schrader* || luit *VR* *p.c.* *B* : fluit *R* *a.c.* || 127 superata *VB* : -acta *R* || 129 nisu *V¹* : nixu *V²* *in margine postea deletum* *RB* || 130 exiliuntque *VB* : exiliumque *R* || imis *VB* : milis *R* udis *uel* salis *coni. dubitanter Ussani* || acta *V²* *in margine* : alta *V¹* *RB* *Panvinio* || uadis *VRB* : uadi *Mazocchi* || 133 romana *VB* : roma *R* roma in tua *coni. dubitanter Ussani* || 134 colos *VRB* : colus *Castalio* || 136 nonus eat *VB* : nouus erat *R* *Mazocchi* || 137 nullis *VB* : millis *R* || metis *VRB* : maestis *Bährens* || 139 reparat *VB* : rapiat *R* || 140 renascendi *VB* : -ciendi *R* || 141 sacrilegae tandem *VB* : sacri lege tantem *R* || 143 pacatae *VB* : pagate *R*.

sein auguste ! Que pour toi éternellement laboure le Rhin, déborde le Nil ! Que le monde avec ses productions nourrisse sa nourrice[67] ! Que, même, l'Afrique t'apporte de fécondes moissons, l'Afrique enrichie par son soleil, mais plus encore par tes pluies[68] ! Qu'en attendant[69] lève dans les sillons du Latium le blé à pleins greniers, et que les pressoirs combles ruissellent de nectar d'Hespérie[70] ! Que le Tibre lui-même, ceint d'un roseau triomphal, mette ses eaux dociles au service des enfants de Romulus[71] ; que, pour toi, entre ses rives paisibles descendent et remontent, d'un côté les riches produits[72] de la campagne, de l'autre ceux qui viennent par la mer.

« Étends pour moi, je t'en prie, une mer que les Dioscures auront apaisée ; que Cythérée, qui me guide, adoucisse la route des ondes[73], si je n'ai point déplu, quand j'exerçais la justice de Quirinus, si j'ai honoré et consulté les vénérables sénateurs[74]. Au reste, de ce que nul crime n'a fait sortir mon glaive de son fourreau, la gloire n'en doit pas revenir au préfet, mais au peuple. Qu'il me soit donné de finir mes jours sur la terre de mes pères ou que tu sois un jour rendue à mes yeux, je vivrais heureux et ma félicité passerait tous mes vœux, si tu daignais garder toujours mon souvenir. »

Aeternum tibi Rhenus aret, tibi Nilus inundet,
altricemque suam fertilis orbis alat.
Quin et fecundas tibi conferat Africa messes,
sole suo diues, sed magis imbre tuo.
Interea et Latiis consurgant horrea sulcis
pinguiaque Hesperio nectare prela fluant.
Ipse triumphali redimitus arundine Thybris
Romuleis famulas usibus aptet aquas,
atque opulenta tibi placidis commercia ripis
deuehat hinc ruris, subuehat inde maris.
Pande, precor, gemino placatum Castore pontum ;
temperet aequoream dux Cytherea uiam,
si non displicui, regerem cum iura Quirini,
si colui sanctos consuluique patres.
Nam quod nulla meum strinxerunt crimina ferrum,
non sit praefecti gloria, sed populi.
Siue datur patriis uitam componere terris,
siue oculis unquam restituere meis,
fortunatus agam uotoque beatior omni,
semper digneris si meminisse mei. »

146 alat *VB* : alet *R* || 147 conferat *VB* : -ret *R* || 148 imbre *B Panvinio* : hȳbre *R* hibre *V* || 149 et *VB* : *om. R Castorina* || horrea *VB* : horreat *R* hordea *Herrmann* || 150 prela *V* : praela *B* plura *R* || 151 redimitus *VB* : redimus *R* || 152 romuleis *VB* : -eisque *R* || usibus *VR* : ossibus *B Panvinio Castalio* classibus *coni. Castalio Juret* iussibus *coni. Barth* || 153 commercia *B Panvinio Castalio* : comertia *V* comentia *R* commertia *Mazocchi* || 154 deuehat *VB* : deueuehat *R* || subuehat *VB* : subeat *R* || maris V^1 *p.c.* V^2 *in margine* : muris V^1 *a.c.* || 155 placatum *RB Panvinio Castalio* : pacatum *V* placato *Burman* || pontum *B Panvinio* : portum *V* potum *R* || 156 temperet *VRB* : tempera *coni. dubitanter Bährens* || 157 displicui *VB* : -cur *R* || cum *VRB* : cui *Mazocchi* || quirini *VRB* : quiriti *Herrmann* || 158 colui *VB* : coluis *R* || consuluique *VB* : consiliumque *R* || 159 strinxerunt *VB* : strixerunt *R* || 160 sit *VRB* : id *Heinsius* ea *coni. dubitanter Burman.*

À ces mots nous prenons la route ; mes amis m'accompagnent ; je ne puis dire « adieu » en gardant les yeux secs[75]. Bientôt les autres rentrent à Rome, mais à mes pas s'attache Rufius[76], gloire vivante de son père Albinus, Rufius, dont le nom remonte à l'antique souche de Volusus, et qui rappelle les rois Rutules, au témoignage de Virgile[77]. Son éloquence lui a valu la charge de questeur du palais ; à la fleur de l'âge il a été jugé digne de parler au nom de l'empereur. Auparavant, encore jeune homme, il avait comme proconsul gouverné les Carthaginois ; il inspira aux Tyriens[78] à la fois crainte et amour. L'imitation zélée de son père[79] lui a promis l'honneur suprême des faisceaux ; s'il est permis de croire en ses mérites, il sera consul. Malgré lui, en dépit de ma tristesse, je l'ai enfin forcé à revenir sur ses pas ; nos corps sont séparés, mais une même pensée nous unit[80].

Alors seulement je me dirige vers les bateaux, là où le Tibre, divisé en deux bras, coupe les terres à droite. On évite le bras gauche, au lit ensablé et impraticable ; il ne lui reste que la gloire d'avoir reçu Énée[81]. Déjà Phébus avait allongé la durée des heures nocturnes en entrant dans le ciel pâli du Scorpion[82]. Nous hésitons à nous risquer sur la mer et demeurons au port ; sans regret[83], nous nous résignons au

His dictis iter arripimus. Comitantur amici.
Dicere non possunt lumina sicca « uale ».
Iamque aliis Romam redeuntibus haeret eunti
Rufius, Albini gloria uiua patris,
qui Volusi antiquo deriuat stemmate nomen,
et reges Rutulos teste Marone refert.
Huius facundae commissa palatia linguae :
primaeuus meruit principis ore loqui.
Rexerat ante puer populos pro consule Poenos :
aequalis Tyriis terror amorque fuit.
Sedula promisit summos imitatio fasces :
si fas est meritis fidere, consul erit.
Inuitum tristis tandem remeare coegi ;
corpore diuisos mens tamen una tenet.
Tum demum ad naues gradior, qua fronte bicorni
diuiduus Tiberis dexteriora secat.
Laeuus inaccessis fluuius uitatur arenis :
hospitis Aeneae gloria sola manet.
Et iam nocturnis spatium laxauerat horis
Phoebus Chelarum pallidiore polo.
Cunctamur tentare salum portuque sedemus,
nec piget oppositis otia ferre moris,

165 iter *VB* : inter *R* || 166 dicere non possunt lumina sicca uale V^1 *p.c.* : dicere non possum lumine sicco uale V^1 *a.c.* dicere non possum lumina sic uale *R* non possum sicca dicere luce uale *B Panvinio Castalio* || 169 uolusi *VRB* : uoluso *Bährens* || nomen *VB* : momen *R* || 170 rutulos *B Panvinio* : rutulis *V* rutilos *R* || 173 puer *VRB* : pater *coni. dubitanter Burman* || populos *VB* : -lo *R* || 175 imitatio V^2 *in margine postea deletum RB Panvinio* : imitantia V^1 instantia *Müller* meditatio *Frassinetti* || fasces *VRB* : faces *Mazocchi* || 178 diuisos *VR* : diuiso *B Panvinio Castalio* || tenet V^2 *in margine R* : teret V^1 *postea deletum* fuit *B Panvinio Castalio* || 179 demum *VB* : tantum *R* || 180 tiberis *Panvinio* : tyberis *VB* tibris *R* tybris *Ussani* || secat *VB* : petit *R* || 181 laeuus V^2 *in margine RB* : leuus V^1 *p.c.* leuis V^1 *a.c.* || inaccessis *VB* : in accessis *R* || uitatur *VRB* : uitiatur *coni. Helm* || 182 hospitis *VB* : -tiis *R* || 184 pallidiore *VB* : -ra *R* || 185 salum *V* : solum *B Panvinio* solo *R* || 186 moris *VB* : oris *R*

repos devant l'obstacle dressé, tandis que la Pléiade à son coucher fait rage sur les flots peu sûrs et que le courroux de la saison orageuse va tombant[84]. C'est une joie de reporter sans cesse nos regards vers la ville encore voisine, de suivre la ligne des collines d'un regard qui ne les distingue presque plus[85], et d'accompagner notre œil dans la direction où il jouit du pays aimé[86], car[87] il croit qu'il peut voir ce qu'il désire voir. Et ce lieu, là-bas, qui contient la citadelle souveraine et la capitale de l'univers, ce n'est pas l'indice de la fumée qui me le fait reconnaître – cependant Homère exalte la trace d'une légère fumée, quand d'un endroit chéri elle s'élève vers les astres[88] –, mais une zone plus éclatante, une région sereine du ciel marquent le faîte splendide des sept collines[89]. Là le soleil est perpétuel, et le jour même que Rome crée pour elle semble plus pur. Plus d'une fois mon oreille attentive perçoit l'écho des jeux du cirque ; les acclamations enthousiastes annoncent que les théâtres sont pleins[90]. Des cris familiers frappent l'air qui me les renvoie[91], qu'ils me parviennent vraiment ou que mon amour l'imagine ainsi[92].

Quinze jours durant nous guettâmes[93] un moment sûr pour prendre la mer, attendant qu'une brise meilleure se fiât en la lune nouvelle[94]. Puis, sur le point de partir, je renvoie à ses études, et à Rome, Palladius, l'espoir et la gloire

occidua infido dum saeuit gurgite Plias
dumque procellosi temporis ira cadit.
Respectare iuuat uicinam saepius Vrbem
et montes uisu deficiente sequi,
quaque duces oculi grata regione fruuntur,
dum se quod cupiunt cernere posse putant.
Nec locus ille mihi cognoscitur indice fumo,
qui dominas arces et caput orbis habet,
quanquam signa leuis fumi commendat Homerus,
dilecto quotiens surgit in astra solo.
Sed caeli plaga candidior tractusque serenus
signat septenis culmina clara iugis.
Illic perpetui soles atque ipse uidetur,
quem sibi Roma facit, purior esse dies.
Saepius attonitae resonant circensibus aures ;
nuntiat accensus plena theatra fauor.
Pulsato notae redduntur ab aethere uoces,
uel quia perueniunt uel quia fingit amor.
Explorata fides pelagi ter quinque diebus,
dum melior lunae fideret aura nouae.
Tum discessurus studiis Vrbique remitto
Palladium, generis spemque decusque mei.

187 plias *VB* : phas *R* || 188 procellosi *VB* : -oso *R* || cadit *VRB* : cadet *Ussani* calet *Müller* || uisu *VB* : uisum *R* || 191 quaque duces oculi *VRB* : quam reduces oculi *Burman* quaque datum est oculis *Schrader* || fruuntur *VBR* : feruntur *Bährens* || 192 cupiunt V^1 *p.c.* V^2 *in margine RB* : capiunt V^1 *a.c.* || 195 commendat homerus *VB* : conmenda somerus *R* || 196 dilecto *VRB* : directo *Mazocchi* || astra *VB* : asra *R* || solo *VRB* : foco *Heinsius* || 197 tractusque V^1 *p.c.* V^2 *in margine RB* : tractuque V^1 *a.c.* || 200 sibi *VRB* : tibi *Panvinio* || 201 aures *VB* : aureis *R* || 203 pulsato *VRB* : -tum *Kapp* || ab aethere *VR* : ad aethera *B Panvinio* || 204 fingit *VB* : fignit *R* || 205 explorata *VRB* : exspectata *Schrader* || fides *VRB* : quies *Mazocchi Schrader* || 206 dum *VRB* : num *Purser* || fideret *VRB* : se daret *Heinsius* sideret *uel* sisteret *coni. Wernsdorf* funderet *coni. Keene* || 207 urbique *VB* : ubique *R* || 208 palladium *V Panvinio* : palladiam *RB Mazocchi.*

de ma famille[95]. Jeune homme éloquent, il vient de quitter les campagnes des Gaules pour étudier le droit du forum romain. Il m'est lié par le plus doux des liens, le souci qu'il m'inspire[96] ; c'est un fils par l'affection, un parent par le sang. Son père Exuperantius enseigne à présent aux rivages d'Armorique à aimer la paix revenue d'exil ; il rétablit les lois, ramène la liberté, et ne permet plus qu'on soit réduit en esclavage par ses propres serviteurs[97].

Nous levons l'ancre à la lueur indécise de l'aurore[98], au moment où la couleur qui leur est rendue commence à laisser reconnaître les campagnes. Nous avançons le long des rivages voisins sur de petites embarcations, capables de trouver un refuge dans les nombreuses échancrures de la côte. Laissons la voilure des navires de charge s'engager l'été au milieu des flots ; il est plus sûr en automne de pouvoir se réfugier promptement[99]. Nous longeons la terre d'Alsium et laissons derrière nous Pyrgi, aujourd'hui grandes maisons de campagne, petites villes autrefois. Bientôt le pilote nous montre le territoire de Caeré : le cours des âges a fait perdre son nom à la vieille Agylla[100]. Puis nous serrons de près Castrum, ruiné[101] à la fois par les flots et le temps : une vieille porte signale la localité à moitié détruite.

Facundus iuuenis Gallorum nuper ab aruis
missus Romani discere iura fori.
Ille meae secum dulcissima uincula curae,
filius affectu, stirpe propinquus, habet.
Cuius Aremoricas pater Exuperantius oras
nunc postliminium pacis amare docet :
leges restituit libertatemque reducit
et seruos famulis non sinit esse suis.
Soluimus aurorae dubio, quo tempore primum
agnosci patitur redditus arua color.
Progredimur paruis per litora proxima cymbis,
quarum perfugio crebra pateret humus.
Aestiuos penetrent oneraria carbasa fluctus :
tutior autumnus mobilitate fugae.
Alsia praelegitur tellus Pyrgique recedunt,
nunc uillae grandes, oppida parua prius.
Iam Caeretanos demonstrat nauita fines :
aeuo deposuit nomen Agylla uetus.
Stringimus <hinc afflictum> et fluctu et tempore Castrum :
index semiruti porta uetusta loci.

209 aruis *VB* : auris *R* oris *Zumpt* aris *coni. Ussani* || 211 curae *R* : cunae *V* cunnae *B Panvinio* || 212 habet *VB* : erat *R* || 213 *totum uersum omisit R, ubi legitur* deest || aremoricas *B* : are modicas V^1 *p.c.* ore modicas V^1 *a.c.* anemoricas V^2 || 214 nunc postliminium *VB* : non post liminium *R* || amare *V* : amore *RB Panvinio Castalio* || 216 seruos *VRB* : seruas *Heinsius* || esse suis V^2*RB* : *om.* V^1 || 218 redditus *VB* : reditus *R* || 219 cymbis *VB* : cumbis *R p.c.* umbis *R a.c.* lembis *Burman* || 220 quarum *RB Panvinio Castalio* : quorum *V* || crebra V^2*RB* : crebre V^1 || 222 mobilitate *V* : no- *RB* || fugae *VB* : fuge *R* || 223 pyrgique *VB* : pigrique *R* pyrrhique *Mazocchi* || 225 demonstrat nauita *VB* : demostrat nauia *R* || 226 aeuo *VRB* : aeuom *Bährens* || 227 hinc afflictum *coni. dubitanter Préchac* : *spatium uacuum habent VRB Panvinio, quam lacunam edd. uel desperati seruauerunt, uel alii aliter suppleuerunt, uide adn.* || et fluctu V^2*RB* : fluctu V^1 || 228 semiruti *VB* : seminiti *R*.

Par-devant se dresse, taillée dans un modeste bloc de pierre, une statue[102] qui porte des cornes sur son front pastoral. Bien qu'avec le nombre des années se soit perdu le nom primitif, ici était, selon la tradition, Castrum d'Inuus, soit que Pan ait quitté le Ménale pour les forêts tyrrhéniennes, soit que l'indigène Faunus pénètre les replis du sol natal[103] en renouvelant par une abondante procréation les générations mortelles. Ce dieu est représenté comme fort enclin aux plaisirs de Vénus.

Nous fûmes détournés vers Centumcellae par un fort vent du sud[104] ; nos barques mouillent dans son port tranquille. Sa darse en amphithéâtre[105] est ceinte de môles et l'étroite issue est protégée par une île artificielle. Deux tours la dominent, et de chaque côté s'ouvre un passage à travers un étroit goulet[106]. Il n'a pas suffi d'établir des loges à vaisseaux[107] dans la partie la plus large du port : pour que les souffles vagabonds n'aillent pas agiter les navires jusque dans leur abri, le bassin intérieur[108] pénètre au milieu des maisons et ses eaux immobiles n'y connaissent plus les mouvements de l'air. Ainsi, dans les piscines de l'eubéenne Cumes, l'eau captive soutient les bras souples des baigneurs avec un clapotis alterné[109].

Praesidet exigui formatus imagine saxi,
qui pastorali cornua fronte gerit.
Multa licet priscum nomen deleuerit aetas,
hoc Inui Castrum fama fuisse putat,
seu Pan Tyrrhenis mutauit Maenala siluis,
siue sinus patrios incola Faunus init,
dum renouat largo mortalia semina fetu :
fingitur in Venerem pronior esse deus.
Ad Centumcellas forti deflexímus austro ;
tranquilla puppes in statione sedent.
Molibus aequoreum concluditur amphitheatrum
angustosque aditus insula facta tegit.
Attollit geminas turres bifidoque meatu
faucibus artatis pandit utrumque latus.
Nec posuisse satis laxo naualia portu :
ne uaga uel tutas uentilet aura rates,
interior medias sinus inuitatus in aedes
instabilem fixis aera nescit aquis,
qualis in Euboicis captiua natatibus unda
sustinet alterno brachia lenta sono.

229 *uersus 229-230 post 231-232 posuit Damm* || 230 cornua *VR* : nomina *B Panvinio Castalio* numina *Ussani* || 231 *uersus 231-232 post 233-234 ponendos censuit Schenkl* || 232 inui *VB* : iani *R* || 233 tyrrhenis *V^2RB* : *om.* *V^1* || mutauit *V^2RB* : immutauit *V^1* || maenala *VRB* : maenalia *Mazocchi* || 234 incola *VRB* : incubo *Burman* || 235 dum renouat *VRB* : dumque nouat *coni. dubitanter Burman* dumue nouat *Bährens* || largo *RB* : longo *V* || semina *VRB* : femina *Unger* saecula *Müller* || 237 centumcellas *VB* : centum cellas *R* || austro *VR* : haustro *B Mazocchi* || 238 tranquilla *VB* : tan- *R* || in statione *VB* : inflatione *R* || 239 molibus *VB* : mollibus *R* || 240 facta *V^2RB* : *om. V^1* || 242 artatis *Castalio* : arctatis *VB Panvinio* arctatus *R* || *post uersum 242 errore scripsit V^1 415-420, qui error in utraque margine duabus crucibus signatur ; tum 243 et uersus sequentes scripsit V^2* || 244 ne uaga *VB* : nec uagas *R* || 247 euboicis *VB* : euboias *R* || natatibus *VB* : natantibus *R Panvinio* natalibus *Mazocchi* || 248 sono *V^2RB Panvinio* : sinu *V^2 in margine* solo *Heinsius* salo *Crusius* || *post uersum 248 aliquot disticha deesse putat Barth.*

Il me prend envie de connaître[110] les Thermes qui ont emprunté leur nom à un taureau. Et ce n'est pas me retarder sérieusement que d'aller à trois milles. Là les sources ne sont pas gâtées par un goût d'amertume, et l'eau chaude n'est point imprégnée de vapeurs de soufre[111]. L'odeur en est pure, la saveur douce, contraignant par là le baigneur à se demander quel usage il vaut mieux en faire. Si la tradition mérite créance, c'est un taureau qui, en cherchant une source, nous donna ces bains chauds – cet animal a de même l'habitude de faire sauter les mottes de terre lorsqu'il prélude à un combat, frottant à un tronc dur ses cornes inclinées. Ou bien ce fut un dieu qui, ne voulant pas laisser ignorées les richesses d'un sol brûlant, emprunta la figure et les armes d'un jeune taureau[112] : ainsi fit, pour enlever la fille d'Agénor et jouir de son larcin[113], le dieu qui engagea la jeune vierge à passer la mer sur son dos. Les prodiges difficiles à croire ne sauraient convenir aux seuls Grecs[114] ; à un animal est due la fontaine d'Hélicon ; ces eaux-ci, n'en doutons pas, ont même origine que la source des Muses jaillie sous le sabot d'un cheval[115]. Ces cavités d'ailleurs[116] sont comparées aux antres des Piérides dans des vers de Messalla qui célèbrent l'endroit ; quand on entre, on est charmé, et quand on sort, on est retenu par la grâce du poème fixé sur la porte

Nosse iuuat tauri dictas de nomine Thermas,
nec mora difficilis millibus ire tribus.
Non illic gustu latices uitiantur amaro
lymphaque fumifico sulphure tincta calet.
Purus odor mollisque sapor dubitare la*u*antem
cogit, qua melius parte petantur aquae.
Credere si dignum famae, flagrantia taurus
inuestigato fonte lauacra dedit,
ut solet excussis pugnam praeludere glebis,
stipite cum rigido cornua prona terit,
siue deus faciem mentitus et arma iuuenci,
noluit ardentis dona latere soli,
qualis Agenorei rapturus gaudia furti
per freta uirgineum sollicitauit onus.
Ardua non solos deceant miracula Graios ;
auctorem pecudem fons Heliconis habet ;
elicitas simili credamus origine lymphas :
Musarum latices ungula fodit equi.
Haec quoque Pieriis spiracula comparat antris
carmine Messalae nobilitatus ager ;
intrantemque capit discedentemque moratur
postibus affixum dulce poema sacris.

249 thermas *VB* : theram *R p.c.* theam *R a.c.* || 250 difficilis *VRB* : distantis *Bährens* || 251 uitiantur *VB* : uitiatur *R* || 252 lymphaque *VRB* : lymphaue *Barth* || fumifico *VRB* : funifico *Panvinio* || 253 mollisque *VB* : molisque *R* || lauantem *Simler* : labantem *VB* labentem *R* || 255 taurus *VB* : thaunis *R* || 256 dedit *VRB* : credit *Mazocchi* || 257 solet *VB* : solent *R* || glebis *VB* : grebis *R* || 258 cum *VRB* : dum *coni. Bährens* || 259 deus *VB* : decus *R* || arma *VR* : ora *B Panvinio Castalio* || 261 qualis agenorei rapturus *VB* : quale age norei raptunis *R* || 262 uirgineum *VB* : -nium *R* || 263 solos *VB* : solum *R* || graios *VB* : graiis *R* || 264 heliconis *VB* : eliconis *R* heliconi *Panvinio* || 265 elicitas *VRB* : en medicas *Bährens* || nymphas *VB Panvinio* : lymphas *R Castalio* || 266 musarum *VRB* : musarum ut *Damm* || 267 haec *VB* : nec *R* || 268 messalae *VB* : -li *R* || 269 capit *VRB* : rapit *Burman* || discedentemque *VB* : discedentem *R* decedentemque *Bährens* || moratur *VB* : -tus *R*.

sainte[117]. Ce Messalla tire son origine du premier consul, si nous remontons jusqu'aux Publicola, ses aïeux. C'est lui qui, en qualité de préfet, était obéi des prétoriens sur un signe de tête ; mais son intelligence et ses qualités oratoires lui assurent une gloire plus haute encore. C'est lui qui nous a montré quelle assise exige l'éloquence : on sera habile à parler à condition de vouloir être homme de bien[118].

Humide de rosée, l'aurore[119] brillait dans un ciel empourpré ; nous déployons nos voiles qui, dociles, se gonflent de biais. Quelque temps nous évitons le rivage à bas-fonds du Munio[120] : sa modeste embouchure agite sans trêve des eaux dangereuses. Puis nous apercevons Graviscae avec ses toits clairsemés, lieu qu'en été infecte souvent l'odeur des marais[121]. Mais les alentours boisés verdoient sous d'épaisses forêts et l'ombre des pins ondoie à la bordure des flots. Nous distinguons d'antiques ruines que personne ne garde et les murailles délabrées de Cosa déserte. J'ai honte d'exposer la cause ridicule de son malheur, au milieu de choses sérieuses, mais il m'en coûte de tenir caché un sujet de rire. On raconte que jadis les habitants, émigrants involontaires, quittèrent leurs foyers infestés par les rats[122]. Je croirais plus volontiers aux désastres essuyés par la cohorte des Pygmées et aux coalitions des grues pour leurs guerres habituelles[123].

Non loin de là nous gagnons le port marqué du nom d'Hercule ; le jour baisse et aussitôt le vent mollit. Au

Hic est qui primo seriem de consule ducit,
usque ad Publicolas si redeamus auos.
Hic et praefecti nutu praetoria rexit,
sed menti et linguae gloria maior inest.
Hic docuit qualem poscat facundia sedem :
ut bonus esse uelit quisque, disertus erit.
Roscida puniceo fulsere crepuscula caelo ;
pandimus obliquo lintea flexa sinu.
Paulisper litus fugimus Munione uadosum :
suspecto trepidant ostia parua salo.
Inde Grauiscarum fastigia rara uidemus,
quas premit aestiuae saepe paludis odor.
Sed nemorosa uiret densis uicinia lucis
pineaque extremis fluctuat umbra fretis.
Cernimus antiquas nullo custode ruinas
et desolatae moenia foeda Cosae.
Ridiculam cladis pudet inter seria causam
promere, sed risum dissimulare piget.
Dicuntur ciues quondam migrare coacti
muribus infestos deseruisse Lares.
Credere maluerim Pygmaeae damna cohortis
et coniuratos in sua bella grues.
Haud procul hinc petitur signatus ab Hercule portus ;
uergentem sequitur mollior aura diem.

271 primo *VB* : mimo *R* || de consule *VB* : proconsule *R* || 273 nutu *VB* : mita *R* || 275 poscat *VRB* : ponat *Müller* || sedem *VRB* : legem *Crusius* || 277 roscida *VB* : rosida *R Mazocchi* || fulsere *VB* : luxere *R* || 279 munione *VB* : numione *R* minione *Castalio* || 280 suspecto *VRB* : suspenso *Crusius* suscepto *coni. Woestijne* || ostia *V* : hostia *RB Panvinio* || salo *VB* : solo *B Panvinio Castalio Crusius* || 282 premit *VRB* : premis *Markland* grauat *Bährens* || 285 antiquas *VB* : antiq; *R* || 287 ridiculam *VB* : -la *R* || pudet *VRB* : putet *Mazocchi* || 288 risum *VB* : risu *R* || 291 pygmaeae *V* : pygmeae *B* pymeae *R* || 292 coniuratos *V* : -tas *RB Panvinio Castalio*.

milieu des restes d'un camp nous devisons[124] de la fuite hâtive de Lépide en Sardaigne. C'est en effet sur le rivage de Cosa que cet ennemi romain fut chassé par Rome, sous la vaillante conduite de Catulus[125]. Cependant il était pire encore le Lépide qui, dans la guerre civile, soutint une lutte impie avec l'aide de deux compagnons, et qui, terrifiant Rome, écrasa avec des troupes de renfort la liberté restaurée par la bataille de Modène[126]. Un troisième osa attenter à la paix ; il subit le destin que méritent les funestes scélérats[127]. Un quatrième voulut se glisser au trône des Césars ; il fut châtié pour la liaison adultère qu'il entretenait dans ce but[128]. Aujourd'hui encore – mais la renommée saura mieux que moi se plaindre de nos contemporains : laissons donc au jugement de la postérité le soin de flétrir cette race sinistre[129]. Faut-il croire que certains noms entraînent certaines mœurs, ou bien qu'à certaines mœurs sont attachés certains noms ? Quoi qu'il en soit, c'est, dans les annales du Latium, une étrange loi des séries que si souvent le fléau des Lépides récidive par l'épée[130].

Les ténèbres ne sont pas encore dissipées quand nous nous confions[131] à la mer ; de la hauteur voisine se met à souffler un vent favorable. Au milieu des eaux s'avance le mont Argentarius[132], dont le double sommet domine deux

Inter castrorum uestigia sermo retexit
Sardoam Lepido praecipitante fugam.
Litore namque Cosae cognatos depulit hostes
uirtutem Catuli Roma secuta ducis.
Ille tamen Lepidus peior, ciuilibus armis
qui gessit sociis impia bella tribus,
qui libertatem Mutinensi Marte receptam
obruit auxiliis urbe pauente nouis.
Insidias paci moliri tertius ausus
tristibus excepit congrua facta reis.
Quartus Caesareo dum uult irrepere regno,
incesti poenam soluit adulterii.
Nunc quoque – sed melius de nostris fama queretur :
iudex posteritas semina dira notet.
Nominibus certos credam decurrere mores,
moribus an potius nomina certa dari ?
Quicquid id est, mirus Latiis annalibus ordo
quod Lepidum totiens reccidit ense malum.
Necdum decessis pelago permitti*m*ur umbris ;
natus uicino uertice uentus adest.
Tenditur in medias mons Argentarius undas
ancipitique iugo caerula curua premit.

296 sardoam *VB* : sardam *R* || praecipitante *VB* : -tanti *R* || 297 cosae *VB* : casae *R* || 299 lepidus *VB* : pedidus *R* || 300 qui gessit *VRB* : accendit *coni. Bährens* concussit *coni. Keene* || 301 marte *VB* : marti *R* || 302 urbe *VRB* : orbe *Damm* || pauente *V Panvinio* : fauente *B Mazocchi Simler* gemente *R* patente *Heinsius* || 303 paci *VB* : paucis *R* || 304 tristibus *VB* : tribus *R* || 305 regno *VRB* : tecto *uel* lecto *Schrader* || 307 queretur *VRB* : queratur *Damm* || 308 iudex *VRB* : uindex *Heinsius* || prosperitas *VB* : prosteritas *R* || 309 mores *VB* : meres *R* || 311 id est *VB* : idē *R* || 312 reccidit *B Mazocchi* : recidit *VR Panvinio* rescidit *Heinsius* || ense *VRB* : esse *Damsté* || 313 decessis *VRB* : discussis *coni. Almeloveen* detersis *Heinsius* defessis *coni. Helm* || pelago *VRB* : -gus *Bährens* -gos *Helm* || permittimur *Castalio* : -ttitur *VRB* || 314 uentus *VB* : uenti *R* || 315 in *VB* : ad *R* || mons *VB* : non *R*.

baies azurées[133]. Franchir en travers les collines de ce promontoire ne fait que deux fois trois milles ; il y en a trois fois douze pour le contourner par la mer[134]. Ainsi entre deux flots l'isthme de Corinthe, aux rivages baignés par deux mers, partage-t-il les eaux d'Ionie[135]. Nous avons peine à suivre en bateau les contours de la falaise émiettée[136] ; et la manœuvre, à travers ces sinuosités[137], ne va pas sans de laborieux efforts. Avec les divers changements de direction le vent, à chaque fois, change aussi. Les voiles, qui nous avaient été tout à l'heure utiles, nous desservent soudain.

Au loin, j'admire les cimes boisées de l'île d'Igilium : ce serait un crime de la frustrer de l'hommage dû à sa gloire. C'est elle qui naguère protégea ses propres forêts, soit grâce à sa situation naturelle, soit grâce au génie tutélaire de son maître[138], lorsque avec son modeste détroit elle fit échec à des armes victorieuses, comme si elle était séparée de la terre par un large bras de mer. C'est elle qui accueillit de nombreux citoyens chassés de la ville mise à sac[139] ; c'est ici que, las, ils abandonnèrent leurs craintes avec la certitude du salut. Mainte mer, dans une guerre terrestre, avait été ravagée par des cavaliers qui, à l'encontre de la nature, s'étaient fait craindre à bord de bateaux[140]. La réalité veut (ô merveille) qu'un même port, avec une grande différence[141], se soit trouvé si près pour les Romains, si loin pour les Goths.

Nous arrivons à l'Umbro, fleuve qui n'est pas sans renom ; son embouchure offre un asile sûr aux navires en détresse, tant son lit au courant abondant est toujours d'accès facile[142], chaque fois que se déchaîne sur la mer une violente tempête. Ici, je voulais aborder sur cette rive tranquille ; mais les matelots désirent aller plus loin et je les

Transuersos colles bis ternis millibus artat ;
circuitu ponti ter duodena patet :
qualis per geminos fluctus Ephyreius Isthmos
Ionias bimari litore findit aquas.
Vix circumuehimur sparsae dispendia rupis,
nec sinuosa graui cura labore caret ;
mutantur totiens uario spiramina flexu :
quae modo profuerant uela, repente nocent.
Eminus Igilii siluosa cacumina miror,
quam fraudare nefas laudis honore suae.
Haec proprios nuper tutata est insula saltus,
siue loci ingenio seu domini genio,
gurgite cum modico uictricibus obstitit armis
tanquam longinquo dissociata mari.
Haec multos lacera suscepit ab Vrbe fugatos ;
hic fessis posito certa timore salus.
Plurima terreno populauerat aequora bello
contra naturam classe timendus eques.
Vnum mira fides uario discrimine portum
tam prope Romanis, tam procul esse Getis.
Tangimus Vmbronem ; non est ignobile flumen,
quod tuto trepidas excipit ore rates ;
tam facilis pronis semper patet alueus undis,
in pontum quotiens saeua procella ruit.
Hic ego tranquillae uolui succedere ripae,
sed nautas auidos longius ire sequor.

317 colles *VRB* : calles *coni. Bährens* || bis ternis *VB* : bisdenis *R* || 318 ter *VB* : sui *R* || 319 fluctus *VRB* : flexus *coni. Keene* ductus *coni. dubitanter Bährens* || isthmos *VB* : isthos *R* || 322 sinuosa *VB* : simiosa *R* || cura...caret *VRB* : terra...caret *uel* rura...carent *coni. Almeloveen* ripa...caret *Burman* curua...carent *Keene* || 324 modo *VR* : non *B Panvinio* || 327 haec *VB* : nec *R* || tutata *VB* : tuta *R* || 328 ingenio *VRB* : genio *Herrmann* || genio *VRB* : ingenio *Herrmann* || 329 uictricibus obstitit *VB* : uictoribus obstit *R* || 331 haec *VB* : nec *R* || 332 hic *VB* : nic *R* || 338 tuto *VRB* : toto *Wernsdorf* || 339 tam *VRB* : nam *Burman* || pronis *VB* : *om. R* || 340 pontum *VB* : portum *R* || 342 nautas *VB* : nauitas *R* auidas *Mazocchi* || ire *VB* : irae *R*.

suis. Dans cette course précipitée, la brise et le jour nous manquèrent à la fois : il n'est plus possible d'avancer ni de reculer[143]. Le sable du rivage nous fournit un campement pour le repos de la nuit[144] ; le feu du soir nous est procuré par une forêt de myrtes. Nous dressons nos rames pour élever une petite tente ; une gaffe jetée en travers en improvisait le faîte[145].

Le jour était revenu. Avançant à force de rames, nous avons l'impression de rester sur place ; mais la terre laissée au loin prouve la progression de notre proue. Devant nous se présente l'île d'Elbe, fameuse par ses mines qui donnent l'acier. Le sol de Norique ne recèle pas un minerai plus riche ; le métal biturige dans son large fourneau n'est pas préférable, ni la masse brute que répandent les gisements de Sardaigne[146]. Les peuples reçoivent plus de bienfaits de la terre féconde, génératrice de fer, que du gravier jaune du Tage tartessien[147]. L'or meurtrier ne sert qu'à créer le vice, l'amour aveugle de l'or conduit à tous les crimes : l'or offert en présent vient à bout des liens d'un hymen légitime ; le sein d'une vierge s'achète par une pluie d'or ; vaincue par l'or, la fidélité trahit les villes fortifiées[148] ; la quête même de l'or déchaîne les scandales[149]. Mais au contraire, c'est avec le fer que se cultivent les campagnes en friche, avec le fer que l'homme trouva son premier moyen d'exis-

Sic festinantem uentusque diesque reliquit :
nec proferre pedem nec reuocare licet.
Litorea noctis requiem metamur arena ;
dat uespertinos myrtea silua focos.
Paruula subiectis facimus tentoria remis,
transuersus subito culmine contus erat.
Lux aderat : tonsis progressi stare uidemur,
sed cursum prorae terra relicta probat.
Occurrit Chalybum memorabilis Ilua metallis,
qua nihil uberius Norica gleba tulit ;
non Biturix largo potior strictura camino,
nec quae Sardonico cespite massa fluit.
Plus confert populis ferri fecunda creatrix
quam Tartesiaci glarea fulua Tagi.
Materies uitiis aurum letale parandis,
auri caecus amor ducit in omne nefas :
aurea legitimas expugnant munera taedas
uirgineosque sinus aureus imber emit ;
auro uicta fides munitas decipit urbes,
auri flagitiis ambitus ipse furit.
At contra ferro squalentia rura coluntur,
ferro uiuendi prima reperta via est.

343 festinantem *VRB* : -antes *Damm* || diesque *VB* : dies *R* || reliquit *VRB* : relinquit *Damm* relinquunt *coni. Keene* || 347 subiectis *VRB* : subrectis *Heinsius* || tentoria *VR* : rentoria *B* || 348 culmine *VRB* : -ina *Barth* || contus *VB* : coctus *R* || 349 tonsis progressi *VB* : tensis progressu *R* || uidemur *VB* : uidemus *R* || 350 : prorae *VB* : pronae *R* || 351 ilua *VB* : silua *R* || 352 nihil *VB* : mihi *R* || gleba *VB* : terra *R* || 354 sardonico *VR* : sardonio *B Panvinio* sardoo *Burman* || massa *VRB* : masse *Mazocchi* || 355 plus *VB* : pluso *R* || fecunda *edd.* : foecunda *VB* saecunda *R* || 357 letale *R Panvinio* : lethale *V* laetale *B Mazocchi* fatale *coni. Burman* ferale *Bährens* || 359 expugnant *VB* : expunat *R* || 360 aureus *VB* : aure *R* || emit *VRB* : init *Schrader* || 361 decipit *VRB* : deripit *uel* diripit *coni. Keene* || 362 auri *VB* : aurei *R* auro *coni. Keene* || 363 at *VB* : ad *R* || ferro *VB* : fero *R*.

tence[150]. Les générations des demi-dieux, qui ne connaissaient pas Mars bardé de fer, se défendaient avec le fer contre les bêtes féroces[151]. La main de l'homme, elle, ne se contente pas de s'employer désarmée, il lui faut encore ces autres mains que sont les armes de fer. Voilà quelles pensées me consolaient de la paresse fastidieuse du vent, tandis que la chiourme, en variant le ton, répétait sa pauvre cadence[152].

Notre course épuisante s'arrête non loin de là, à Falésie[153] ; et cependant Phébus atteignait à peine la moitié de sa course. Il se trouva que les paysans[154] en liesse, répandus dans les carrefours de la campagne, apaisaient la lassitude de leurs âmes par des réjouissances sacrées. C'est en effet ce jour-là qu'Osiris enfin ressuscité fait lever les fécondes semences pour des moissons nouvelles[155]. Ayant débarqué[156], nous gagnons une villa et flânons dans le bois : un délicieux étang aux eaux bien encloses charme nos regards. S'ébattent en jouant, à l'intérieur de ce vivier[157], des poissons que la largeur du bassin laisse libres de leurs mouvements. Mais la dureté du fermier, qui dépassait celle d'Antiphatès pour ses hôtes, nous fit payer cher notre repos dans ce riant séjour[158]. En effet à ce lieu était préposé un juif grognon, une de ces créatures qui répugnent à partager une

Saecula semideum, ferrati nescia Martis,
ferro crudeles sustinuere feras.
Humanis manibus non sufficit usus inermis,
si non sint aliae ferrea tela manus.
His mecum pigri solabar taedia uenti,
dum resonat uariis uile celeuma modis.
Lassatum cohibet uicina Fale*s*ia cursum,
quanquam uix medium Phoebus haberet iter.
Et tum forte hilares per compita rustica *p*agi
mulcebant sacris pectora fessa iocis.
Illo quippe die tandem reuocatus Osiris
excitat in fruges germina laeta nouas.
Egressi uillam petimus lucoque uagamur :
stagna placent saepto deliciosa uado.
Ludere lasciuos intra uiuaria pisces
gurgitis inclusi laxior unda sinit.
Sed male pensauit requiem stationis amoenae
hospite conductor durior Antiphate.
Namque loci querulus curam Iudaeus agebat,
humanis animal dissociale cibis.

365 nescia V^2 *in margine RB* : inertia V^2 || 366 ferro *VRB* : nudi *Brakman* robore *Damsté* pugnis *Helm* armis *coni. dubitanter Woestijne* || 369 solabar *VRB* : sanabar *B Mazocchi Simler* || 370 resonat *VB* : -ant *R* || 371 lassatum *VRB* : lassantem *Bährens* || Falesia *Gelsomino* : Faleria *VRB* || 373 et *VRB* : nam *Kapp* || pagi *Castalio* : fagi *VRB Panvinio* uagi *Simler metro repugnante* sagi *coni. Keene* || *uersus 373-374 post 375-376 ponendos censuit Kapp* || 374 mulcebant *VB* : -bat *R* || 375 reuocatus *VR* : renouatus *B Panvinio Castalio* || 376 in *VB* : iam *R* || 377 petimus *VR* : petimusque *B Mazocchi* || lucoque *V* : lutoque *R Mazocchi Panvinio Castalio* luthoque *B* ludoque *Barth Wernsdorf* || uagamur *VB* : uagamus *R* uacamus *Wernsdorf* || 379 inter *VRB* : intra *Schrader* || 380 sinit *VRB* : facit *Damm* || 381 pensauit *VB* : p̃sauit (*i.e.* praesauit) *R* turbauit *coni. Bährens* pulsauit *coni. Keene* || 382 conductor *VRB* : conuictor *Heinsius* || durior *VR p.c. B* : aurior *R a.c.* dirior *Drakenborch* crudior *Müller* toruior *coni. Bährens* acrior *coni. dubitanter Keene* || 383 loqui *VB* : loci *R*.

nourriture humaine[159]. Il nous porte en compte arbrisseaux meurtris, algues foulées et crie au grand préjudice pour un peu d'eau prélevée[160]. Nous rendons toutes les injures qu'il mérite[161] à ce peuple immonde qui, dans son impudeur, se mutile l'extrémité du membre viril[162], qui, racine de folie[163], a tant à cœur son glacial sabbat[164], mais dont le cœur même est encore plus glacé que sa religion. Chaque septième jour est condamné chez eux à un honteux engourdissement, sorte d'image indolente de la lassitude qu'ils prêtent à leur dieu[165]. Quant aux autres extravagances de ces esclaves[166] menteurs, aucun enfant, je pense, ne pourrait même y ajouter foi. Ah ! si seulement la Judée n'avait jamais été soumise par les armes de Pompée et le pouvoir de Titus ! La contagion de ce fléau se répand plus largement une fois qu'on l'a retranché, et la nation vaincue pèse lourdement à son vainqueur[167].

Contre nous se lève Borée ; mais nous, de notre côté, nous nous dressons à l'envi sur nos avirons, quand le jour éclipse les astres[168]. Tout près Populonia ouvre son rivage sûr, là où elle creuse une baie naturelle dans les terres[169]. Ici point de phare élevant dans les airs une construction massive et attirant les regards par un nocturne flambeau ; les hommes d'autrefois ont choisi comme poste d'observation un puissant rocher et, à l'endroit où sa cime escarpée domine le flot vaincu, ils ont érigé un château dans un double but : défendre la terre et servir d'amer aux navires. On

Vexatos frutices, pulsatas imputat algas
damnaque libatae grandia clamat aquae.
Reddimus obscenae conuicia debita genti,
quae genitale caput propudiosa metit,
radix stultitiae, cui frigida sabbata cordi
sed cor frigidius religione sua.
Septima quaeque dies turpi damnata ueterno,
tanquam lassati mollis imago dei.
Cetera mendacis deliramenta catastae
nec pueros omnes credere posse reor.
Atque utinam nunquam Iudaea subacta fuisset
Pompeii bellis imperioque Titi !
Latius excisae pestis contagia serpunt
uictoresque suos natio uicta premit.
Aduersus surgit Boreas, sed nos quoque remis
surgere certamus, cum tegit astra dies.
Proxima securum reserat Populonia litus,
qua naturalem ducit in arua sinum.
Non illic positas extollit in aethera moles
lumine nocturno conspicienda pharos,
sed speculam ualidae rupis sortita uetustas
qua fluctus domitos arduus urget apex,
castellum geminos hominum fundauit in usus,
praesidium terris indiciumque fretis.

386 damnaque *VB* : dannaque *R* || 387 reddimus *VB* : redimus *R* || 388 propudiosa V^2 *p.c. RB* : praep- V^2 *a.c.* || 390 sua *VR* : sua est *B Panvinio Castalio* || 391 septima *VB* : optima *R* || 392 tanquam *B* : tamquam *VR* quamquam *Panvinio* || 394 pueros omnes *VB* : puer ōnes (n *in rasura*) *R* pueros paruos *uel* teneros *coni. Bährens* pueros et anus *coni. Keene* puerum in somnis *Duff* || 395 subacta *VB* : capta *R* || 396 imperiisque *VR* : -rioque *B Panvinio Castalio* || 398 uictoresque *VB* : uec- *R* || 399 surgit V^2 *p.c. RB* : surgis V^2 *a.c.* || 400 cum *VRB* : dum *Heinsius* || tegit *VB* : tegis *R* || 401 : litus *V* : littus *B* dictus *R* || 402 ducit *VB* : ducis *R* || 405 speculam V^2 *in margine* : -lum V^2*RB* || 407 fundauit *VR* : fraudauit *B Panvinio Simler.*

ne peut plus reconnaître les monuments des âges passés ; le temps, qui dévore tout, a détruit ces murs grandioses[170]. Il ne reste que des vestiges, des remparts effondrés[171] ; les toits gisent ensevelis sous de vastes décombres. Ne nous indignons pas si les corps des mortels ont une fin : des exemples nous montrent que les villes peuvent mourir[172].

Ici, une nouvelle plus joyeuse[173] se propage[174] à nos oreilles ; peu s'en fallut que je ne décide de retourner à Rome. Ici, nous apprenons que la préfecture de la Ville sacrée vient d'être, ô mon doux ami, confiée à tes mérites. Je voudrais bien enchâsser dans mon poème ton vrai nom, mais il est certains pieds que refuse le mètre inflexible. Par ton surnom du moins tu chemines dans mon vers, très cher Rufius[175] ; c'est sous cette forme déjà que plus haut ma page te chante. Qu'une fête, pareille à celle dont furent, il y a longtemps, jugées dignes mes pénates[176], célèbre mes vœux exaucés en couronnant le montant de ma porte ; que des branches vertes ornent notre joie commune ; on a promu une bonne part de moi-même[177]. Voilà plutôt, voilà comment je dois aimer que se redouble mon pouvoir[178] : je jouis à nouveau de cet honneur en la personne de celui que j'avais préféré.

L'Aquilon ayant cessé, nous nous employons à avancer à la voile[179], dès que l'étoile du matin a resplendi sur son

Agnosci nequeunt aeui monumenta prioris :
grandia consumpsit moenia tempus edax.
Sola manent interceptis uestigia muris ;
ruderibus latis tecta sepulta iacent.
Non indignemur mortalia corpora solui :
cernimus exemplis oppida posse mori.
Laetior hic nostras crebrescit fama per aures ;
consilium Romam paene redire fuit.
Hic praefecturam sacrae cognoscimus Vrbis
delatam meritis, dulcis amice, tuis.
Optarem uerum complecti carmine nomen,
sed quosdam refugit regula dura pedes.
Cognomen uersu ue*h*eris, carissime Rufi ;
illo te dudum pagina nostra canit.
Festa dies pridemque meos dignata Penates
poste coronato uota secunda colat.
Exornent uirides communia gaudia rami :
prouecta est animae portio magna meae.
Sic mihi, sic potius placeat geminata potestas :
per quem malueram rursus honore fruor.
Currere curamus uelis Aquilone reuerso,
cum primum roseo fulsit Eous equo.

412 ruderibus *VB* : -busque *R* || latis *VRB* : late *Barth* altis *Kapp* || 413 non *VRB* : neue *Heinsius* nos *Damm* || *in fine uersus signum interrogationis posuit Damm* || 415 laetior hic nostras *tantum scripsit* V^2*, sed addita est nota* vid. 87 (*id est uide fol. 87r, qua in pagina leguntur uersus 415-420 manu* V^1 *scripti*) || aures *VRB* : auras *Zumpt* || 417 cognoscimus V^1 *p.c. RB* : cognouimus V^1 *a.c.* || 418 amice V^1 *a.c.* : -co V^1 *p.c.* || 420 quosdam *VB* : quodam *R* || 421 *uersus 421-456 scripsit* V^1 || cognomen *VRB* : quod nomen *coni. Keene* quo ueniens *Ussani* || uersu *VB* : *om. R* uersus *Damm* uersans *Castalio* serua *Barth* || ueheris *Kalinka* : ueneris V^1 ueneris (*scil.* deae) *B Panvinio* uenens *R* ueneri *Pithou Castalio et alii alia, uide adn.* || 423 festa dies *VB* : festrodies *R* || 424 poste *VB* : post *R* || 425 exornent V^1 *p.c. B* : exornant V^1 *a.c.* exornet *R* || 428 fruor *VR* : fruar *B Panvinio Castalio* || 429 currere V^1 *p.c. RB* : curere V^1 *a.c.* || curamus *VRB* : certamus *uel* conamur *Heinsius* || uelis *VRB* : uelit *Mazocchi* || aquilone *VB* : -nis *R*.

coursier vermeil. La Corse commence à nous découvrir ses montagnes encore sombres[180] ; une ombre de même couleur estompe leurs sommets nuageux[181]. Ainsi souvent la lune aux formes indécises laisse s'évanouir son mince croissant et se dérobe aux yeux las qui l'ont rencontrée. Ici la faible largeur de la mer a accrédité les fictions de la légende. On rapporte en effet qu'un troupeau de bœufs la traversa à la nage, quand pour la première fois aborda par hasard aux rivages de Cyrnos une femme appelée Corsa, qui d'aventure poursuivait une de ses bêtes échappée[182].

Comme nous avançons dans la haute mer[183], voici que surgit Capraria, île repoussante toute remplie de ces hommes qui fuient la lumière[184]. Eux-mêmes se donnent le nom grec de moines, parce qu'ils veulent vivre seuls, sans témoin[185]. Ils redoutent les faveurs de la fortune, tout en en craignant les atteintes. Est-il concevable de se rendre volontairement malheureux, par peur de le devenir[186] ? Quelle est cette rage stupide de cervelles à l'envers ? A force de craindre les malheurs, ne pouvoir souffrir non plus le bonheur ! Peut-être s'infligent-ils la réclusion en châtiment mérité de leurs méfaits, ou leur triste cœur est-il gonflé d'un fiel noir[187]. Ainsi un morbide excès de bile est la cause assignée par Homère aux angoisses de Bellérophon ; car ce jeune

Incipit obscuros ostendere Corsica montes
nubiferumque caput concolor umbra leuat.
Sic dubitanda solet gracili uanescere cornu
defessisque oculis luna reperta latet.
Haec ponti breuitas auxit mendacia famae :
armentale ferunt quippe natasse pecus,
tempore Cyrnaeas quo primum uenit in oras
forte secuta uagum femina Corsa bouem.
Processu pelagi iam se Capraria tollit ;
squalet lucifugis insula plena uiris.
Ipsi se monachos Graio cognomine dicunt,
quod soli nullo uiuere teste uolunt.
Munera fortunae metuunt, dum damna uerentur.
Quisquam sponte miser, ne miser esse queat ?
Quaenam peruersi rabies tam stulta cerebri,
dum mala formides, nec bona posse pati ?
Siue suas repetunt factorum ergastula poenas,
tristia seu nigro uiscera felle tument.
Sic nimiae bilis morbum assignauit Homerus
Bellerophonteis sollicitudinibus ;

431 corsica *in margine repetitum* V^1 || 432 umbra *VRB* : aura *uel* unda *coni. Bährens* || 433 sic V^1 *p.c. RB* : hic V^1 *a.c.* || cornu *VB* : cornis *R* || 434 reperta *VRB* : repente *uir doctus apud Castalio* || *post hunc uersum nonnulla deesse putat Bährens* || 435 haec *VB* : nec *R* || famae *VRB* : fama *Castalio* || 436 quippe natasse *VRB* : quem perarasse *Müller* quem penetrasse *coni. Bährens* quem peragrasse *coni. Keene* aequor arasse *Bartoli* || 437 tempore *VRB* : casu *coni. Bährens* || cyrneas *VB* : cirneos *R* || oras *VB* : horas *R* || 439 capraria *VB* : craparia *R* || 440 squalet *Panvinio* : squallet *VRB Mazocchi* || 442 *in margine* V^1 *legitur* no· monaa *duobus compendii signis additis, quod* nomen monachorum *significare uult Doblhofer* || 445 peruersi *VB* : peruers is *R* || cerebri *VB* : carebris *R* || 446 nec *VB* : ne *R* || 447 repetunt *VRB* : reddunt *coni. Keene* || factorum V^2 *in margine* : fatorum V^1R ex fato *B Panvinio Castalio* || *uersus 447-448 post 442 ponendos censuit Herrmann* || 449 *uersus 449-452 post 524 ponendos censuit Herrmann* || 450 bellerophonteis *V* : -phontaeis *B* -phonicis *R* || 451 offenso *VB* : -se *R*.

homme avait été frappé par les traits d'une douleur cruelle, lorsque, dit-on, il prit en haine le genre humain[188].

J'entre dans la région de Volaterra, au port justement appelé Vada[189] ; le chenal n'est pas sûr et nous en suivons la partie profonde. Debout, la vigie[190] inspecte pour diriger la barre docile et commander en criant la manœuvre à l'arrière. L'entrée incertaine est indiquée par deux arbres, et une rangée de pieux enfoncés dans l'eau marque de chaque côté la limite[191] ; sur ces pieux il est d'usage d'attacher de grands lauriers faciles à voir avec leurs rameaux et leur feuillage touffu ; de la sorte, malgré les herbes que produit un fond partout couvert de vase épaisse[192], le passage, gardant ses jalons fixes[193], reste nettement tracé. En cet endroit je dus faire halte devant un Corus impétueux comme il l'est quand il brise les forêts impénétrables[194]. C'est à peine si, abrités dans des maisons[195], nous pûmes endurer la violence des pluies ; à nous s'était ouverte la villa toute proche de mon cher Albinus. Mon cher Albinus, en effet, lui que Rome fit mon successeur en mes fonctions et en qui se continuèrent les pouvoirs attachés à ma toge[196]. Il n'attendit pas que vinssent les années ; son mérite y suppléa[197] ; par la fleur de son âge c'est un enfant, par sa prudence réfléchie un vieillard. Des égards mutuels joignirent nos caractères très proches et notre sympathie s'accrut dans une amitié réciproque. Il

nam iuueni offenso saeui post tela doloris
dicitur humanum displicuisse genus.
In Volaterranum, uero Vada nomine, tractum
ingressus dubii tramitis alta lego.
Despectat prorae custos clauumque sequentem
dirigit et puppim uoce monente regit.
Incert*as* gemina discriminat arbore fauces
defixasque offert limes uterque sudes.
Illis proceras mos est annectere lauros
conspicuas ramis et fruticante coma,
ut praebente u*lu*am densi symplegade limi
seruet inoffensas semita clara notas.
Illic me rapidus consistere Corus adegit,
qualis siluarum frangere lustra solet.
Vix tuti domibus saeuos tolerauimus imbres :
Albini patuit proxima uilla mei.
Namque meus, quem Roma meo subiunxit honori,
per quem iura meae continuata togae.
Non expectatos pensauit laudibus annos,
uitae flore puer, sed grauitate senex.
Mutua germanos iunxit reuerentia mores
et fauor alternis creuit amicitiis.

453 uolaterranum *B* : uolateranum *V* : rolaterranum *R* || 455 clauumque sequentem *VB* : danumque frequentem *R* || *totum uersum 455 et primum uerbum 456 repetit* V^2 *(quae manus ex 455 rursus incipit) in fol. 90r, ubi 601-602 quadratis lineis inclusi in summa pagina apparent* || 456 monente *VB* : mouente *R* || 457 incertas *Castalio* : incertus *VRB Panvinio* insertus *coni. Barth* || 458 defixasque offert *VB* : defissasque offort *R* || limes *VB* : limis *R* limus *Bährens* || uterque *VRB* : utrimque *Schrader* || 461 praebente *VB* : prebente *R* prohibente *Frassinetti* || uluam *Kalinka* : uiam *V* algam *RB Panvinio Castalio* || symplegade *VB* : simplegade *R* symplegmate *Zumpt* || 463 rapidus *VRB* : rabidus *Müller* || corus *B* : chorus *VR* coruus *Panvinio* || 464 frangere *VB* : fragnere *R* || 465 tolerauimus imbres *VB* : tollerauimus umbres *R* || 467 quem *VB* : dum *R* || 471 iunxit *VB* : uinxit *R* || mores *VRB* : amores *Bährens*.

a préféré – et cependant il pouvait l'emporter sur moi – me laisser les rênes, mais l'amour de son prédécesseur[198] l'a fait encore plus grand.

Au pied de la villa je contemple à loisir des salines ; car c'est par ce nom qu'on désigne[199] un marais salant où l'eau de la mer, grâce à la pente de canaux creusés sur le sol, pénètre et emplit par de menus fossés des réservoirs aux multiples compartiments. Mais ensuite, quand Sirius a dardé ses feux brûlants, quand l'herbe a jauni et que la campagne est partout assoiffée, le barrage des écluses ferme à la mer tout accès, pour que le sol embrasé solidifie l'eau immobilisée. La matière consistante ainsi produite reçoit la vive influence de Phébus, et il se forme avec la chaleur de l'été une croûte pesante[200]. Il n'en va pas autrement quand l'Hister a durci sous la glace qui le hérisse et porte sur ses eaux gelées d'immenses chariots. Laissons fouiller cette question à qui a coutume d'étudier les lois de la nature ; que dans une même cause[201] il cherche la raison d'effets si contraires : les cours d'eau enchaînés par la gelée, s'ils voient le soleil, deviennent liquides, et, au contraire, des eaux liquides sont gelées par le soleil.

Oh ! que de fois le mal est la source du bien ! Une amère tempête entraîna un doux retard[202]. En effet Victorinus, qui occupe une si grande partie de mon cœur, en me rejoignant ici a mis le comble à mes voeux et aux siens. La prise de Toulouse, le laissant sans asile, l'a forcé à se fixer en Étrurie et à y honorer des lares étrangers[203]. Sa sagesse n'a pas brillé

Praetulit ille meas, cum uincere posset, habenas ;
at decessoris maior amore fuit.
Subiectas uillae uacat aspectare salinas ;
namque hoc censetur nomine salsa palus,
qua mare terrenis decliue canalibus intrat
multifidosque lacus paruula fossa rigat.
Ast ubi flagrantes admouit Sirius ignes,
cum pallent herbae, cum sitit omnis ager,
*t*um cataractarum claustris excluditur aequor,
ut fixos latices torrida duret humus.
Concipiunt acrem natiua coagula Phoebum
et grauis aestiuo crusta calore coit ;
haud aliter quam cum glacie riget horridus Hister
grandiaque astricto flumine plaustra uehit.
Rimetur solit*us* natura*e* expendere causas
inque pari dispar fomite quaerat opus :
iuncta fluenta gelu conspecto sole liquescunt
et rursus liquidae sole gelantur aquae.
O quam saepe malis generatur origo bonorum !
Tempestas dulcem fecit amara moram.
Victorinus enim, nostrae pars maxima mentis,
congressu expleuit mutua uota suo.
Errantem Tuscis considere compulit agris
e*t* colere externos capta Tolosa lares.

474 at decessoris *Zumpt* : ad decessoris V^2 *a.c.* ante decessoris V^2 *p.c.* an decessoris *R* praedecessoris *B Panvinio* || 475 subiectas uillae uacat *VB* : subiectus mille uocat *R* || 480 pallent *VRB* : squalent *Heinsius* || 481 tum *coni. Simler* : cum *VRB Panvinio Castalio* || 482 torrida V^2 *in margine* : horrida V^2*RB* || 485 riget horridus *VB* : ridet homdus *R* || 486 astricto *scripsi* : adstricto *VB Panvinio* abstricto *R* || 487 solitus naturae *Castalio* : solitas natura *VRB* solitus naturam *Bährens* || expendere *VRB* : expandere *coni. Helm* || 488 quaerat *VB* : queret *R* || 489 iuncta *V* : iucta *R* uincta *coni. Castalio* || conspecto *VRB* : concepto *Müller* || liquescunt *VB* : quiescunt *R* || 493 pars *VRB* : laus *Bährens* spes *coni. Bährens* || mentis *VRB* : gentis *coni. Burman* || 496 et colere *Castalio* : excolere V^2 (*cum signo emendationis*) *RB*.

seulement dans le malheur ; il avait porté du même cœur un sort plus heureux. Ses qualités ont eu pour témoin l'Océan, pour témoin Thulé[204] et toute la campagne que laboure le farouche Breton, là où, vicaire d'un préfet, il s'est, par son autorité pleine de mesure, assuré à jamais le fruit d'une immense affection[205]. Cette région, sans doute, est rejetée à l'extrémité du monde, mais il gouverna comme il l'eût fait au milieu même du monde. La gloire est plus grande d'avoir tenu à plaire à des gens auxquels il y aurait eu moins de honte à déplaire. Attaché naguère à la cour sacrée comme illustre comte[206], il a dédaigné par amour des champs ce rang suprême. L'ayant pris dans mes bras, je trompai l'hostilité des vents[207] par le sentiment que j'avais de jouir, déjà un peu, de ma patrie[208].

L'aurore aux reflets jaunes avait poussé son attelage dans le ciel serein[209] : la brise du rivage nous invite à tendre les antennes. Sans secousse, l'aplustre[210] va, poussé par un vent tranquille ; nos voiles s'enflent mollement sans fatiguer les cordages. Au milieu de la mer, entourée par les flots, Gorgon se dresse entre la côte de Pise et celle de Cyrnos[211]. Il est en face de nous[212], ce rocher qui évoque un scandale récent : là s'était misérablement enseveli, vivant,

Nec tantum duris nituit sapientia rebus ;
pectore non alio prosperiora tulit.
Conscius Oceanus uirtutum, conscia Thyle
et quaecumque ferox arua Britannus arat,
qua praefectorum uicibus frenata potestas
perpetuum magni fenus amoris habet.
Extremum pars illa quidem discessit in orbem,
sed tanquam medio rector in orbe fuit.
Plus palmae est illos inter uoluisse placere,
inter quos minor est displicuisse pudor.
Illustris nuper sacrae comes additus aulae
contempsit summos ruris amore gradus.
Hunc ego complexus uentorum aduersa fefelli,
dum uideor patriae iam mihi parte frui.
Lutea protulerat sudos Aurora iugales :
antemnas tendi litoris aura iubet.
Inconcussa uehit tranquillus aplustria flatus,
mollia securo uela rudente tremunt.
Assurgit ponti medio circumflua Gorgon
inter Pisanum Cyrnaicumque latus.
Aduersus scopul*us*, damni monumenta recentis :
perditus hic uiuo funere ciuis erat.

497 duris *VRB* : in duris *Heinsius* || 498 pectore *VR* : pectora *B Panvinio Castalio* || alio *VRB* : alius *Castalio* || 499 conscius *VR* : consulis *B Mazocchi Simler* || 500 quaecumque *R* : quaecunque *V* quicunque *B* quacunque *Heinsius* || 501 praefectorum *VB* : prof- *R* || 503 discessit *VRB* : discedit *Bährens* || orbem *VB* : urbem *R* || 504 medio *VRB* : media *Müller* || orbe *VB* : orbe (o *in rasura*) *R* urbe *Müller* || 506 pudor *VRB* : pauor *coni. Bährens* || 507 additus *VB* : aditus *R* || 508 contempsit *VB* : comptessit *R* || 509 fefelli *VB* : fefellit *R* || 511 sudos *VB* : udos *R* || 512 litoris *V* : littoris *B* lictoris *R* || aura *VR* : unda *B Panvinio* || 513 aplustria *VB* : apulstria *R* || 516 cyrnaicumque *VB* : circaicumque *R* cyrniacumque *Castalio* || 517 aduersus *VRB Panvinio Castalio* : auertor *uel* auersor *uir doctus in Auctores observationum miscellanearum vol. III Amstelodami 1733 p. 368* aduersor *coni. Helm* aduectus *Bartoli* || scopulus *Pithou* : -los *VRB* || 518 perditus *VRB* : conditus *Bährens.*

un de nos concitoyens[213]. Car naguère il était des nôtres, ce jeune homme issu d'ancêtres de haut rang, auxquels sa fortune et son mariage ne le rendaient pas inférieur ; mais les Furies l'ont poussé à abandonner les hommes et la terre et il vit exilé, pauvre naïf, dans une retraite sordide ! Il s'imagine, le malheureux, que le souci du ciel s'entretient dans la saleté, et il se tourmente, plus cruel contre lui-même que ne le seraient les dieux offensés[214]. Le cède-t-elle aux poisons de Circé, je vous le demande, cette secte-là[215] ? Alors c'étaient les corps seulement qui étaient métamorphosés, aujourd'hui ce sont les âmes[216] !

De là nous gagnons Triturrita ; c'est le nom d'une villa qui se cache sur une presqu'île faite au détriment des flots[217]. En effet, elle s'avance dans la mer grâce à des roches assemblées de main d'homme, et celui qui a bâti la maison a d'abord établi le sol. Le port voisin, dont la renommée célèbre l'abondance en marchandises pisanes et en richesses de la mer[218], me frappa d'admiration. L'aspect du lieu suscite l'émerveillement : les vagues du large[219] le battent directement et la côte découverte est exposée à tous les vents. Nul havre, abrité par des jetées[220] protectrices, qui puisse repousser les menaces d'Éole. Mais l'algue haute sert de bord à l'abîme marin[221], cela sans causer aucun dommage aux bateaux, qui la heurtent doucement. Et d'ailleurs, quand

Noster enim nuper iuuenis maioribus amplis,
nec censu inferior coniugioue minor,
impulsus Furiis homines terrasque reliquit
et turpem latebram credulus exul agit.
Infelix putat illuuie caelestia pasci
seque premit laesis saeuior ipse deis.
Num, rogo, deterior Circaeis secta uenenis ?
Tunc mutabantur corpora, nunc animi.
Inde Triturritam petimus : sic uilla uocatur
quae latet expulsis insula paene fretis.
Namque manu iunctis procedit in aequora saxis,
quique domum posuit, condidit ante solum.
Contiguum stupui portum, quem fama frequentat
Pisarum emporio diuitiisque maris.
Mira loci facies : pelago pulsatur aperto,
inque omnes uentos litora nuda patent.
Non ullus tegitur per brachia tuta recessus,
Aeolias possit qui prohibere minas.
Sed procera suo praetexitur alga profundo
molliter offensae non nocitura rati ;

520 coniugioue *VB* : coniugione *R* ‖ 521 terrasque *VR* : diuosque *B Panvinio Castalio* ‖ 522 agit *VR p.c. B* : egit *R a.c.* adit *coni. Burman* amat *Wernsdorf* ‖ 525 num *B* : num (*in rasura*) *V* nuc *R* non *Barth* ‖ *uersus 525-526 post 446 ponendos censuit Herrmann* ‖ 526 tunc *VB* : tum *R* ‖ 527 triturritam *VB* : trieteritam *R* ‖ 528 latet *VRB* : late *Maittaire* latere *Keene* iacet *Heinsius* patet *coni. Burman* iacta *Purser* ‖ expulsis *VB* : expulsi *R* est pulsis *coni. Purser* ‖ fretis *VB* : feris *R* ‖ 529 namque manu *R* : nanque manus *BV* iamque manus *Ussani* ‖ iunctis *VB* : similis *R* ‖ procedit *VB* : -dix *R* ‖ aequora *VB* : equore *R* ‖ 530 condidit *VB* : credit *R* ‖ 531 fama *VRB* : turba *Schrader* ‖ 532 diuitiisque *VRB* : deliciisque *Bährens* ‖ 533 pulsatur *VRB* : -antur *coni. Barth* ‖ 534 inque *VB* : iamque *R* adque *coni. Bährens* ‖ litora *V* : littora *B* lictora *R* ‖ 535 non ullus V^2 *p.c.* : non nullus V^2 *a.c. RB* ‖ 536 aeolias V^2 *p.c. B* : eolias *R* aeolis *uel* aeoliis V^2 *a.c.* ‖ possit *VB* : posset *R* ‖ 537 praetexitur *VB* : protexit *R*.

les flots se déchaînent, elle les divise par l'effet du choc en multiples rigoles[222], et empêche que la haute mer ne roule d'énormes lames jusqu'au rivage.

L'Eurus dans le ciel éclairci avait ramené le moment de mettre à la voile ; mais j'eus à cœur d'aller voir Protadius[223]. Quiconque voudrait par hasard le reconnaître à des signes certains, n'a qu'à rechercher par les yeux de l'esprit l'image de la vertu. La peinture ne saurait donner de lui un portrait plus ressemblant que cette figure idéale réunissant tous les mérites[224]. Sur son visage résolu brillent la sagesse, reconnaissable au loin, et l'aspect admirable de la justice. Peut-être l'éloge serait-il moindre, si c'était la Gaule qui le décernait à son enfant ; mais Rome peut rendre témoignage à son ancien préfet[225]. En échange de sa patrie, l'Ombrie lui a offert une modeste demeure : sa valeur n'a pas fait de différence entre la bonne et la mauvaise fortune. Son âme invincible de héros regarde comme grand ce qui est petit, et les grandeurs étaient à son avis de petites choses. De modestes champs tenaient dans leurs limites les maîtres de rois ; quelques arpents nous donnaient des Cincinnatus. Ce que je rapporte de la conduite de Protadius n'est pas inférieur à la charrue de Serranus ou au foyer de Fabricius.

et tamen insanas caedendo interrigat undas
nec sinit ex alto grande uolumen agi.
Tempora nauigii clarus reparauerat Eurus,
sed mihi Protadium uisere cura fuit.
Quem qui forte uelit certis cognoscere signis,
uirtutis speciem corde uidente petat.
Nec magis efficiet similem pictura colorem
quam quae de meritis mixta figura uenit.
Aspicienda procul certo prudentia uultu
formaque iustitiae suspicienda micat.
Sit fortasse minus, si laudet Gallia ciuem ;
testis Roma sui praesulis esse potest.
Substituit patriis mediocres Vmbria sedes :
uirtus fortunam fecit utramque parem.
Mens inuicta uiri pro magnis parua tuetur,
pro paruis animo magna fuere suo.
Exiguus regum rectores cespes habebat
et Cincinnatos iugera pauca dabant.
Haec etiam nobis non inferiora feruntur
uomere Serrani Fabriciique foco.

538 molliter *VB* : -tet *R* ‖ 539 caedendo *V* : cedendo *B Mazocchi Panvinio Castalio* credendo *R* ‖ interrigat *VRB* : interligat *Castalio* internicat *Bährens* intersecat *Helm* intercipit *coni. Burman* interiacet *coni. Keene* mitigat *Santenius apud Zumpt* ‖ undas *VB* : unda *R* ‖ 540 alto *VB* : alta *R* ‖ 541 nauigii *VB* : -giis *R Panvinio* ‖ reparauerat eurus *VRB* : repararat eous *Heinsius* ‖ 542 protadium *VB* : protandium *R Panvinio* ‖ 544 speciem *VRB* : specimen *Castalio* ‖ uidente *VRB* : uidere *Heinsius* uigente *Bährens* ‖ petat *VB* : putat *R* putet *Heinsius* notet *coni. Burman* ‖ 545 colorem *VRB* : -re *Zumpt* ‖ 546 mixta *VR* : mista *B Panvinio* missa *Heinsius* ‖ figura *VB* : figua *R* ‖ 547 certo *VB* : certe *R* ‖ 548 formaque *VB* : formaeque *R* ‖ 549 laudet *V* : laudat *R* ‖ 550 testis *VB* : tectis *R* ‖ 551 substituit *VB* : substinuit *R* ‖ 552 utramque *R Panvinio* : utraque *VB Simler* ‖ 555 regum *VRB* : rerum *Sitzmann* ‖ rectores *VRB* : uictores *Müller* ‖ habebat *VRB* : alebat *Schrader* ‖ 556 cincinnatos *VB* : uicinatos *R* ‖ 557 feruntur *VRB* : ferantur *Burman*.

Je place donc mes barques dans un abri sûr, et je me fais porter à Pise par le chemin habituel des piétons. Un tribun me procure des chevaux et m'offre même une voiture ; c'était un ancien compagnon d'armes qui m'était resté cher, lui aussi, depuis l'époque où, comme maître des offices, je gouvernais la maison impériale et la garde armée du pieux souverain[226]. Je contemple l'antique cité originaire des bords de l'Alphée, ceinte respectivement par les eaux de l'Arnus et de l'Ausur[227]. En se rencontrant, les deux rivières forment un relief d'eau pyramidal (dans son côté large vient pénétrer une mince bande de terre)[228]. Mais une fois que leur lit est devenu commun, l'Arnus seul conserve son nom propre, et seul bien sûr parvient à la mer. Longtemps avant que la fortune ne greffe les pénates troyennes sur la maison des rois de Lavinium, des colons d'Élide fondèrent en Étrurie la ville de Pise, qui témoigne par son nom de son origine[229].

Ici s'offre à mes yeux l'image de mon vénérable père[230], dressée par les Pisans sur leur propre forum. Les éloges décernés à ce père qui n'est plus m'arrachent des pleurs. Mes joues ruisselèrent de larmes de douleur et de joie. C'est que mon père gouverna autrefois les campagnes tyrrhéniennes ; il y exerça la juridiction confiée aux six faisceaux[231]. Il racontait, je m'en souviens, après avoir parcouru une longue carrière d'honneurs, que le gouvernement de Toscane lui

Puppibus ergo meis fida in statione locatis
ipse uehor Pisas, qua solet ire pedes.
Praebet equos, offert etiam carpenta tribunus,
ex commilitio carus et ipse mihi,
officiis regerem cum regia tecta magister
armigerasque pii principis excubias.
Alpheae ueterem contemplor originis urbem,
quam cingunt geminis Arnus et Ausur aquis.
Conum pyramidis coeuntia flumina ducunt :
intratur modico frons patefacta solo.
Sed proprium retinet communi in gurgite nomen
et pontum solus scilicet Arnus adit.
Ante diu quam Troiugenas fortuna Penates
Laurentinorum regibus insereret,
Elide deductas suscepit Etruria Pisas
nominis indicio testificata genus.
Hic oblata mihi sancti genitoris imago,
Pisani proprio quam posuere foro.
Laudibus amissi cogor lacrimare parentis ;
fluxerunt madidis gaudia maesta genis.
Namque pater quondam Tyrrhenis praefuit aruis,
fascibus et senis credita iura dedit.
Narrabat, memini, multos emensus honores,
Tuscorum regimen plus placuisse sibi :

559 fida *VB* : tuta *R* || 563 regerem V^2 *p.c. RB* : tegerem V^2 *a.c.* || 564 pii *VR* : pii (*scil.* pii *cognomen*) *B Panvinio Mazocchi* || 565 alpheae *RB* : alphaeae *V* alphae *Mazocchi* || 566 arnus et *B* : arnus et (r *in rasura*) *V* armis *R* || ausur *VB* : ansur *R* aesar *Castalio* auser *Reusner* || 567 flumina *VR p.c. B* : flamina *R a.c.* || 570 arnus *VB* : armis *R* || adit *VB* : addit *R* || 571 penates *VRB* : nepotes *Schrader* || 572 : regibus *VRB* : sedibus *uir doctus in Auctores observationum miscellanearum vol. III Amstelodami 1733 p. 369* || 573 elide deductas *VB* : aulide diductas *R* || 574 indicio *VB* : in nitio *R* || 575 *uersus 575-578 om. B Mazocchi* || 578 madidis *VB* : maditis *R* || 580 credita iura *VB* : credida cura *R* credita iure *Panvinio*.

avait plu le mieux : car la charge, si grande soit-elle, d'intendant des largesses sacrées, et les pouvoirs de questeur avaient eu pour lui moins de charme. La préfecture même, oserai-je le dire ? il n'hésitait pas à la mettre au-dessous, tant son cœur penchait en faveur des Toscans. Et il n'avait pas mal placé ses sentiments, étant lui-même pareillement chéri de ceux qu'il estimait : l'éternelle reconnaissance inscrite dans leurs vers est inspirée par une mutuelle affection. Il faisait preuve à la fois de fermeté et de douceur, confient[232] à leurs enfants les vieillards qui se souviennent de lui. Réjouis que mes honneurs n'aient pas été indignes des siens, ils redoublent à mon égard de soins affectueux.

Tels étaient les témoignages concordants que je trouvai, maintes fois, du mérite éclatant de mon père, en traversant les régions bordées par la voie flaminienne[233]. Le renom de Lachanius est vénéré, comme celui d'un dieu, dans la Lydie tout entière, qui le place parmi ses enfants. Reconnaissante aux gens de bien, cette province garde ses mœurs antiques ; elle mérite d'avoir toujours de bons gouverneurs, comme l'est Decius, noble fils de Lucillus, qui administre d'heureuses campagnes dans tout le pays de Corytus[234]. Et l'on ne peut s'étonner que le père, se retrouvant[235] dans les talents d'un fils aussi grand, soit heureux d'avoir un descendant qui lui ressemble à ce point. Quant à ses satires, où se joue une muse assassine, elles ne le céderont ni à Turnus ni à

nam neque opum curam, quamuis sit magna, sacrarum
nec ius quaesturae grata fuisse magis ;
ipsam, si fas est, postponere praefecturam
pronior in Tuscos non dubitabat amor.
Nec fallebatur, tam carus et ipse probatis :
aeternas grates mutua cura canit,
constantemque sibi pariter mitemque fuisse
insinuant natis qui meminere senes.
Ipsum me gradibus non degenerasse parentis
gaudent et duplici sedulitate fouent.
Haec eadem, cum Flaminiae regionibus irem,
splendoris patrii saepe reperta fides.
Famam Lachanii ueneratur n*u*minis instar
inter terrigenas Lydia tota suos.
Grata bonis priscos retinet prouincia mores
dignaque rectores semper habere bonos,
qualis nunc Decius, Lucilli nobile pignus,
per Corythi populos arua beata regit.
Nec mirum, magni si redditus indole nati
felix tam simili posteritate pater.
Huius uulnificis satira ludente Camenis
nec Turnus potior nec Iuuenalis erit.

583 nam neque opum curam *VB* : namque opum *R* || 584 ius *VB* : uis *R* || 587 nec *VB* : ne *R* || tam *VRB* : nam *coni. Burman* || carus *VB* : canis *R* || 588 aeternas grates *VRB* : alternas laudes *Heinsius* || 589 sibi *VB* : *om. R* || 590 natis *VB* : uatis *R* || senes *VR p.c. B* : senex *R a.c.* || 592 gaudent *VB* : gaudet *R* || 593 flaminiae *V* : flamminiae *B* faminiae *R* || 594 patrii *VB* : patris *R* || 595 numinis *coni. Simler* : nominis *VRB* || instar *VB* : istar *R* || 596 inter terrigenas *V* : interrigenas *R* inter turrigenas *B* inter tyrrigenas *Damm* inter tyrrhigenas *Wernsdorf* inter tybrigenas *Müller* || suos *VB* : suas *R* || 597 retinet *VB* : -nent *R* || 598 dignaque *VB* : digna *R* || 599 qualis nunc *VB* : quale *R* || lucilli *VB* : luculli *R* || pignus *VR p.c. B* : pingus *R a.c.* || 601 redditus *VRB* : -tur *Heinsius* || indole *VB* : idole *R* || *uersus 601-602 iam ante leguntur in V, cf. supra ad 455* || 603 ludente *VRB* : liuente *Bährens* laedente *coni. Keene.*

Juvénal[236]. Il a rétabli l'antique pudeur par le mordant de sa censure ; en attaquant les méchants, il enseigne à être bon[237]. N'a-t-il pas jadis, quand il disposait avec tant d'équité du trésor sacré, repoussé les Harpies qui se dressaient autour de lui ? Ces Harpies qui de leurs griffes déchirent l'univers, qui de leurs pattes engluées entraînent ce qu'elles ont touché, qui rendent borgne Argus et Lyncée aveugle[238] : au milieu des gardiens s'envolent les biens publics dérobés[239]. Mais à Lucillus n'a pas échappé ce brigandage digne de Briarée, et à tant de mains liguées résista la main d'un seul[240].

Déjà, revenu à Triturrita depuis la ville fondée par Pisa[241], je voulais présenter mes voiles déployées à un radieux Notus, lorsque, subitement couvert de nuages, le ciel s'assombrit, et la nue entrouverte sema des raies de feu capricieuses[242]. Nous nous arrêtâmes. Qui donc, quand menace une méchante tempête, oserait s'aventurer sur les flots près de se mettre en fureur ? Ce temps de repos pour les navires, nous l'occupons dans les bois voisins, et prenons plaisir à nous démener à la poursuite de bêtes sauvages. Le fermier notre hôte[243] nous procure l'attirail de la chasse et des chiennes exercées à reconnaître le gîte à l'odeur. Dans les larges et perfides mailles de nos filets s'abat[244] et tombe un sanglier dont les défenses foudroyantes inspirent l'effroi, que les bras de Méléagre craindraient d'affronter et qui desserre-

Restituit ueterem censoria lima pudorem,
dumque malos carpit, praecipit esse bonos.
Non olim sacri iustissimus arbiter auri
circumsistenses reppulit Harpyias ?
Harpyias quarum discerpitur unguibus orbis,
quae pede glutineo quod tetigere trahunt,
quae luscum faciunt Argum, quae Lyncea caecum :
inter custodes publica furta uolant.
Sed non Lucillum Briareia praeda fefellit
totque simul manibus restitit una manus.
Iamque Triturritam Pisaea ex urbe reuersus
aptabam nitido pendula uela Noto,
cum subitis tectus nimbis insorduit aether ;
sparserunt radios nubila rupta uagos.
Substitimus. Quis enim sub tempestate maligna
insanituris audeat ire fretis ?
Otia uicinis terimus naualia siluis
sectandisque iuuat membra mouere feris.
Instrumenta parat uenandi uilicus hospes
atque olidum doctas nosse cubile canes.
Funditur insidiis et rara fraude plagarum
terribilisque cadit fulmine dentis aper,
quem Meleagrei uereantur adire lacerti,
qui laxet nodos Amphitryoniadae.

605 restituit *VR* : instituit *B Panvinio* || lima *VB* : luna *R* || 607 non *VRB* : nam *Simler* namque *Castalio* nunc *Heinsius* || 609 discerpitur *VB* : dec- *B Panvinio Castalio* || 611 argum quae *VB* : arguunt que *R* || 612 custodes *V²RB Panvinio* : custodum *V² in margine* || uolant *VRB* : uorant *Bährens* uolunt *coni. Keene* || 613 praeda *VRB* : turba *Schrader* || 614 restitit *VB* : restit *R* || 615 triturritam *V* : trituritam *B* triturrita *R* || pisaea *VB* : pisca *R* || 616 aptabam *VB* : -bant *R* || pendula *VB* : pennūla *R* || 617 cum subitis *VB* : quin subbitis *R* || 622 sectandisque *VB* : soctandis que *R* || 624 olidum *VB* : om. *R* || canes *BR* : canis *V Ussani* || 625 funditur *VRB* : fallitur *Damsté* || 627 meleagrei *Damm* : -graei *VRB* -grici *Panvinio* || 628 laxet *V² a.c.* : lasset *V² p.c. R* laxat *Panvinio* || nodos *VR p.c. B* : nouas *R a.c.*

rait l'étreinte du fils d'Amphitryon. Alors la trompe retentit à travers les collines qui en répercutent le son ; et les chants rendent la proie moins lourde à rapporter[245].

Cependant l'Africus[246] aux ailes ruisselantes ne cesse de noyer les jours l'un après l'autre sous des nuées d'un noir de poix. Déjà le matin se couchent les Hyades humides[247] ; déjà disparaît, caché par les pluies hivernales, le Lièvre, astre aux faibles rayons, mais puissant à soulever les flots, qui empêche tout navigateur de quitter la terre inondée. C'est qu'il est le voisin immédiat de l'orageux Orion et fuit, proie mouillée, la brûlure du Chien[248]. Nous vîmes la mer jaunir en soulevant ses sables et vomir des tourbillons d'eau qui recouvraient la campagne. Ainsi l'Océan se répand au milieu des terres, quand il appesantit sur les champs de labour, pour les quitter ensuite, ses vagues errantes, soit qu'il reflue d'une autre partie du monde pour se heurter contre la nôtre, soit qu'il alimente de ses eaux les astres scintillants[249].

Tum responsuros persultat bucina colles
fitque reportando carmine praeda leuis.
Interea madidis non desinit Africus alis
continuos picea nube necare dies.
Iam matutinis Hyades occasibus udae ;
iam latet hiberno conditus imbre Lepus,
exiguum radiis, sed magnis fluctibus, astrum,
quo madidam nullus nauita linquat humum.
Namque procelloso subiungitur Orioni
aestiferumque Canem roscida praeda fugit.
Vidimus excitis pontum fauescere arenis
atque eructato uertice rura tegi,
qualiter Oceanus mediis infunditur agris,
destituenda uago cum premit arua salo,
siue alio refluus nostro colliditur orbe,
siue corusca suis sidera pascit aquis.

629 tum *VB* : tunc *R* || 630 reportando *V Panvinio* : -tanda *RB* : -tanti *Castalio* -tantum *Heinsius* || 631 madidis *VB* : maditis *R* || 632 continuos *VRB* : -nuo *coni. Keene* || picea *VB* : pigea *R* || necare *VR* : negare *B* nigrare *Damsté* || dies *VRB* : diem *Bährens* || 633 iam *VB* : iur *R* || udae *B* : hudae *V* unde *R* || 635 magnis *VRB* : magnum *Castalio* || 636 quo madidam *VB* : qua maditam *R* || linquat *V* : linquit *B Panvinio Castalio* lignit *R* || 637 namque *scripsi* : nanque *VB* nam *R* || orioni *VR Panvinio* : oarioni *B Mazocchi Castalio* || 638 aestiferumque *B* : aestiferamque *V* ediferumque *R* || roscida *VR p.c. B* : soscida *R a.c.* || 643 alio *VRB* : alto *Bährens* || colliditur orbe *B* : conliditur orbe *V* orbe colluditur *R* conliditur orbi *Müller* || post 644 Rutilii claudii namatiani de reditu suo explicit liber Is. Incipit liber IIs *V* EXPLICIT LIBER PRIMVS CLAVDII RVTILII POETE INCIPIT LIBER II CLAVDII RVTILII NVMANTIANI POETE DIGNISSIMI *et in margine* IO:AND:CRV (*i.e.* Ioannes Andreas Crucianus) *R* FINIS ITINERARII PRIMI. RVTILII CLAVDII NVMATIANI DE REDITV SVO, ITINERARII LIBER SECVNDVS *B*

LIVRE SECOND

Mon livre n'était pas encore bien long, ne comprenant que peu d'enroulements[250] ; et il eût pu à bon droit s'allonger encore. Il a craint[251] l'ennui fatalement attaché à un effort continu, et que le lecteur n'appréhende de s'attaquer à une œuvre interminable. Souvent les mets inspirent du dégoût quand le repas a une fin tardive ; l'eau prise à petites gorgées désaltère plus agréablement. Le voyageur fatigué trouve apparemment un répit en route devant les bornes où sont inscrits tant de milliers de pas[252]. Aussi répartissons-nous sur deux petits ouvrages notre confusion inquiète, dont il eût été préférable de subir l'effet en une fois.

Enfin délivrés du blocus d'une mer orageuse, nous pûmes quitter le port de Pise et gagner le large. La mer sourit, paisible, sous les rayons qui la frisent[253], et l'onde que nous sillonnons rend un léger murmure. Voici que commencent à paraître les pentes de l'Apennin, là où gronde Thétis repoussée par un promontoire aérien[254].

LIBER SECUNDUS

Nondum longus erat nec multa uolumina passus,
iure suo poterat longior esse liber.
Taedia continuo timuit cessura labori,
sumere ne lector iuge paueret opus.
Saepe cibis affert serus fastidia finis,
gratior est modicis haustibus unda siti.
Interualla uiae fessis praestare uidetur
qui notat inscriptus millia crebra lapis.
Partimur trepidum per opuscula bina ruborem,
quem satius fuerat sustinuisse semel.
Tandem nimbosa maris obsidione solutis
Pisano portu contigit alta sequi.
Arridet placidum radiis crispantibus aequor
et sulcata leui murmurat unda sono.
Incipiunt Appennini deuexa uideri,
qua fremit aerio monte repulsa Thetis.

1 nondum *RB* : non dum *V* ondum *Mazocchi* || multa *VB* : uolta *R* || 2 *uersus 9-10 post 2 ponendos censuit Kapp* || 3 timuit *VRB* : timui *Wernsdorf* || cessura *VRB* : censura *Müller* sessura (*i.e.* haesura) *coni. Bährens* incessura *Purser* || 4 ne *VR p.c. B* : nec *R a.c.* || iuge *VB* : iure *R* || 6 haustibus *RB* : hausibus *V* || siti V^3 *in margine B* : sitis V^3*R* || 9 ruborem *VB* : rubore *R* rumorem *Panvinio* pudorem *Kapp* timorem *uel* tumorem *coni. Pithou* || 10 fuerat sustinuisse semel *VB* : fuerant substinuisse satis *R* || 11 tandem *VB* : tam nē *R* || maris *VB* : magis *R p.c.* margis *R a.c.* || 12 portu *VRB* : e portu *Graevius* || 14 murmurat *VB* : -mura *R* || 15 aerio *VRB* : a recto *coni. Bährens.*

Qui voudra embrasser d'un regard l'Italie maîtresse du monde et la contempler dans son ensemble par l'esprit la trouvera semblable en son développement à une feuille de chêne, rétrécie par des golfes latéraux qui se correspondent[255]. Dans le sens de la longueur[256] on parcourt dix fois l'espace de cent milles depuis le pays des Ligures jusqu'au détroit de Sicile. En largeur, elle est échancrée à plusieurs endroits où pénètrent en la rongeant les eaux courroucées de la mer Tyrrhénienne et de l'Adriatique[257] ; d'ailleurs, au point même où la terre est la plus étroite entre les mers qui se rapprochent[258], elle ne s'étend que sur cent trente milles. Au milieu, la montagne s'allonge en biais vers les deux rivages opposés, dans les directions où Phébus tour à tour amène et remmène le jour ; elle domine les flots de Dalmatie par son sommet oriental ; à l'occident la mer azurée d'Étrurie se brise au pied de ses crêtes. Si nous reconnaissons un plan déterminé dans la création, si cette puissante machine répond à un dessein de la divinité, c'est comme une sentinelle avancée qu'a été placé en bordure du Latium l'Apennin, barrière à laquelle les chemins montagnards n'offrent qu'un difficile accès[259]. La nature a redouté l'envie, elle a trouvé que c'était peu d'opposer les Alpes aux menaces du Nord ; de même a-t-elle retranché derrière plusieurs membres les organes vitaux du corps, un seul rempart ne lui suffisant pas pour ce qu'elle avait produit de plus précieux. Dès ce temps-là, Rome encore à naître avait mérité d'être ceinte d'une multiple protection et bénéficiait de la sollicitude des dieux.

Italiam rerum dominam qui cingere uisu
et totam pariter cernere mente uelit,
inueniet quernae similem procedere frondi,
artatam laterum conueniente sinu.
Millia per longum decies centena teruntur
a Ligurum terris ad freta Sicaniae.
In latum uariis damnosa anfractibus intrat
Tyrrheni rabies Hadriacique salis.
Qua tamen est iuncti maris angustissima tellus,
triginta et centum millia sola patet.
Diuersas medius mons obliquatur in undas,
qua fert atque refert Phoebus uterque diem ;
urget Dalmaticos Eoo uertice fluctus
caerulaque occiduis frangit Etrusca iugis.
Si factum certa mundum ratione fatemur
consiliumque dei machina tanta fuit,
excubiis Latiis praetexuit Appenninum
claustraque montanis uix adeunda uiis.
Inuidiam timuit natura parumque putauit
Arctois Alpes opposuisse minis,
sicut uallauit multis uitalia membris
nec semel inclusit quae pretiosa tulit.
Iam tum multiplici meruit munimine cingi
sollicitosque habuit Roma futura deos.

17 cingere *VB* : cingneř (*i.e.* cingnere) *R* stringere *C Heinsius* iungere *Heinsius etiam* || 18 uelit *VB* : uenit *R* || 19 inueniet quernae *VB* : inuenitque uerne *R* || 20 sinu *VB* : *om.* *R* || 21 teruntur *VRB* : feruntur *Schrader* || 22 terris *VB* : territ *R* || ad *VR p.c. B* : at *R a.c.* || 23 in latum *VB* : i illatum *R* in latus at *Wernsdorf* || 24 salis *VRB* : sali *Panvinio* maris *C* || 25 iuncti *VB* : uincti *R* || 26 patet *VB* : patens *R* || 28 qua *VRB* : quaque *C* || fert atque *VB* : refertatque *R* || 29 eoo *VB* : equo *R* || 30 caerulaque *B* : cerulaque *V* ceruleaque *R* || frangit *VB* : fragnit *R* || 31 si *VB* : *om.* *R* || 33 latiis *VRB* : latii *Castalio* || 34 uiis *VRB* : suis *Bährens* uiris *Boano* iugis *Heinsius* feris *Schrader* || 36 opposuisse *VB* : apposuisse *R* || 39 cingi *VB* : cigni *R*.

Il n'en est que plus cruel, le forfait du sinistre Stilicon : car le traître a livré le cœur de l'Empire[260]. Tandis qu'il s'efforçait de survivre à la nation romaine, sa folie sanguinaire a tout mis sens dessus dessous. Redoutant ce qu'il avait fait pour être lui-même redouté[261], il envoya la barbarie armée exterminer le Latium. Dans ses entrailles sans défense il a dissimulé un ennemi en armes : sa trahison, qui porta le désastre, avait ainsi plus libre jeu[262]. Rome elle-même était ouverte à ses suppôts en fourrures de bêtes ; elle était prisonnière avant d'avoir été prise[263]. Et il n'a pas opéré seulement, le traître, par les armes des Goths ; il commença par brûler les oracles secourables de la Sibylle[264]. Nous détestons Althée pour avoir causé une mort en laissant se consumer un tison ; le cheveu de Nisus est pleuré, dit-on, par les oiseaux[265]. Mais lui, Stilicon, a voulu détruire[266] le gage irrévocable d'une domination éternelle et les fuseaux encore pleins des Parques. Que tous les tourments de Néron cessent dans le Tartare[267] et que les torches du Styx se consument sur une ombre plus repoussante ! Celui-ci a assassiné une immortelle, celui-là une mortelle ; celui-ci a assassiné la mère du monde, celui-là seulement la sienne.

Quo magis est facinus diri Stilichonis acerbum,
proditor arcani quod fuit imperii.
Romano generi dum nititur esse superstes,
crudelis summis miscuit ima furor,
dumque timet quicquid se fecerat ipse timeri,
immisit Latiae barbara tela neci.
Visceribus nudis armatum condidit hostem
illatae cladis liberiore dolo.
Ipsa satellitibus pellitis Roma patebat
et captiua prius quam caperetur erat.
Nec tantum Geticis grassatus proditor armis :
ante Sibyllinae fata cremauit opis.
Odimus Althaeam consumpti funere torris,
Nisaeum crinem flere putantur aues ;
at Stilicho aeterni fatalia pignora regni
et plenas uoluit praecipitare colos.
Omnia Tartarei cessent tormenta Neronis ;
consumat Stygias tristior umbra faces.
Hic immortalem, mortalem perculit ille,
hic mundi matrem perculit, ille suam.

41 stilichonis *V* : stiliconis *B* stilconis *R* || 42 quod *VRB* : qui *Giraldi Panvinio* || 45 quicquid *VR* : quidquid *B* quoquo *coni. Bährens* || se fecerat ipse timeri *VB* : fecerat ipse timeri *R* re fecerat ipse timoris *uel* timendum *coni. Ussani* || 47 uisceribus *VB* : uisceribus duc (duc *in rasura*) *R* || armatum *VB* : armentum *R* || 48 illatae cladis *VB* : i illate cladis *R* illatae clades *Schissel-Fleschenberg* illato cladis *Bährens* iliacae cladis *Reid* illata est clades *Ussani* illatam cladem *coni. Keene* in latam cladem *Boekmeyer* || liberiore *VRB* : deteriore *Reid* || 50 captiua *VB* : captiuia *R* (*alterum* i *in rasura*) || 51 nec *VB* : non *R* || grassatus *Giraldi Panvinio* : crassatus *BV* grassator *R* || 52 fata *VB* : facta *R* || 53 consumpti *VB* : -tis *R* || 54 nisaeum *VB* : niseam *R* || flere *VB* : flesse *R p.c.* flexe *R a.c.* || putantur aues *VR p.c. B* : putantur auis *R a.c.* putatur auis (*scil.* Scylla) *Bährens* || 55 at *VB* : ast *R* || 56 colos *VRB* : colus *Castalio* || 59 mortalem *VB* : motalem *R* || 60 perculit *VB* : *om. R.*

Mais dans notre digression peut-être avons-nous été bavard[268] ; reprenons maintenant la route exposée par notre poème. En glissant à bonne allure sur les flots, nous arrivons à des murailles éblouissantes de blancheur ; elles tirent leur nom de l'astre qui emprunte sa lumière au soleil son frère[269]. Le roc ici, par la pierre qu'il donne, éclipse la couleur riante des lis, et, veiné, fait resplendir sa surface polie[270]. Cette terre riche en marbres, par l'éclat de leurs teintes, jette un défi somptueux aux neiges immaculées[271].

Sed diuerticulo fuimus fortasse loquaces ;
carmine propositum iam repetamus iter.
Aduehimur celeri candentia moenia lapsu ;
nominis est auctor sole corusca soror.
Indigenis superat ridentia lilia saxis
et leui radiat picta nitore silex ;
diues marmoribus tellus, quae luce coloris
prouocat intactas luxuriosa niues.

62 propositum *V* : proposito *B Panvinio* preposito *R* praeposito *Castalio* || repetamus *VR p.c. B* : prepetamus *R a.c.* || 65 indigenis *VB* : indignenis *R* || post 68 *alia manu* desunt in excuso quoque ab Onofrio panvino in sua Roma *addidit manus recentior* Fasscini *uel* Faffeini est *V* τελως Heu seculorum Incuria huius elegantissimi Poetae disideratur reliquum *et in fascia* IOHANNES ANDREAS CRVCIANVS *R* FINIS SECVNDI *B*

FRAGMENTS

CONSPECTVS SIGLORVM

I. Codex

T *fragmentum membraneum, saeculo VII aut VIII, applicatum ad codicem Taurinum, Biblioteca Nazionale F IV 25.*

II. Editiones et adnotationes criticae

Bartalucci : A. Bartalucci, dans (Collectif) « Il nuovo Rutilio Namaziano », *Maia*, n.s. 27, 1, janvier-mars 1975, p. 3-26.

Castorina : E. Castorina, dans (Collectif) « Il nuovo Rutilio Namaziano », *Maia*, n.s. 27, 1, janvier-mars 1975, p. 3-26.

Cecchini : E. Cecchini, « Per il nuovo Rutilio Namaziano », *Rivista di filologia e di istruzione classica* 102, 1974, p. 401-404 ; et dans (Collectif) « Il nuovo Rutilio Namaziano », *Maia*, n.s. 27, 1, janvier-mars 1975, p. 3-26.

Ferrari : M. Ferrari, « Frammenti ignoti di Rutilio Namaziano », *Italia medioevale e umanistica* 16, 1973, p. 26-30.

Fo : A. Fo, édition de Rutilius, Torino, 1992, p. 54-57, 126-129 et 142-145.

Frassinetti : P. Frassinetti, « I nuovi frammenti di Rutilio Namaziano », *Studi e ricerche dell'Istituto di latino* 3, 1980, p. 51-58.

Lana : I. Lana, dans (Collectif) « Il nuovo Rutilio Namaziano », *Maia*, n.s. 27, 1, janvier-mars 1975, p. 3-26.

Paglieri : S. Paglieri, « Rutilio Namaziano in Piemonte ? », *Bollettino della Società per gli studi storici, archeologici ed artistici nella Provincia di Cuneo* 84, 1986, p. 85-98.

Sivan : H.S. Sivan, « Rutilius Namatianus, Constantius III and the Return to Gaul in Light of New Evidence », *Mediaeval Studies* 48, 1986, p. 522-532.

Tandoi : V. Tandoi, dans (Collectif) « Il nuovo Rutilio Namaziano », *Maia*, n.s. 27, 1, janvier-mars 1975, p. 3-26.

FRAGMENTA

Conformément à l'habitude, les crochets droits délimitent pour chaque vers le texte attesté ; la disposition typographique permet de distinguer hexamètres et pentamètres. Le point sur la ligne indique un espace pour une lettre impossible à identifier, et le point souscrit signale une lecture incertaine. L'apparat critique omet les points souscrits, et ne signale pas les restitutions *exempli gratia* (ainsi P. Frassinetti n'hésite pas à compléter conjecturalement toutes les lacunes), parfois au reste fantaisistes.

A

]multus solatia pan[is
    ]ẹṣ .. ḷịṭata Ceres
]ae mos est frumenta reponi
    ]feros horrea tuta Notos
]hiberna Ligustica miles
    m]edium lanea terga suem

A1 *sic Paglieri Fo* : satiat …pan *Ferrari Sivan* satiari *Tandoi* satiare *Frassinetti qui* multos satiare [necesse *prop.* || 2 *sic Ferrari* : debi]litata *Frassinetti* || 3 sic *Ferrari* : in gremio terr]ae *rest. Bartalucci Frassinetti* Genu]ae *rest. Tandoi* publica derton]ae *rest. Paglieri* || 4 *sic Ferrari quae* imbriferos *uel* nubiferos *prop.* : stant ad nub]iferos *rest. Tandoi* uincunt nub]iferos *rest. Bartalucci* arcent nubi]feros *rest. Frassinetti* || 5 *sic Ferrari* : uigilans] *rest. Tandoi* inuigilatque tenens] *rest. Frassinetti* || 6 *sic Ferrari* : qui fert per m]edium *rest. Frassinetti* || terga *Ferrari* : terge *T*

]ḷo diues propola ministrat
t]enditur aere focus
]li pretio promptaria Bacchum
]luit gratus odore cadus
]praesentia Marcellini
ni]hil dulcius esse potest
p]rotector saepe tribunus
]f̣uit nuper honore comes
]ḷlo custode fuerunt
]ḷi praedo sagatus erat
]itat mercator auarum
]tant monstra minora caṇ[
]s uitanda calumnia lites
na]ụfragiis

7 *sic Ferrari* : accipimur stabu]lo *rest. Tandoi* || propola *Tandoi Fo* : propala *T Ferrari Sivan* || 8 *sic Ferrari* : u]enditus *Cecchini Fo* || 9 *sic Ferrari* : praebent non ui]li *rest. Tandoi* praebent non humi]li *rest. Frassinetti* || 10 sic Ferrari : f]luit *rest. Tandoi Frassinetti* || gratus *Ferrari* : grauis *T* || 11 *sic T* : tunc oblata mihi] *rest. Frassinetti* || 12 *sic Ferrari* : cuius amore ni]hil *rest. Tandoi Frassinetti* || 14 *sic Ferrari* : praecipuoque] *rest. Tandoi Frassinetti* || 15 *sic Ferrari* : i]llo *rest. Tandoi Bartalucci Frassinetti* || 16 *sic Ferrari* : terribilis nul]li *rest. Tandoi Frassinetti* || 17 *sic Ferrari* : sollic]itat *rest. Tandoi Bartalucci* pau]itat *rest. Frassinetti* || 18 *sic Ferrari* : rap]tant *rest. Tandoi* agi]tant monstra minora can[es *rest. Frassinetti* || 19 uitanda *Cecchini Fo* : ditanda *T* aditanda *Ferrari cett.* || 20 *sic Cecchini Tandoi Frassinetti Fo* :]a fractis[*Ferrari*]fragiis[*Sivan.*

B

]unt in propugnacula rupes
]ṃẹritum machina tollit
]ṣ Tyrias mirari desinat ar[ces
Amp]hionium saxa secuta melos
]ṃeos Neptunia Troia labores
]laudis habet frustra tridente[
]e nouae consul Constantius ur[bis
]tium consiliumque dedit
]gerum trabeis thoraca secu[tus
]Latii nominis una salus

B1 *sic Ferrari* : consurg]unt *uel* surg[unt *uel* cresc[unt *rest. Lana* undique consurg]unt *rest. Frassinetti* || 2 tollit *Sivan Fo* : tollat *Ferrari cett.* || 3 *sic Fo* :]et quas *Ferrari Sivan* prisca aeta]s tyrias *rest. Cecchini* nunc orbi]s tyrias *rest. Tandoi* || 4 *sic Ferrari* : atque amp]hionium *rest. Cecchini* || 5 *sic Fo* : perga]meos *rest. Tandoi Frassinetti Cecchini* apolli]neos *rest. Ferrari*]geos *Sivan* || 6 frustra *Ferrari* : fracta *coni. Castorina metri causa* || *sic Ferrari* : tridente[ruit *rest. Cecchini* || 7 *sic Ferrari* : ciuibus ips]e *rest. Cecchini* conditor ips]e *rest. Tandoi Frassinetti* || ur[bis *rest. Ferrari* : ur[bi *rest. Sivan* || 8 *sic Ferrari* : muros hospi]tium *rest. Cecchini* nomen et hospi]tium *rest. Sivan* ciuibus auspi]cium *rest. Tandoi Bartalucci Frassinetti* || 9 *sic Ferrari quae* armi]gerum *uel* belli]gerum *prop.* : dum post belli]gerum *rest. Tandoi Bartalucci* qui modo belli]gerum *rest. Cecchini* hic nunc belli]gerum *rest. Lana* mutat belli]gerum *rest. Sivan* || secu[tus *rest. Ferrari* : secu[tis *rest. Lana Frassinetti* secun[dis *rest. Cecchini Tandoi Sivan* secu[ris *rest. Paglieri* || 10 *sic Ferrari* : ornauit] *rest. Cecchini* effulget] *rest. Tandoi* et fulget] *rest. Sivan* effulsit] *rest. Frassinetti*.

]inuictaque pectora curis
    ]etit Martia pal[ma
]ẹmo collegae amplectimu[r
    r]edeat iam geminatus hono[s
]s sortitus hiatum
    ].ssem grandia gesta loqu[i
]eritis uerborum l… referr[e
    q]uam quod soluere lingua qu[eat
]hostilibus ille recepit

12 *sic Ferrari* : rep]etit martia palma [uirum *rest. Tandoi Frassinetti Fo* || 13 sic Ferrari :]e.mo *Cecchini Fo* supr]emo *rest. Tandoi* postre]emo *rest. Frassinetti* || 14 *sic Ferrari* : optantes r]edeat *rest. Tandoi* || 15 *sic Fo* : quin ego si tantum uati]s *rest. Tandoi* || sortitus *Cecchini cett.* : sortitur *Ferrari* sortius *Sivan* || 16 *sic Fo* : huius non c]essem *rest. Tandoi* p]ossem *rest. Frassinetti*]essem *Sivan*]ssem *Ferrari* || loqu[i *Sivan Fo* : loq[ui *Tandoi Frassinetti* coq[uit *Ferrari* || 17 *sic Fo* :]eritis uerborum uili referr[e *Ferrari* m]eritis uerborum….referr[e *Tandoi* m]eritis uerborum digna referr[e *Frassinetti* munus pro m]eritis uerborum uile referr[e *rest. Sivan* || 18 *sic Frassinetti Fo* : q]uam quod solueret iugis are[s *Ferrari* q]uam quod soluere… *Tandoi* uilius et q]uam quod soluere[*rest. Sivan.*

Analyse des fragments A et B

On ne se risquera pas, on l'a dit, à donner une traduction suivie de ces deux fragments trop lacunaires, et qui présentent des incertitudes de lecture même dans les parties conservées. On peut du moins, après d'autres, proposer une analyse de leur contenu.

On ne reviendra pas ici sur les raisons qui militent pour leur présentation dans cet ordre, A précédant B (voir l'Introduction).

Au début du fragment A, particulièrement malmené, il est question de Cérès (v. 2) et tout naturellement peu après des greniers, où l'on abrite le grain du Notus porteur de pluies[272] (v. 3-4). Puis sont évoqués les quartiers d'hiver des soldats de Ligurie (*hiberna Ligustica*)[273], et par proximité Milan, avec l'allusion à la légende de la truie portant une toison de laine sur le milieu du corps[274], peut-être inspirée à Rutilius par l'emblème d'un détachement militaire[275] (v. 5-6). On se trouve ensuite (v. 7-10) à l'intérieur d'une auberge[276], où le feu et le vin sont appréciés[277]. Là, notre voyageur jouit de la présence de son ami Marcellinus, cher entre tous à son cœur, qui a fait carrière d'abord comme *protector*, puis comme *tribunus* avant d'être récemment promu *comes*[278] (v. 11-14 ; le personnage est inconnu des dépouillements de la *Prosopography of the Later Roman Empire*, vol. 2, pourtant paru en 1980). Les derniers vers vantent l'action bénéfique de Marcellinus pour les populations locales, protégées en particulier grâce à lui d'un brigandage revêtu du sayon militaire (*praedo sagatus*), c'est-à-dire d'exactions des militaires envers les civils[279] ; mais les quatre derniers vers restent très énigmatiques dans le détail.

Au début du fragment B, allusion est faite à des murailles défensives qui s'élèvent ; qu'on cesse, en face d'elles, d'admirer la citadelle tyrienne (c'est-à-dire Thèbes[280]), dont les pierres suivirent docilement la mélodie d'Amphion (v. 1-4) ; quant à Troie, elle tirerait vainement gloire de ses murs, puisque la fatigue en revient à Neptune (v. 5-6)[281]. Fondateur en personne de la nouvelle cité (vraisemblablement Albenga[282]), Constantius[283], consul, a prodigué ses conseils (v. 7-8) ; il est l'unique sauveur du nom latin, que ce soit sous la cuirasse du soldat ou sous la trabée consulaire, cœur invaincu par les soucis (v. 9-12)[284].

Embrassant la statue (?) de celui qu'il qualifie de collègue[285], Rutilius fait des vœux pour que lui revienne encore un honneur déjà réitéré (v. 13-14)[286] ; mais il faudrait une bouche démesurée pour chanter les louanges de celui dont la geste dépasse les possibilités du langage humain. Car il a repris à l'ennemi… (v. 15-19)[287].

NOTES SUR LE TEXTE

1. La forme *potius* (v. 1) renvoie à quelque chose qui précédait, et qui est perdu. E. Doblhofer, « Zur Frage des verstümmelten Beginns von Rutilius Claudius Namatianus' De reditu suo », dans *Studien zur Sprachwissenschaft und Kulturkunde. Gedenkschrift für W. Brandenstein*, Innsbruck, Innsbrucker Beiträge zur Kulturwissenschaft 14, 1968, p. 175-180, et Rutilius Claudius Namatianus, *De reditu suo sive Iter Gallicum*, t. II, p. 14-16, l'a montré définitivement. La lacune s'explique sans doute par le mauvais état du *Bobiensis* perdu. A. Fo, Rutilio Namaziano, *Il ritorno*, p. 62, note à juste titre que le début du poème devait être au moins illisible, puisque Filippino Bononi, qui copiait le texte, n'a pu déchiffrer l'actuel vers 2 et a laissé un blanc, complété ensuite par Sannazar. Il manque donc au moins un distique (peut-être un seul, voir la note à II, 1), dont le contenu était à peu près, d'après R. Gelsomino (Rutilio Namaziano, *De reditu suo*, introduzione e traduzione, Urbino, Editrice Montefeltro, 1972, p. 1) : « Venu de Gaule, j'ai vécu longtemps à Rome, et voulais y rester encore. Il n'y a pas de quoi s'en étonner. » Néanmoins, à cette opinion commune s'est opposée récemment Marisa Squillante, *Il viaggio, la memoria, il ritorno. Rutilio Namaziano e le trasformazioni del tema odeporico*, Napoli, D'Auria, 2005, p. 189-191, qui, en s'appuyant notamment sur des rapprochements avec la poésie élégiaque, défend l'idée d'un début surprenant ex abrupto. Malgré l'intérêt de ses arguments, nous n'avons pas été convaincu.

2. Le verbe *mirabere* (v. 1) a deux compléments d'objet de nature différente, le substantif *reditum* d'abord, l'infinitif *posse* ensuite. On attendrait une proposition infinitive avec *me* pour sujet au lieu de l'infinitif. Peut-être faut-il y voir la tendance de Rutilius à supprimer les déterminations personnelles, qui donne au propos une portée plus universelle, en dépit du mètre personnel qu'est le distique élégiaque. Le substantif *reditum* n'est pas accompagné, non plus, de l'adjectif posessif *meum* qui serait ici logique.

3. *Est* (v. 3) est omis. L'ellipse du verbe *esse* est très fréquente chez Rutilius, on l'a dit dans l'Introduction.

4. Ce *macarismos* est inspiré d'Ovide, *Tristes* III, 12, 25-26 : *O quater et quotiens non est numerare beatum, / non interdicta cui licet Vrbe frui*. Le verbe *mereo* (v. 6) ne renvoie pas à une idée de mérite, mais de chance, voir E. Doblhofer, Rutilius Claudius Namatianus, *De reditu suo sive Iter Gallicum*, t. II, p. 19.

5. *Cumulare* (v. 8) au sens de « augmenter, porter à son comble » ; *ingenitum...decus* désigne la gloire associée à la naissance noble, et *urbis honore*, de manière elliptique, l'honneur de vivre à Rome.

6. Allusion à la théorie stoïcienne de la raison séminale (*logos spermatikos*), selon laquelle l'âme qui est sur le point d'entrer dans un corps reçoit, en traversant la sphère sublunaire, des germes de propriétés et de qualités qui se développeront pendant la vie terrestre ; cf. e.g. Cicéron, *Fin.* III, 2 et IV, 18. L'idée que Rome est le lieu idéal pour le développement des vertus est un thème topique de l'éloge des villes, voir E. Doblhofer, Rutilius Claudius Namatianus, *De reditu suo sive Iter Gallicum*, t. II, p. 21.

7. La première catégorie (les *beati*, v. 5) comprenait les membres de l'aristocratie romaine, descendants de familles qui sont ou se veulent très anciennes (voir à ce propos I, 169-170 et 271-272), nés et demeurant à Rome. La seconde (les *felices*, v. 11, où il faut sous-entendre *muneribus* avec *primis*) est constituée de ceux qui, sans être nés à Rome, ont obtenu du sort de venir y habiter ; *Latius* (v. 12) semble en effet signifier « romain », comme souvent chez Ovide (e.g. *A.A.* I, 412) ou Stace (e.g. *Silves* I, 2, 178) et très largement dans la poésie latine tardive. Tel est évidemment le cas de Rutilius lui-même.

8. Les vers 13-14 s'appliquent à la seconde catégorie définie précédemment. Le sénat romain (composé de 2000 membres depuis 357-358, voir A. Chastagnol, *La préfecture urbaine à Rome sous le Bas-Empire*, p. 38, 425 et 433) est donc ouvert aux provinciaux qui le méritent. En effet, à côté des membres de l'aristocratie sénatoriale, qui y détenaient l'essentiel du pouvoir, appartenaient au sénat les fonctionnaires civils et militaires qui avaient revêtu une magistrature ou que l'empereur avait fait admettre par *adlectio*. On peut s'étonner que le très conservateur Rutilius ne fasse pas plus mauvaise figure à ces « parvenus », défavorablement jugés par la plupart des derniers écrivains païens. Mais c'est qu'ils manifestent la dimension universelle de l'empire, exaltée plus loin ; et

surtout, ces sénateurs romains s'opposent implicitement au sénat constantinopolitain, concurrent récent et massivement chrétien.

9. Sur les sénateurs étrangers, dont la gloire est implicitement moindre, rejaillit le prestige de leurs collègues romains. Unis sous les auspices du *genius* qu'ils vénèrent conjointement, ils exercent ensemble l'autorité sur le monde romain. Quel est ce *genius* ? Apparemment celui du sénat, comme le veut G. Senis, « Rutilio, De reditu 16-18 », *Quaderni Urbinati di cultura classica* 49, 1985, p. 141-147. Cependant un *genius senatus* n'est pas attesté en dehors des provinces. Il doit s'agir alors du *genius urbis Romae*, identique au *genius populi Romani* ; voir E. Doblhofer, Rutilius Claudius Namatianus, *De reditu suo sive Iter Gallicum*, t. II, p. 25-26.

10. La comparaison, complexe, peut se résumer ainsi : le sénat, uni sous les auspices du *genius*, régit l'empire romain de même que le Conseil des dieux, sous l'autorité du Dieu suprême, gouverne le monde ; voir E. Doblhofer, Rutilius Claudius Namatianus, *De reditu suo sive Iter Gallicum*, t. II, p. 22-29. Le paganisme de Rutilius est de tendance hénothéiste : il croit en un Dieu suprême.

11. *Ora* (v. 19) au sens de « rivage » ou de « région ».

12. La condition d'*indigena* (v. 20) s'oppose à celle de *peregrinus* (v. 13) et d'*externus* (v. 14).

13. Depuis la grande invasion du 31 décembre 406 ; la coupe et l'ordre des mots invitent à faire porter l'adverbe *nimium* (v. 21) sur *deformia*. On notera que les barbares ne sont pas nommés de tout le passage : seul est donné le résultat, l'agent de la ruine étant passé sous silence. Sur la situation en Gaule, voir e.g. Orientius, *Commonitorium* II, 184 : *uno fumauit Gallia tota rogo*. Les vers 21-22 ont un accent cicéronien, cf. *Fam.* IV, 9, 3 : *nunc uero nec locus tibi ullus dulcior esse debet patria nec eam diligere minus debes quod deformior est, sed miserari potius*.

14. Le « mais » n'est pas dans le texte latin : quand il oppose deux idées vers par vers, Rutilius recourt parfois à l'asyndète adversative, cf. I, 110.

15. *Praesentes* (v. 25) peut être un nominatif en apposition au sujet de *debemus* ou un accusatif épithète de *lacrimas* ; pour le sens, cela ne change guère. Comme l'explique le vers suivant, c'est la vue prolongée du malheur qui incite à aider activement ceux qui en sont victimes.

16. Il paraît préférable de conserver la leçon *saeua* (v. 29) de *V* et *R* ; voir A. Fo, Rutilio Namaziano, *Il ritorno*, p. 137. Le groupe *laceris...fundis* peut se comprendre soit comme un ablatif absolu,

soit comme un ablatif de lieu sans préposition, soit encore comme un datif de destination (cf. Lucrèce I, 903 : *creant incendia siluis*). Les *pastorales...casas* (v. 30) sont peut-être un souvenir des *humiles...casas* de Virgile, *Buc.* II, 29. Il s'agit, en tout cas, de rétablir les infrastructures agricoles de base.

17. Les vers 31-32 avec leur personnification poétique sont inspirés de Virgile, *Buc.* I, 39 (où il s'agit de Tityre, parti...à Rome !) : *ipsi te fontes, ipsa haec arbusta uocabant*, ce qui donne aux champs gaulois le lustre de la campagne virgilienne. Quoique Rutilius écrive *arbuta* et non *arbusta*, il n'est pas exclu que ce mot ait ici le sens d'« arbres » plutôt que celui d'« arbousiers », et que la substitution s'explique par la contrainte métrique qu'impose le passage de l'hexamètre au pentamètre. A. Fo, Rutilio Namaziano, *Il ritorno*, p. 64, note, sans malheureusement donner davantage de précisions, que les réminiscences des *Bucoliques* sont souvent associées, dans la poésie tardive, à l'évocation de dévastations et d'expropriations rurales consécutives aux invasions.

18. L'expression *addere uela* (v. 34), qui signifie « stimuler, aiguillonner », n'a pas de parallèle connu. La métaphore, impossible à rendre en français, est ici particulièrement bien choisie, Rutilius étant sur le point de faire voile vers la Gaule.

19. Le vers 36 a reçu deux interprétations différentes : ou bien Rutilius se résigne au voyage longtemps retardé ; ou bien, une fois sa décision prise, il ne supporte pas d'attendre la fin du voyage. Voir sur l'histoire de la question E. Doblhofer, Rutilius Claudius Namatianus, *De reditu suo sive Iter Gallicum*, t. II, p. 33-34, qui adopte la seconde solution. Cependant la première, que préfère aussi A. Fo, nous paraît plus logique dans le contexte. *Vincimur* est mis en relief par le rejet.

20. L'expression *terrena uiarum* (v. 37), où un génitif partitif dépend d'un adjectif neutre substantivé, est un hellénisme modelé sur Virgile, cf. *En.* I, 422 : *strata uiarum* ; II, 332 : *angusta uiarum* ; VI, 633 : *opaca uiarum*. La voie de passage par la terre comprend deux possibilités : la plaine (*plana*) ou la montagne (*alta*).

21. La périphrase *Tuscus ager* (v. 39) désigne le territoire étrusque, l'Étrurie, et *Aurelius agger* la via Aurelia. Le parallélisme entre les deux groupes est accentué par l'anaphore de *postquam* et la paronomase *ager-agger*.

22. Les Gètes (v. 40) sont à l'origine une population de Thrace, mais *Getae* et *Geticus* servent couramment en latin tardif, surtout en poésie, pour désigner les Goths, cf. Claudien, *Guerre contre*

Gildon 245 ; *Contre Rufin* I, 316 ; et Jordanès intitule son Histoire des Goths *De origine actibusque Getarum*. Il s'agit probablement des dévastations causées par les Wisigoths en 412, lorsque, sous la conduite d'Athaulf, ils remontèrent du sud de l'Italie en Gaule.

23. Les raisons qui ont poussé Rutilius à voyager par mer doivent donc se comprendre ainsi : la route normale, la via Aurelia, a été saccagée par les Goths, qui ont détruit les auberges et les ponts. Hors de cette route, les plaines sont impraticables car inondées par les fleuves qu'ont grossis les pluies d'automne, et il est exclu de passer par les montagnes, hérissées de rochers.

24. Rutilius adapte ici Ovide, *Tristes* I, 3, 55-60, voir A. Fo, Rutilio Namaziano, *Il ritorno*, p. 66. *Portis* (v. 43) est sans doute comme *limina* un pluriel poétique : Rutilius sort de Rome par une porte, sans doute la Porta Portuensis (si du moins il faut chercher une traduction stricte du propos dans la réalité).

25. Rutilius, pour se faire pardonner son départ, offre en sacrifice l'hymne qui suit ; *litamus* (v. 45) renvoie sans ambages à une liturgie païenne et traditionaliste.

26. Sur le seuil de Rome qu'il quitte, Rutilius lui adresse une longue prière d'adieu habituellement appelée éloge de Rome, et qui occupe dans le texte une place aussi importante que Rome même dans le cœur de Rutilius. On y voit l'héritage de la rhétorique œuvrer à l'élaboration d'un mythe. Ce discours a été abondamment étudié. Nous renvoyons au riche commentaire de E. Doblhofer, Rutilius Claudius Namatianus, *De reditu suo sive Iter Gallicum*, t. II, p. 38-94, auquel on ajoutera les contributions ultérieures de H.A. Gärtner, « Rome et les barbares dans la poésie latine au temps d'Augustin : Rutilius Namatianus et Prudence », *Ktèma* 9, 1984, p. 113-121 ; I. Lana, « Originalità e significato dell'inno a Roma di Rutilio Namaziano, dans l'ouvrage collectif *La coscienza religiosa del letterato pagano*, Genova, DARFICLET, 1987, p. 101-123 ; M. Roberts, « Rome personified, Rome epitomized : representations of Rome in the poetry of the early fifth century », *American Journal of Philology* 122, 2001, p. 533-565 ; V. Zarini, « Histoire, panégyrique et poésie : trois éloges de Rome l'éternelle autour de l'an 400 (Ammien Marcellin, Claudien, Rutilius Namatianus) », *Ktèma* 24, 1999, p. 167-179. Le rapprochement avec le texte de Claudien, *Sur le consulat de Stilicon* III, 130-173, que Rutilius connaissait sans nul doute (Claudien fut le poète officiel de la cour où il servit lui-même), est particulièrement éclairant, autant par les différences que par les ressemblances.

On distingue plusieurs mouvements dans le passage : Rutilius invoque Rome, reine du monde et déesse qui a unifié les peuples sous ses lois (v. 47-66), et qui l'emporte à la fois sur les autres dieux bienfaiteurs de l'humanité et sur les empires qui l'ont précédée (v. 67-92) ; il évoque ses merveilles naturelles et architecturales (v. 93-114) ; il l'exhorte à refleurir et lui rappelle sa mission éternelle (v. 115-154) ; il la supplie enfin de lui accorder une navigation favorable (v. 155-164).

27. A. Fo, Rutilio Namaziano, *Il ritorno*, p. 68, fait remarquer que l'ordre des mots vers 48 reproduit l'ordre céleste : Rome est au centre, entre les *siderei poli* où elle a été accueillie comme divinité.

28. Rome est dite « mère des hommes » (v. 49) en raison des bienfaits qu'elle répand sur eux (cf. aussi I, 146 et II, 60). En revanche la formulation « mère des dieux » est moins claire : elle s'explique soit par allusion à Romulus et aux empereurs divinisés, soit parce que chaque dieu du panthéon a un temple à Rome ; le vers 50 orienterait plutôt dans cette seconde direction. Les temples de Rome font d'elle en effet une intermédiaire entre le monde des hommes et celui des dieux, tout comme elle est elle-même ville sur la terre et déesse dans le ciel.

29. L'amour de Rutilius pour Rome s'exprime par la figure de l'adynaton (v. 53-54 et plus loin v. 93-94) : aux éléments bibliographiques donnnés par E. Doblhofer, Rutilius Claudius Namatianus, *De reditu suo sive Iter Gallicum*, t. II, p. 45, ajouter E. Dutoit, *Le thème de l'adynaton dans la poésie antique*, Paris, Les Belles Lettres, 1936. Cet adynaton-ci est original dans sa formulation, contrairement à celui des vers 93-94. Mais dans un cas comme dans l'autre, l'adynaton est subtilement intégré au propos. Rutilius déclare qu'on oubliera le soleil plus vite que l'image de Rome ne s'évanouira de son cœur. Or, continue-t-il, les domaines du soleil et de Rome coïncident : c'est l'ensemble de la terre habitée (voir note suivante). Plus loin (I, 93-94), Rutilius déclare que dénombrer les monuments de Rome est aussi impossible que de compter les étoiles. Or, dès le vers suivant (v. 95), ces monuments sont caractérisés par leur éclat qui éblouit. On voit que, à chaque fois, le comparant de l'adynaton, loin d'être choisi arbitrairement (Rutilius aurait aussi bien pu parler, dans le second cas, du décompte des grains de sable sur le rivage), a un lien avec le comparé.

30. La bienfaisance de Rome s'étend aussi loin que celle du soleil, c'est-à-dire sur l'ensemble des terres habitées que, selon les

Anciens, entoure l'Océan. Mais Rome est supérieure au soleil, qui naît d'elle, se couche en elle, et accomplit son cycle pour elle. Le verbe *uoluitur* (v. 57) est particulièrement bien adapté au soleil, qui effectue sur un char son trajet circulaire. Rutilius ne paraît pas penser ici au culte du Soleil, si caractéristique qu'il fût de la théologie du paganisme tardif.

31. Le neutre substantivé *tua* (v. 58), qui désigne les possessions de Rome, c'est-à-dire l'empire avec lequel elle se confond, équivaut ici au pronom personnel. On notera la paronomase *eque-equos*. La correction de Castalio *ortos* s'impose, voir T. Bertotti, « Rutiliana », dans l'ouvrage collectif *Contributi a tre poeti latini (Valerio Flacco, Rutilio Namaziano, Pascoli)*, a cura di A. Traina, Bologna, Pàtron, 1969, p. 116-117.

32. Les quatre points cardinaux, définissant la domination romaine sur le monde, sont désignés respectivement par le lever et le coucher du soleil (v. 58), par la Libye pour le sud (v. 59), et par l'Ourse pour le nord (v. 60 ; cette constellation indique en effet la direction du nord). L'idée que l'empire romain couvre pratiquement la totalité du monde habité, coïncide avec l'*oikouménè*, était déjà développée par Aelius Aristide, *Discours en l'honneur de Rome* 9-10 ; voir *Éloges grecs de Rome*, traduits et commentés par L. Pernot, Paris, Les Belles Lettres, 1997, p. 62.

33. Nous prenons *uitalis* (v. 61) pour un nominatif, au sens de « propice à la vie », épithète de *natura*, et non pour un accusatif pluriel ; voir E. Doblhofer, Rutilius Claudius Namatianus, *De reditu suo sive Iter Gallicum*, t. II, p. 47-48. Le parfait *tetendit* est résultatif. S. Ratti, « Le *De reditu suo* de Rutilius Namatianus : un hymne païen à la vie », *Vita Latina* 173, décembre 2005, p. 82, a proposé une nouvelle interprétation de ces deux vers. La *natura uitalis* serait celle de Rome, assimilée à un être vivant dont la croissance organique est à l'origine de l'expansion de l'empire. On traduirait alors : « Partout où ton souffle vital s'est étendu en direction des pôles, aussi loin la terre s'est ouverte à ta puissance ».

34. Le groupe *diuersis gentibus* (v. 63) peut se comprendre comme un datif (« pour des nations différentes ») ou comme un ablatif (« avec des nations différentes »).

35. Le jeu de mots avec paronomase entre *urbs* et *orbis* (v. 66), assez fréquent en latin, est impossible à rendre en français ; il est ici inspiré d'Ovide, *Fastes* III, 684 ; voir les éléments bibliographiques dans E. Doblhofer, Rutilius Claudius Namatianus, *De reditu suo sive Iter Gallicum*, t. II, p. 49-50. Les vers 63-66 soulignent

l'apport très spécifique de Rome dans le domaine du droit : ainsi, paradoxalement, il est profitable d'être vaincu par elle.

36. Vénus, mère d'Énée par son union avec Anchise, et Mars, père de Romulus et Rémus par son union avec Réa Silvia. Le vers 68, où les deux périphrases reprennent respectivement *Venerem* et *Martem* du vers précédent, est remarquable par sa symétrie et ses homéotéleutes. Selon E. Doblhofer, Rutilius Claudius Namatianus, *De reditu suo sive Iter Gallicum*, t. II, p. 50, Rutilius développe ici le topos rhétorique de l'éloge fondé sur la noblesse de l'ascendance. Mais surtout, il s'agit de montrer ici l'origine – et donc l'essence – divine de Rome.

37. Le *nomen* (v. 70) des manuscrits doit être conservé, car, sur le modèle de tournures comme *nomen Romanum* (« la puissance romaine, la nation romaine »), le mot *nomen* peut renvoyer à l'entité ou la personne qu'il désigne et exprimer son essence.

38. Les vers 71-72 paraphrasent le célèbre avertissement d'Anchise, *En.* VI, 851-853 : *tu regere imperio populos, Romane, memento / (hae tibi erunt artes), pacisque imponere morem, / parcere subiectis et debellare superbos* ; voir E. Doblhofer, Rutilius Claudius Namatianus, *De reditu suo sive Iter Gallicum*, t. II, p. 52. *Parcendi* (v. 71) renvoie à l'action de Vénus, *certandi* à celle de Mars, de même que vers 69 *clementia* faisait référence à Vénus, et *armatas uires* à Mars ; le caractère de Rome résulte en effet de la fusion des deux vertus, amour et force, que personnifient respectivement Vénus et Mars. On notera l'hyperbate que constitue la disjonction de *bona* et de *uoluptas* (hyperbate analogue en I, 158). Du point de vue de la syntaxe, le sujet des verbes du vers 72 ne peut être que *uoluptas* ; mais pour le sens, c'est Rome, par un brusque passage de la deuxième à la troisième personne. Il reste que la formulation manque de netteté.

39. Dans cette sélection de dieux et de héros vénérés pour les bienfaits qu'ils ont rendus à l'humanité affleure, pour les trois premiers surtout, le thème du *primus inuentor*. Ce sont successivement Minerve pour l'huile, Bacchus pour le vin, Triptolème pour la culture du blé (cf. Virgile, *Georg.* I, 19). Péon, le médecin des dieux (Homère, *Il.* V, 401-402 et 899-904 ; Virgile, *En.* VII, 769), fut confondu plus tard avec Apollon *Paean* (« Guérisseur »). Enfin Hercule, petit-fils d'Alcée, figure ici pour avoir débarrassé la terre de nombreux monstres. De même que ces dieux et héros, Rome, divinisée, est vénérée pour ses mérites, énoncés aux vers 77-78 (qui reprennent l'idée des vers 63-66). Au vers 76, nous préférons avec

le plus grand nombre adopter la correction marginale de *V factus*, qui donne un texte plus conforme à la suite des idées ; voir sur la question A. Fo, Rutilio Namaziano, *Il ritorno*, p. 137.

40. Quelle est la nature du mot *recessus* (v. 79) ? En principe, ce ne peut être que le substantif *recessus*. Cependant, dans la mesure surtout où il n'est guère admissible qu'un recoin de l'empire soit personnifié au point d'avoir une tête, il n'est pas absolument exclu d'interpréter la forme *recessus* comme un participe passé intransitif. Outre les emplois entrés dans l'usage comme *occasus*, *conspiratus*, *cenatus*, etc., il en existe quelques exemples tardifs, voir M. Leumann, J.B. Hofmann, A. Szantyr, *Lateinische Grammatik*, München, C.H. Beck'sche Verlagsbuchhandlung, 1963-1965, 2 vol., t. II, p. 291 ; mais surtout on trouve un cas incontestable chez Rutilius lui-même (I, 313) : *necdum decessis...umbris*. On appréciera au vers 80 l'image, proche de l'oxymore, du joug qui laisse libre.

41. L'idée est déjà chez Horace, *Carmen saeculare* 9-12 : *alme sol, curru nitido diem qui / promis et celas aliusque et idem / nasceris, possis nihil urbe Roma / uisere maius.* Sur l'association de *omnia* et *nullum* (v. 81-82), voir la note à I, 394.

42. La comparaison entre Rome et les empires qui l'ont précédée, à l'avantage bien sûr de Rome qui apparaît comme le couronnement de la série, est un lieu commun développé aussi par Claudien, *Sur le consulat de Stilicon* III, 159-168, et avant lui par Aelius Aristide, *Discours en l'honneur de Rome* 91. La liste canonique de ces empires comprenait les Assyriens, les Mèdes, les Perses, les Macédoniens, les Romains. Elle est ici reprise. Voir *Éloges grecs de Rome*, traduits et commentés par L. Pernot, p. 34-35 et 39. Sous le nom de Parthes, Rutilius semble désigner à fois les Perses (*magni...reges*, v. 85, traduisant le titre officiel des rois de Perse) et leurs successeurs les Parthes, et il pense apparemment, d'une part au démembrement de l'empire perse par Alexandre de Macédoine, d'autre part, beaucoup moins clairement, aux victoires des Parthes Arsacides sur les Séleucides, héritiers d'une partie de l'empire d'Alexandre. Voir E. Doblhofer, Rutilius Claudius Namatianus, *De reditu suo sive Iter Gallicum*, t. II, p. 59. Au vers 84, nous conservons malgré Doblhofer le texte des manuscrits, voir A. Fo, Rutilio Namaziano, *Il ritorno*, p. 137.

43. Le vers 87 est inspiré de Virgile, *En.* X, 376 : *totidem nobis animaeque manusque* ; voir A. Fo, Rutilio Namaziano, *Il ritorno*, p. 70, qui renvoie à l'article de W. Schmid, « 'Roma nascens' in

Rutilio Namaziano (Libro I, vv. 87-88 e altre reminiscenze) », dans *Studi in onore di L. Castiglioni*, Firenze, Sansoni, 1960, 2 vol., t. II, p. 877-887.

44. C'est le thème du *bellum iustum*, fréquent dans la propagande romaine. Voir S. Albert, *Bellum iustum : Die Theorie des gerechten Krieges und ihre praktische Bedeutung für die auswärtigen Auseinandersetzungen Roms in republikanischer Zeit,* Kalmünz, Lassleben, 1980 ; S. Clavadetscher-Thürlemann, *Polemos dikaios und bellum iustum : Versuch einer Ideengeschichte,* Zürich, Juris Druck und Verlag, 1985 ; M. Mantovani, *Bellum iustum : Die Idee des gerechten Krieges in der römischen Kaiserzeit,* Bern, Peter Lang, 1990. La négation contenue dans *nec* (v. 89) porte seulement sur l'adjectif *superba.*

45. La comparaison d'une chose impossible avec le décompte des étoiles était passée en proverbe, voir A. Otto, *Die Sprichwörter und sprichwörtlichen Redensarten der Römer*, Leipzig, Teubner, 1890, p. 321-322 n° 1643, s.v. *sidus.* Le vers 93 fait allusion aux arcs de triomphes : *decora* y a le sens de « monuments », comme chez Ammien Marcellin XVI, 10, 14 : *odeum et stadium aliaque decora urbis aeternae*, et *densis tropaeis* est un ablatif de qualité. L'expression *decora alta* est empruntée à Virgile, *En.* I, 429 ; II, 448. Rutilius passe désormais au topos de l'éloge de la beauté de la ville, voir E. Doblhofer, Rutilius Claudius Namatianus, *De reditu suo sive Iter Gallicum*, t. II, p. 62.

46. Il s'agit évidemment des aqueducs, création du génie romain. Le vers 98 est difficile, mais il n'est pas nécessaire de le corriger, même si Rutilius a sans doute à l'esprit l'expression *imbrifer arcus* de Stace (*Theb.* 7, 427 et 9, 405), voir É. Wolff, « Retour sur quelques problèmes du *De reditu suo* de Rutilius Namatianus », *Revue des Études latines* 84, 2006, p. 271. Le même Stace, *Silves* IV, 3, 97-100, compare l'arc de Domitien à un arc-en-ciel qui couronne les nuages par la pluie, lui donnant ainsi des dimensions cosmiques. Iris désigne l'arc-en-ciel. Pour les Anciens, l'arc-en-ciel aspirait avec ses cornes les eaux de la mer et des fleuves, puis les transmettait aux nuages, qui les restituaient à la terre sous forme de pluie, cf. Virgile, *Georg.* I, 380-381 ; Ovide, *Met.* I, 270-271. L'expression *imbriferas aquas* n'est donc pas une tautologie : ce sont les eaux destinées à retomber en pluie. Voir A. Bartalucci, « Note rutiliane », *Studi classici e orientali* 14, 1965, p. 31-32.

47. Formulation hyperbolique, qui compare les aqueducs aux montagnes que les Géants entassèrent pour escalader l'Olympe. Le

vers 99 est inspiré d'Ovide, *Met.* I, 153 (*struxisse ad sidera montes*), où il s'agit précisément des Géants. Le thème de la rivalité avec la Grèce, sensible dans le vers 100 quels que soient le texte (*laudat* ou *laudet*) et la ponctuation (point ou point d'interrogation) adoptés (voir A. Fo, Rutilio Namaziano, *Il ritorno*, p. 138), réapparaît au vers 263. Il peut être coloré à cette époque, on l'a dit dans l'Introduction, d'un discret antibyzantinisme, très sensible chez le Claudien du *Contre Eutrope* ou du *Contre Rufin*.

48. L'hyperbole continue : les fleuves amenés à Rome sont l'Anio, le Curtius, le Caeruleus, le rivus Herculaneus ; les lacs qu'épuisent les thermes romains sont l'Alsietinus, le Sabatinus et le Sublacensis ; voir E. Doblhofer, Rutilius Claudius Namatianus, *De reditu suo sive Iter Gallicum*, t. II, p. 65-66, avec les renvois au *De aquaeductu* de Frontin.

49. Le verbe *celebrare* (v. 103) a le sens de « remplir de, faire abonder en », cf. Ovide, *Met.* II, 252-253 : *et quae Maeonias celebrabant carmine ripas / fluminea uolucres* ; *Tristes* V, 6, 37 : *multa madidae celebrantur harundine fossae*.

50. *Hinc* (v. 105) se rapporte à la fois à l'eau amenée par aqueduc jusqu'à Rome et à l'eau des sources qui jaillissent dans Rome.

51. Janus (ou des Naïades implorées par Vénus) aida les Romains en faisant jaillir une source d'eau bouillante, qui empêcha les Sabins de Titus Tatius d'arriver au Capitole dont Tarpeia leur avait par trahison ouvert l'accès ; l'expression *Tarpeias...uias* (v. 108), pour désigner le chemin conduisant au Capitole, *Tarpeius mons*, est ici particulièrement appropriée. Voir Ovide, *Met.* XIV, 775-794 et *Fastes* I, 257-276 ; version un peu différente chez Macrobe, *Sat.* I, 9, 17. L'anecdote suggère, au-delà d'elle-même, que la bienveillance divine à l'égard de Rome s'étend jusqu'au domaine de l'eau.

52. Rutilius fait allusion aux luxueux palais de Rome qui possèdent de grands jardins avec des portiques (les *laquearia*, « plafonds à caissons », désignent par métonymie – la partie pour le tout – ces portiques), où chantent les oiseaux. Le terme *uernula*, appliqué aux oiseaux (Juvénal V, 105, dit d'un poisson qu'il est *uernula riparum*), n'implique pas une volière, mais suggère une comparaison avec les esclaves attachés à une famille sur plusieurs générations. Rutilius l'a peut-être choisi parce que l'étymologie populaire le rattachait à la racine de *uer*, « le printemps », voir A. Ernout-A. Meillet, *Dictionnaire étymologique de la langue latine*,

Paris, Klincksieck, 1932, 4e éd. 1959, s.v. *uerna*. Nous adoptons vers 112 la correction *quà*, la plus économique, voir A. Fo, Rutilio Namaziano, *Il ritorno*, p. 138.

53. Cet éloge du climat tempéré et sain de Rome, amorcé vers 105 et prolongé par les vers 199-200, ne correspond pas à la réalité ; voir E. Doblhofer, Rutilius Claudius Namatianus, *De reditu suo sive Iter Gallicum*, t. II, p. 70. Virgile parlait déjà du printemps perpétuel de l'Italie (*Georg*. II, 148).

54. Avec A. Fo, Rutilio Namaziano, *Il ritorno*, p. 138, et avec, plus récemment encore, N. Brocca, « A proposito di Rutilio Namaziano, de red. 115-16 », *Filologia antica e moderna* 17, 1999, p. 7-11, nous préférons nous en tenir à la leçon *recinge* (v. 116) de *V*, *R* et *B*, plutôt que d'adopter des corrections tout aussi incertaines. Rutilius joue sur l'ambiguïté du terme *coma*, qui désigne au sens propre la chevelure et au sens figuré le feuillage. En tout cas, le motif de la « reverdie » de Rome associe son rajeunissement à une suprématie militaire renouvelée, symbolisée par la couronne de laurier.

55. Rome a les attributs de la reine (diadème d'or) et du guerrier (casque et bouclier). La tour est un trait caractéristique des cités personnifiées, cf. Lucain I, 188 : *(patria) turrigero canos effundens uertice crines*. Le bouclier est évoqué en des termes qui rappellent ceux qu'employait Virgile pour le bouclier d'Énée (cf. *En*. X, 271 : *uastos umbo uomit aureus ignes*). Le vers 117, holodactylique, est remarquable en outre par la disposition des adjectifs et des substantifs autour du verbe et par l'allitération.

56. Allusion par euphémisme à la prise de la ville en 410 par Alaric.

57. Le paradoxe romain, qui consiste pour la ville à sortir grandie de chaque défaite, ce qui la rend invincible, est illustré par des exemples pris d'abord dans le registre de la nature (les astres se couchent pour mieux renaître), puis dans celui de l'histoire nationale. Tite-Live par la bouche de Scipion rappelait déjà que les Romains avaient toujours été vaincus avant de vaincre (XXVI, 41, 9) : *ea fato quodam data nobis sors est ut magnis omnibus bellis uicti uicerimus*.

58. Ces exemples historiques, traditionnels, sont présentés dans l'ordre chronologique. Les Gaulois de Brennus, qui avaient vaincu les Romains à la bataille de l'Allia et s'étaient emparés de Rome (390 ou 386 av. J.-C.), furent anéantis par Camille. Les Samnites battirent les Romains aux Fourches Caudines (321 av. J.-C. ; le terme *foedus* est également employé par Florus, *Épitomé* I, 11, 12

et saint Augustin, *Cité de Dieu* III, 17, 2, pour qualifier le passage sous le joug qu'ils imposèrent à leurs adversaires après la défaite), mais furent finalement soumis par eux. Pyrrhus remporta plusieurs victoires en Italie du sud avant d'être vaincu à Bénévent par Curius Dentatus (278 av. J.-C.). Hannibal, malgré ses éclatantes victoires dans la deuxième guerre punique, fut au bout du compte défait par Scipion à Zama (202 av. J.-C.) ; le vers 128 fait allusion à sa douleur lorsqu'il dut quitter l'Italie (Tite-Live XXX, 20).

59. Il vaut mieux pour le sens conserver le texte *nisu* (v. 129, « mouvement ascendant ») donné par V^1, plutôt que d'adopter la correction *nixu* (« enfantement ») de Sannazar, préférée pourtant par la majorité des éditeurs (et dernièrement par A. Fo, Rutilio Namaziano, *Il ritorno*, p. 138). Le vers 129 pourrait être une réminiscence d'Horace, *Odes* IV, 4, 65 : *(Romam) merses profundo, pulchrior euenit*, où il est également question de l'extraordinaire capacité de Rome à se relever après un échec.

60. Cf. Ovide, *Am.* I, 2, 11 : *uidi ego iactatas mota face crescere flammas*. L'image de la torche dont les flammes, quand on l'incline, deviennent plus fortes (parce qu'alors la cire fondue n'étouffe plus la mèche), sert à Rutilius à exprimer le rôle de Rome comme phare de l'univers. Pour lui l'éclat de Rome est concret, et se voit de loin, cf. I, 197-200. Mais il est difficile de ne pas songer également ici au modèle des torches funèbres abaissées ou renversées, qu'on trouve sur des monuments qui expriment par ailleurs une croyance en l'immortalité ; voir Fr. Cumont, *Recherches sur le symbolisme funéraire des Romains*, Paris, Paul Geuthner, 1942, p. 341, 391, 409, 411, 444.

61. L'impératif *porrige* (v. 133) répond au *erige* qu'on avait plus haut (I, 115). Les lois sont celles de la domination romaine, dont il était déjà question en I, 65. Le participe *uicturas*, « destinées à vivre » est ambigu, pouvant aussi être une forme du verbe *uinco* (cf., en contexte analogue, Ammien Marcellin XIV, 6, 3 : *uictura dum erunt homines Roma*).

62. Les indications de nombre sont difficilement compatibles avec les contraintes du vers, ce qui entraîne souvent une formulation contournée dont la poésie funéraire épigraphique offre de nombreux exemples (voir É. Wolff, *La poésie funéraire épigraphique à Rome*, Rennes, Presses universitaitres de Rennes, 2000, p. 102). Rutilius date donc son voyage de l'année 1169 de Rome ou plutôt de la 1169[e] année de Rome, mais il ne précise pas sur quel calendrier il se fonde. Dans la mesure où l'on sait maintenant

que le voyage eut lieu en 417, on peut essayer de reconstituer son calcul, ce qui en fait se révèle difficile car il n'y avait pas d'accord chez les Anciens sur la date de la fondation de Rome. Si 753, la date varronienne, a eu tendance à s'imposer, les *Fasti Capitolini* comptent à partir de 752 ; voir E.J. Bickermann, *Chronology of the Ancient World*, London, Thames and Hudson, 1968, 2e éd. 1980, p. 77-78. En admettant que Rutilius adopte l'ère varronienne, qui place la fondation de Rome en 753 av. J.-C., cela donne 416. Il faut donc supposer qu'il compte autrement, ou qu'il a commis une légère erreur de calcul.

63. Le vers 137 fait allusion à la prophétie de Jupiter chez Virgile (*En.* I, 278-279), ne fixant aucune limite dans la durée à l'empire romain. Les propositions temporelles du vers 138 ont un aspect presque proverbial, cf. Stace, *Silves* I, 1, 93 : *stabit dum terra polusque* ; Tibulle I, 4, 66 : *dum caelum stellas...uehet.*

64. *Ordo* (v. 140) a le sens de « loi, règle », cf. Sidoine Apollinaire, *Poèmes* 7, 7 : *ordo fuit creuisse malis.* Les vers 139-140 concluent le développement sur le paradoxe romain, qui assimile implicitement la ville au phénix.

65. *Sacrilegae...hostia gentis* (v. 141) : « une victime consistant en un peuple sacrilège » (génitif explicatif ou de définition). Le sacrilège est le sac de Rome la divine en 410. *Getae* désigne les Goths, voir la note à I, 40. La punition des Goths, manifestant la renaissance de Rome comme capitale du monde, s'accompagnera d'une prospérité économique retrouvée, fondée sur la contribution des vaincus.

66. *Perfida colla* (v. 142) : les Goths se sont montrés perfides en sortant assez vite du cadre que leur assignait le *foedus* de 382. Cela dit, les Romains taxent de *perfidia* à la fois leurs ennemis particulièrement dangereux et les barbares, cf. Ammien Marcellin XXII, 7, 8 : *Gothos saepe fallaces et perfidos.* Voir Y.A. Dauge, *Le Barbare. Recherches sur la conception romaine de la barbarie et de la civilisation*, Bruxelles, Latomus 176, 1981, p. 373 et l'index s.v. perfidie.

67. On notera le polyptote *altricem-alat* (v. 146), où *altricem* est pris au sens figuré (« éducatrice »), et *alat* au sens propre. Le monde doit nourrir sa bienfaitrice ; affleure également ici l'image des égards dus aux vieux parents.

68. Les pluies sont apportées par le vent du nord. Comme Rome est au nord de l'Afrique, les pluies lui sont attribuées. L'idée se trouvait déjà implicitement chez Lucain IX, 422-423. On sait

que Rome à cette époque tirait essentiellement de l'Afrique son approvisionnement céréalier (l'Égypte, située dans la *pars Orientis*, envoyant désormais son blé à Constantinople) ; quand en 395-398 le chef berbère Gildon s'est révolté et a imposé un embargo sur le blé destiné à Rome, il y a provoqué la famine (voir Claudien, *Guerre contre Gildon* 21-127).

69. Le vœu concernant l'Italie, plus réaliste, commence par un *interea* (v. 149) qui annonce un programme à court terme. *Horreum* (v. 150) est employé métaphoriquement pour qualifier le blé qui remplira les greniers.

70. *Hesperio nectare* (v. 150) : périphrase pour le vin d'Italie ; *Hesperius* au sens d' « italien » est virgilien ; *nectar* désigne aussi le vin chez Stace, *Silves* II, 2, 99 ; en outre, le nectar étant la boisson des dieux, il n'est pas incongru d'employer ce mot pour le liquide que consomme la divine Rome.

71. Rutilius représente le Tibre couronné de roseaux, d'après Virgile, *En.* VIII, 34 : *et crines umbrosa tegebat harundo.* Ce roseau est triomphal parce que le triomphe de Rome s'étend à son fleuve. Sur la forme poétique *Thybris*, voir A. Fo, Rutilio Namaziano, *Il ritorno*, p. 73. La formule *famulas...aquas* (v. 152) peut être un vœu déprécatoire, le Tibre étant redouté pour ses inondations ; voir J. Le Gall, *Le Tibre, fleuve de Rome dans l'Antiquité*, Paris, PUF, 1953. L'évocation du Tibre aux eaux habituellement calmes assure une transition ingénieuse vers le voyage propre de Rutilius, qui se fera sur ce fleuve puis sur mer.

72. *Commercia* (v. 153) a le sens concret bien attesté de « marchandises ». Le vers 154 est remarquable par sa symétrie, accentuée par le polyptote, l'homéotéleute et la rime intérieure ; voir aussi I, 72, de structure analogue.

73. *Gemino...Castore* (v. 155) : complément d'agent sans *ab*. Castor et Pollux étaient censés protéger les navigateurs, cf. Horace, *Odes* III, 29, 64. Quant à Vénus, née de l'écume de la mer et adorée à Cythère, elle a tout naturellement le pouvoir d'apaiser l'élément marin, cf. Horace, *Odes* I, 3, 1. Peut-être guide-t-elle Rutilius aussi en tant qu'elle est associée à Rome. Toutes ces divinités avaient un lieu de culte à Ostie et dans la zone du *Portus Augusti* : voir A. Fo, Rutilio Namaziano, *Il ritorno*, p. 73. La leçon *placatum* de *R*, *B* et Panvinio doit être préférée, au nom de l'usage, au *pacatum* de *V*, qu'adoptent plusieurs éditeurs (Doblhofer et Fo notamment) en vertu du principe de la *lectio difficilior*. L'expression *temperare aequor* (v. 156) se lit chez Virgile, *En.* I, 146.

74. Rutilius est passé à ses vœux personnels : obtenir une traversée heureuse ; n'être pas oublié des Romains (par là il faut comprendre surtout le désir d'immortalité littéraire. On notera que le thème de la mémoire clôt l'éloge de Rome, qu'il ouvrait déjà, cf. I, 51-54 : Rutilius ne saurait oublier jamais Rome ; que l'inverse soit vrai aussi). Cette prière de requête est présentée sous la forme habituelle : la demande est appuyée par un rappel des services rendus (*si...si...*). La périphrase *regerem cum iura Quirini* (v. 157) fait allusion à sa préfecture de la Ville en 414 (sur le syntagme *iura regere*, qu'on trouve notamment chez Claudien, *Contre Rufin* II, 92, voir Claudien, *Poèmes politiques (395-398)*, 1re partie, Paris, Les Belles Lettres, 2000, p. 211 note 2) ; les attributions judiciaires du préfet de la Ville étaient très importantes au Bas-Empire. Il convoquait aussi et présidait les réunions du sénat ; du vers 158 (remarquable au reste par l'hyperbate et l'allitération), on ne saurait déduire que certains préfets, dans le passé récent, se soient dispensés de consulter le sénat ou aient eu peu d'égards pour lui. En effet, depuis la mort de Valentinien en 375, il n'y a plus eu de politique anti-sénatoriale, voir A. Chastagnol, *La préfecture urbaine à Rome sous le Bas-Empire*, p. 429-432. La conjonction *nam* (v. 159) a un sens adjonctif et non explicatif, voir M. Leumann, J.B. Hofmann, A. Szantyr, *Lateinische Grammatik*, t. II, p. 505-506.

75. Ce sont les yeux qui sont sujets du verbe (v. 166), et ces yeux sont ceux de Rutilius, puisque lui seul dit adieu à Rome. L'absence d'adjectif possessif est un bon exemple de cet effacement du « je » dont nous avons parlé dans l'Introduction.

76. On notera le polyptote *redeuntibus...eunti* (v. 167), l'absence du pronom personnel *mihi*, et le rejet au début du vers suivant du nom de Rufius, ainsi mis en valeur.

77. Rufius Volusianus descendrait donc du rutule Volusus que mentionne Virgile (*En.* XI, 463), sans du reste en faire un roi. Il y a là un stratagème qui permet de désigner l'ami autrement que par son nom, qui n'entre pas dans l'hexamètre (voir la note à I, 419-421). Mais c'est aussi une manière de relier le présent au passé, de faire ressortir l'unité qui existe entre les origines légendaires et la Rome actuelle, de suggérer que l'histoire glorieuse de la ville recommence. Voir J. Soler, *Écritures du voyage : héritages et inventions dans la littérature latine tardive*, Paris, Institut d'Études Augustiniennes, 2005, p. 296-297. Les grandes familles du Bas-Empire, qui étaient généralement de noblesse récente (les purges avaient fait disparaître les vieilles familles déjà affaiblies par la

dénatalité), s'attribuaient volontiers des ancêtres héroïques pour suggérer l'antiquité de leur origine (cf. I, 271-272).

78. *Tyrii* (v. 174), comme *Poeni* (v. 173), est un qualificatif poétique pour la province d'Afrique proconsulaire ; le vers 174 est remarquable par les allitérations et l'homéotéleute. Le texte nous indique que Rufius Volusianus a déjà été *proconsul Africae* (c'est-à-dire gouverneur de la province d'Afrique ; au Bas-Empire la charge de proconsul n'implique nullement que son titulaire ait été consul auparavant) et *quaestor sacri palatii* (ministre chargé de l'administration centrale ; il était notamment le porte-parole de l'empereur ; voir R. Delmaire, *Les institutions du Bas-Empire romain, de Constantin à Justinien*, p. 57-63) ; on apprendra plus tard (I, 415-428) sa nomination comme *praefectus Vrbi* ; Rutilius le juge digne du consulat, qu'il n'obtiendra cependant pas plus que ne l'avait eu son père Albinus ; voir l'Index prosopographique.

79. *Sedula...imitatio* (v. 175 ; le texte n'est pas sûr, voir A. Fo, Rutilio Namaziano, *Il ritorno*, p. 138) ne désigne pas, selon nous, l'esprit d'émulation persévérant de Rufius, mais plutôt l'imitation par Rufius de son père Albinus. En effet le texte insiste sur la continuité de la valeur de père en fils. Comme l'a noté A. Fo, Rutilio Namaziano, *Il ritorno*, p. 115, parmi les parents et amis que mentionne Rutilius on trouve plusieurs couples père-fils : outre notre Rufius Volusianus, il y a Palladius et son père Exuperantius (I, 207-216), et Decius, « noble fils de Lucillus » (I, 599). Les enfants y prolongent et reproduisent la gloire et les hauts faits de leur père : Rufius Volusianus est la *gloria uiua* de son père Albinus (I, 168) qu'il imite (I, 175), Decius par son *indoles* ressemble à Lucillus (I, 601-602). On parlera plus loin, à propos de la visite à Pise, du couple que forme Rutilius lui-même avec son père Lachanius.

80. La pointe, jouant sur l'opposition unité-division, a été préparée par la symétrie des vers précédents, où chaque distique était consacré à une idée : il a été question de la généalogie de Rufius (v. 169-170), puis de ses charges de questeur du palais (v. 171-172) et de proconsul d'Afrique (v. 173-174), enfin du consulat qu'il mérite (v. 175-176). Subtilement, le thème de la séparation est repris juste après à propos des deux bras du Tibre (*diuiduus* v. 180 rappelant *diuisos* v. 178).

81. Ayant quitté Rome sans doute par la Porta Portuensis, qu'il a couverte de baisers et où il a prononcé sa longue prière, Rutilius semble être allé à pied jusqu'à la fourche du Tibre : il monte alors sur un bateau et emprunte le bras droit, artificiel, du fleuve, dit

fossa Claudia ou fossa Traiana (aujourd'hui canal de Fiumicino), qui conduisait au port (Portus Augusti ou Portus) créé par Claude et agrandi par Trajan ; en effet le bras gauche, le bras originel du fleuve, menant à Ostie, était ensablé et en conséquence impraticable. La référence à l'arrivée d'Énée dans le Latium permet un rappel supplémentaire du passé glorieux de Rome. Aux vers 179-180, Rutilius interprète les deux cornes du dieu Tibre comme une allégorie des deux bras en lesquels se divise le fleuve ; on sait que les fleuves sont souvent représentés avec des cornes, symbole de force ; voir e.g. pour le Tibre Virgile, *En.* VIII, 77 : *corniger Hesperidum fluuius regnator aquarum.*

82. *Pallidiore polo* (v. 184) est un ablatif de lieu ; le soleil est entré dans une zone céleste moins lumineuse dans la mesure où les jours raccourcissent. Les *Chelae*, Pinces du Scorpion, furent dissociées de celui-ci et prirent le nom de Balance, cf. Hygin, *Astronomie* 4, 5, et Servius, ad *En.* I, 535. Il en résulte une certaine ambiguïté. Le soleil est dans la Balance du 19 septembre au 18 octobre, avant d'entrer dans le Scorpion.

83. *Nec piget* (v. 186) : ce retard n'est pas désagréable, puisqu'il permet à l'amoureux de Rome de rester plus longtemps près d'elle.

84. Le coucher matinal des Pléiades, le 8 ou 11 novembre (Columelle, *De re rustica* XI, 2, 84 ; Pline, *H.A.* 2, 125 et 18, 225 et 313), est une période de pluies et de tempêtes qui marquait le commencement de l'hiver et la fin de la navigation. Les diverses indications que donne Rutilius ne permettent pas de dessiner un cadre chronologique précis, voir A. Fo, Rutilio Namaziano, *Il ritorno*, p. 76. Il s'agit en réalité d'une astronomie poétique qui ne doit pas être prise au pied de la lettre. Malgré l'apparente dissymétrie entre les vers 187 et 188, il est exclu que *dum* n'ait pas le même sens dans ses deux occurrences.

85. *Visu deficiente* (v. 190) : « d'un regard qui n'est plus net » (à cause de l'éloignement). Les *montes* ne sont pas les collines de Rome, mais les modestes hauteurs qui se trouvent entre Portus Augusti et Rome.

86. La proposition par *qua* (v. 191) peut être le second objet du verbe *sequi*, ou dépendre de *respectare iuuat* ; pour le sens, la différence est mince.

87. La conjonction *dum* (v. 192) a ici une valeur causale.

88. Chez Homère (*Odyssée* I, 57-59), Ulysse retenu par Calypso rêve de voir ne serait-ce que monter une fumée du sol natal.

Ce passage avait déjà été repris par Ovide, *Pont.* I, 3, 33-34. Rutilius corrige Homère (*nec...indice fumo*, v. 193), peut-être parce qu'au Ve siècle la fumée évoque moins le foyer domestique que les incendies allumés par les envahisseurs, comme le suggère M. Squillante, *Il viaggio, la memoria, il ritorno*, p. 174-175. Quoi qu'il en soit, les références à Homère sont nombreuses dans le *De reditu suo*, on l'a dit. Bien sûr, la situation de Rutilius est l'inverse de celle d'Ulysse : c'est en regagnant son « Ithaque » (sa petite patrie gauloise) que Rutilius tourne ses regards anxieux vers les toits de Rome, la patrie commune.

89. S'agit-il d'un effet de lumière, de l'éclat du marbre brillant de loin (cf. Claudien, *Sur le consulat de Stilicon* III, 65-66 : *septem circumspice montes / qui solis radios auri fulgore lacessunt*), ou d'une formulation métaphorique (cf. Pline, *H.N.* 3, 39 *(Italia) numine deum electa quae caelum ipsum clarius faceret*) ? Il est difficile de trancher.

90. De visuel, le registre des perceptions devient auditif aux vers 201-204. Par *circensibus (ludis)* Rutilius désigne les courses de chars ; le cirque principal demeurait le Circus Maximus. Par *theatra* (v. 202), il faut sans doute entendre plutôt les amphithéâtres, et notamment le Colisée. Peut-être ces vers sont-ils une discrète riposte aux multiples condamnations des spectacles par la littérature patristique, voire à leur encadrement très restrictif par la législation de l'empire chrétien. Rutilius y dirait son attachement à ce qui constitue à rebours pour lui, comme pour Ovide, un des charmes de la vie à Rome. On a essayé sans succès de concilier le calendrier des principaux jeux romains d'automne avec la date du voyage, voir A. Fo, Rutilio Namaziano, *Il ritorno*, p. 78.

91. Le bruit des voix ou des cris est censé rebondir contre la coupole de l'éther : c'est une appréhension originale du phénomène de la réflexion du son.

92. Dans cette évocation, depuis le vers 189, des derniers regards que porte Rutilius sur les collines de Rome, la vision et l'audition se muent en hallucination. L'œil pas plus que l'oreille ne peut percevoir à une telle distance (25 kilomètres) les signes de la ville. Rutilius le sait bien, qui joue sur le thème classique de l'illusion des sens égarés par l'amour, qu'avait développé Lucrèce au livre IV du *De rerum natura*. Il reprend en même temps l'anagramme ou plutôt le palindrome fameux sur le nom de la ville : *Roma/amor*. L'influence du modèle ovidien n'est pas à négliger non plus : Rutilius entend ou croit entendre le bruit du cirque et des

théâtres de Rome, qu'Ovide exilé était réduit à imaginer (*Tristes* III, 12, 23-24).

93. E. Doblhofer, Rutilius Claudius Namatianus, *De reditu suo sive Iter Gallicum*, t. I, p. 42, veut donner à *explorare* le sens d'« attendre » qui serait tardif, mais on peut lui garder sa valeur habituelle de « guetter, sonder », cf. Virgile, *En.* III, 513-514 : *surgit Palinurus et omnes / explorat uentos* ; Ovide, *Met.* IX, 592 : *non exploratis impleui lintea uentis* ; Avienus, *Aratea* 1318-1320 : *possitque fideliter astro / explorare Notos et tuto carbasa ponto / credere.*

94. Nous gardons le *fideret* (v. 206) des manuscrits, mais *surgeret* serait préférable (« que la brise meilleure de la nouvelle lune se levât »). Quoi qu'il en soit, le sens est clair, il s'agit de l'attente de la nouvelle lune. Cette indication a été exploitée pour tenter de dater le voyage, voir A. Fo, Rutilio Namaziano, *Il ritorno*, p. 78.

95. La compagnie de Rutilius se réduit progressivement : le groupe de ses amis avait à peine dépassé les portes de la ville ; Rufius Volusianus était allé jusqu'au bateau ; Palladius a attendu au Portus Augusti que les vents soient favorables, mais il regagne Rome lui aussi. Ce Palladius, parent de Rutilius, est peut-être à identifier avec le futur auteur de l'*Opus agriculturae* ; R. Martin, éditeur de Palladius (Palladius, *Traité d'agriculture*, t. I, Paris, Les Belles Lettres, 1976, p. VII-XVI), est favorable à cette hypothèse. Si les vers 167-168 suggéraient que Rufius était le dernier accompagnateur, l'apparente contradiction peut s'expliquer : Rutilius distinguerait entre les amis et les parents qui l'escortent, ne retenant que le dernier (donc le plus cher, en principe), de chaque catégorie. Les vers 207-208 font sans doute jeu de mots, Palladius étant naturellement destiné aux études, chères à Pallas. La place de l'adjectif possessif de la première personne dans le pentamètre montre combien l'éloge du jeune homme rejaillit sur le voyageur, voir J. Soler, *Écritures du voyage : héritages et inventions dans la littérature latine tardive*, p. 267.

96. Le participe *missus* (v. 210) est construit avec un infinitif de but ; voir *ThLL* VIII, 1189, 71-82. L'expression *Romani...iura fori* désigne simplement le droit romain, complément de la rhétorique (cf. *facundus*, v. 209) dans la formation d'un futur haut fonctionnaire. Le vers 211 signifie mot à mot : « Il porte avec lui les très doux liens de mon affection » ; même sens de *cura* en I, 588.

97. Exuperantius, revêtu en Gaule (et plus précisément en Armorique, c'est-à-dire en Bretagne et Normandie actuelles) d'une

haute charge militaire, y a apparemment réprimé une révolte dirigée contre les grands propriétaires terriens. Cette révolte doit être le fait de ceux qu'on appelle habituellement les Bagaudes (*Bacaudae*), et qu'évoque un célèbre passage du *Querolus* (30) ; voir les notes de l'édition de C. Jacquemard-Le Saos du *Querolus*, Paris, Les Belles Lettres, 1994, p. 80-81, et celles de l'édition de F. Paschoud du livre VI de l'*Histoire nouvelle* de Zosime, Paris, Les Belles Lettres, 1989, p. 38-42. ; et les deux ouvrages de J.C. Sánchez León, *Les sources de l'histoire des Bagaudes. Traduction et commentaire*, Besançon-Paris, Annales Littéraires de l'Université de Franche-Comté, 1996, et *Los Bagaudas, rebeldes, demonios, martires. Revueltas campesinas en Galia e Hispania durante el Bajo Imperio*, Jaén, Universidad de Jaén, 1996. L'agitation sociale des Bagaudes fut endémique au cours de la première moitié du Ve siècle. Exuperantius porte un nom parlant qui suggère ses victoires (*exsuperare* = « vaincre » ; voir A. Fo, Rutilio Namaziano, *Il ritorno*, p. 79-80). Il a parfois été identifié soit avec le destinataire de la *Lettre* 145 de saint Jérôme, ce qui semble exclu puisque l'Exuperantius auquel écrit Jérôme est chrétien, soit, moins vraisemblablement encore, avec Julius Exuperantius auteur d'un épitomé de Salluste. Le vers 213 est holodactylique. Le sens figuré de *postliminium* (v. 214) est rare : Apulée emploie le mot complété par *mortis*, *Met.* II, 28, 1 et X, 12, 2. Au vers 216, il faut sous-entendre *dominos* ou un « on » masculin pluriel comme sujet de la proposition infinitive, et il n'y a donc pas besoin de corriger en *seruas*, voir A. Fo, Rutilio Namaziano, *Il ritorno*, p. 138. Le vers n'en demeure pas moins étrange, la construction de *seruus* avec le datif n'étant attestée qu'en langage juridique pour qualifier une servitude immobilière, cf. Paul, *Digeste* VIII, 4, 15 : *si quis uicino suas aedes seruas fecisset.*

98. *Aurorae dubio* (v. 217) : si l'adjectif *dubius* peut qualifier une lueur incertaine, l'emploi substantivé de *dubium* au sens de *lux dubia* paraît sans exemple.

99. Nous adoptons avec la majorité des éditeurs la leçon *quarum* (v. 220), voir A. Fo, Rutilio Namaziano, *Il ritorno*, p. 139. La proposition relative à valeur finale ou consécutive signifie mot à mot : « De manière que la terre en de nombreux endroits soit accessible pour leur servir de refuge » (en cas de mauvais temps soudain qui empêcherait de gagner un vrai port) ; *humus* (v. 220) a le sens bien attesté de « pays, contrée », l'adjectif *crebra* équivaut à l'adverbe *crebro*, et *perfugio* est un datif de but. Rutilius oppose

clairement la *cymba* (v. 219), barque adaptée au cabotage et à la navigation fluviale, à l'*oneraria* (v. 221), gros bateau de transport qui voyage en haute mer. L'automne commençait pour les Romains le 11 ou 12 août (Pline, *H.N.* 18, 271 et 294 ; Columelle, *De re rustica* XI, 2, 57) et durait jusqu'au 9 ou 10 novembre inclus (Varron, *Res rusticae* I, 28 et Columelle, *De re rustica* XI, 2, 84 ; Pline, *H.A.* 18, 222).

100. Rutilius omet plusieurs villes côtières qu'il a dû voir, comme Fregenae, sans doute parce qu'elles ne figuraient pas dans le modèle littéraire qu'il suit ici, le catalogue des alliés étrusques d'Énée au livre X de l'*Énéide*. Géographiquement parlant, Caeré (aujourd'hui Cerveteri), situé plus au sud, devrait précéder Pyrgi (sur l'emplacement de l'actuelle Santa Severa). Rutilius a modifié l'ordre pour associer Alsium (aujourd'hui Palo) et Pyrgi autour du motif « aujourd'hui grandes maisons de campagne, petites villes autrefois », tandis qu'il isolait Caeré pour lui appliquer un commentaire érudit ; voir I. Lana, *Rutilio Namaziano*, Torino, Giappichelli, 1961, p. 110-111. Il n'y a pas de raison de donner ici à *uilla* (v. 224) son sens tardif de « village », voir I. Lana, *Rutilio Namaziano*, p. 109 et note 25. Le nom ancien de Caeré, Agylla, est attesté entre autres par Virgile, *En.* VIII, 479. L'adjectif *uetus* (v. 226) est indifféremment un nominatif féminin ou un accusatif neutre. Le thème du temps et des ruines est essentiel dans tout le passage.

101. Le vers 227 comporte une lacune, sur laquelle les éditeurs et critiques exercent depuis longtemps leur sagacité ; nous la suppléons avec la proposition de Préchac *hinc afflictum*. On trouvera un résumé du débat chez T. Bertotti, « Rutiliana », p. 126-128, et une liste des conjectures dans l'apparat critique de E. Doblhofer.

102. Le sujet de *praesidet* (v. 229) est bien sûr *(is) qui*, à savoir le dieu Inuus. Mot à mot : « Par devant se dresse, sous la forme d'une statue consistant en un modeste bloc de pierre, celui qui ». Il est peu vraisemblable que Rutilius ait pu voir la statue depuis la mer, et sans doute substitue-t-il une notice savante et en même temps malicieuse à la description réelle de ce qu'il a vu.

103. Rutilius évoque Castrum Novum (près de l'actuelle Santa Marinella), qu'il appelle Castrum Inui. On a cru qu'il confondait avec la ville de Castrum Inui au sud de Rome, près d'Ardée. Il n'en est rien : il veut simplement dire que Castrum Novum (peut-être un établissement du Castrum Inui au sud de Rome) a porté autrefois le nom de Castrum Inui. Or la chose est confirmée par

Servius, qui écrit à propos de Castrum Inui que mentionne Virgile (ad. *En.* VI, 775) : *una est in Italia ciuitas, quae Castrum Nouum dicitur ; de hac autem (Vergilius) ait 'Castrum Inui', id est Panos, qui illic colitur.* Inuus, continue Servius, est le nom latin du Pan grec, et il est identique à Faunus ; son nom dérive du verbe *inire* au sens de « saillir » (*Inuus ab ineundo passim cum omnibus animalibus*). Rutilius fait à l'évidence allusion à cette étymologie en reprenant le verbe *inire* vers 234 et en jouant sur l'ambiguïté du mot *sinus* (ici « replis, lieux retirés »). On se gardera néanmoins de tirer argument de ce rapprochement pour dater Servius. Le principe génésique illustré par Pan/Faunus peut contrecarrer, en filigrane, l'ascétisme chrétien. Certains éditeurs préfèrent mettre une ponctuation forte après *init*, les vers 235-236 se trouvant alors associés.

104. L'Auster, vent du sud, étant en théorie favorable à la navigation de Rutilius, c'est sans doute sa violence qui pousse les voyageurs à se mettre à l'abri à Centumcellae (aujourd'hui Civitavecchia) pour y faire leur première étape.

105. La formule *aequoreum amphithearum* (v. 239) évoque le cadre d'une naumachie. La métaphore de l'amphithéâtre a été employée, avant Rutilius, par Pline le Jeune pour décrire le site de sa villa de Toscane (*Lettres* V, 6, 7 : *imaginare amphitheatrum aliquod immensum et quale sola rerum natura possit efficere*). Les vers 239-248, consacrés au port de Centumcellae, renvoient à l'épigramme descriptive (cf. Claudien, *Description du port de Smyrne* [*Carm.min.* II]).

106. Le sujet des verbes *attollit* (v. 241) et *pandit* (v. 242) est évidemment *insula* ; on a ici un bon exemple de la personnification des éléments du paysage, fréquente chez Rutilius. Pline évoque cette île dans sa *Lettre* VI, 31, 15-17, où il décrit la construction du port de Centumcellae ; mais c'est Virgile sans doute qui inspire ici Rutilius, comme nous l'avons indiqué dans l'Introduction. Le thème de la dualité gouverne la description du port, chef d'œuvre de symétrie : les vers 241-242 expriment trois fois l'idée de gémination (*geminas* ; *bifido* ; *utrumque*). On retrouve cette insistance sur le thème du double dans l'évocation de l'isthme de Corinthe (I, 319-320 : *qualis per geminos fluctus Ephyreius Isthmos / Ionias bimari litore findit aquas*).

107. Le terme *naualia* (v. 243) désigne ici des « loges à vaisseaux », plutôt que des bassins de radoub. En insistant sur leur présence, Rutilius joue sans doute sur l'étymologie de Centumcel-

lae : le nom de ce port suggère en effet un grand nombre de *cellae*, c'est-à-dire de loges à vaisseaux.

108. Les môles ne délimitaient donc qu'une sorte d'avant-port, au fond duquel avait été construit un bassin intérieur, encore plus abrité. Ce bassin supplémentaire, en forme de quadrilatère imparfait presque fermé, est encore bien visible ; voir E. Carnabuci, *Via Aurelia*, Roma, Libreria dello Stato, 1992, p. 76-77. Sa situation intérieure est illustrée par la répétition vers 245 du son *in-* (*interior, inuitatus, in*). On notera l'emploi métaphorique de *inuitatus* (quelques exemples dans *ThLL* VII², 1, 232, 43-53) : le bassin intérieur pénètre comme un invité jusqu'au milieu des maisons.

109. *Euboicis...natatibus* (v. 247) : *natatus* a le sens de « bassin, piscine », malgré A. Fo, Rutilio Namaziano, *Il ritorno*, p. 84 ; cet emploi exceptionnel peut être rapproché de Prudence, *Cathemerinon* V, 143 : *(lumina) de languidulis fota natatibus*, où *natatus* désigne de petits réservoirs à huile. Il s'agit ici de bassins dans des thermes. Cumes, colonie d'Eubée, était comme ses voisines Baïes et Pouzzoles une station de villégiature appréciée par l'aristocratie romaine. Le clapotis alterné est celui que provoquent les mouvements des baigneurs. La comparaison avec la ville thermale de Cumes fait une subtile transition avec la visite de Thermae Taurinae qui suit.

110. La formulation *nosse iuuat* (v. 249) suggère que Rutilius ne s'est encore jamais rendu à Thermae Taurinae (le site porte aujourd'hui le nom de Bagni di Ferrata ou Bagni di Traiano, et les ruines des thermes y sont bien visibles), qu'il présente pourtant comme un lieu célèbre. Or Thermae Taurinae est à seulement 80 kilomètres de Rome. Il faut alors supposer, soit que le tourisme était moins développé qu'on ne le pense souvent, soit que les déplacements étaient ces années-là trop dangereux. *Millibus ire tribus* (v. 250) : ablatif de distance qui se substitue à l'accusatif ; trois mille pas font 4,5 km : Rutilius ne précise pas s'il parcourt ce trajet à pied.

111. La négation porte, non sur le verbe *calet*, mais sur le participe *tincta* (v. 252). Dans le distique qui suit, c'est évidemment entre boire les eaux et s'y baigner que le baigneur hésite.

112. On a là sur l'origine des thermes un *aition* dans la tradition alexandrine et le goût ovidien. L'attribution de la découverte à un taureau (alors qu'il s'agit plus vraisemblablement d'un personnage nommé Taurus, voir E. Doblhofer, Rutilius Claudius Namatianus, *De reditu suo sive Iter Gallicum*, t. II, p. 129) permet la comparai-

son avec la source Hippocrène née du sabot de Pégase. L'image du taureau qui s'entraîne au combat (v. 257-258) est empruntée à Virgile, *Georg.* III, 232-234. Le texte *arma iuuenci* (v. 259) de *VR* est certainement le bon ; *ora iuuenci*, que donnent *B*, Panvinio et Castalio, est influencé par Virgile, *En.* V, 477.

113. *Agenorei...gaudia furti* (v. 261) ne peut être traduit près du texte : *furtum Agenoreum* est une périphrase audacieuse pour qualifier l'enlèvement d'Europe, fille d'Agénor.

114. Sur le thème de la rivalité avec la Grèce, qu'on trouvait déjà au vers 100, voir É. Wolff, « Quelques aspects du *De reditu suo* de Rutilius Namatianus », *Vita Latina* 173, décembre 2005, p. 72-73.

115. Les deux vers 265-266 posent des problèmes de texte, mais le sens n'est pas douteux. Nous préférons avec E. Doblhofer et A. Fo (voir A. Fo, Rutilio Namaziano, *Il ritorno*, p. 139) supposer une comparaison par juxtaposition, ce qui rend au vers 266 la conjecture de Damm inutile et permet d'éviter de corriger.

116. L'interprétation de *quoque* (v. 267) fait difficulté : soit on en fait un équivalent de *et* ou *autem*, au sens de « et, or, d'ailleurs », valeur possible en latin tardif, voir M. Leumann, J.B. Hofmann, A. Szantyr, *Lateinische Grammatik*, t. II, p. 485 ; soit on lui garde son sens de « aussi », en comprenant que Messala, comme Rutilius, compare les cavités d'où sort l'eau (tel est le sens de *spiracula*, voir E. Doblhofer, Rutilius Claudius Namatianus, *De reditu suo sive Iter Gallicum*, t. II, p. 133) aux antres des Piérides. La première solution nous paraît préférable. Sur les antres des Piérides, voir Horace, *Odes* III, 4, 37-40 ; Claudien, *Panégyrique pour le troisième consulat d'Honorius*, praef. 15-16. Le tour *carmine Messalae nobilitatus ager* (v. 268) équivaut à *carmen Messalae quo ager nobilitatus est* (si l'on voulait traduire mot à mot : d'ailleurs le terrain, ennobli par un poème de Messala, met sur le même plan [par le poème en question] ces cavités et les antres des Piérides). Selon une suggestion judicieuse de A. Fo, Rutilio Namaziano, *Il ritorno*, p. 86, cette formulation étonnante pourrait venir de ce que, dans le poème de Messala, l'*ager* prenait lui-même la parole. La pièce 38 des *Epigrammata Bobbiensia* célèbre aussi Thermae Taurinae : elle s'inspire peut-être de Rutilius. Voir W. Schmid, « Zwei Gedichte auf die Thermae Taurinae », *Bonner Jahrbücher* 161, 1961, p. 236-243.

117. *Postibus...sacris* (v. 270) : soit la porte d'entrée des thermes, qui sont sacrés parce qu'un dieu peut-être les a révélés, soit

la porte d'un édifice religieux particulier contenu dans l'ensemble thermal.

118. Valerius Messalla appartenait au cercle de Symmaque, qui lui a adressé douze lettres (Symmaque, *Lettres* VII, 81-92). Il est cité plus tard comme écrivain par Sidoine Apollinaire, *Poèmes* IX, 304. Rutilius vante la noblesse de sa naissance (en exagérant, car il ne descendait évidemment pas de Valerius Publicola, premier consul de Rome après la démission de Tarquin Collatin, cf. Tite-Live II, 2), rappelle sa charge de préfet du prétoire pour l'Italie en 399-400, souligne son éloquence et son sens moral (qui peuvent être cependant des clichés pour un homme de ce milieu socio-culturel). L'anaphore du pronom *hic* (v. 271, 273, 275) unit les trois distiques. Le vers 276 reprend la célèbre sentence de Caton, citée par Quintilien (*Inst.* XII, 1, 1), selon laquelle l'orateur est *uir bonus dicendi peritus* ; *ut*, au sens de « dans la mesure où », est suivi d'un subjonctif potentiel.

119. C'est le début du deuxième jour de navigation. *Crepusculum* (v. 277) au sens de *diluculum* est rare sans l'adjonction de l'adjectif *matutinum*, voir *ThLL* IV, 1175, 65-77.

120. *Munione* (v. 279) est un ablatif de cause : c'est le fleuve (aujourd'hui le Mignone) qui par ses alluvions crée des bas-fonds au niveau de son embouchure.

121. Graviscae (aujourd'hui Porto Clementino) offre à Rutilius l'occasion d'un jeu de mots érudit. En effet la ville tire son nom, selon Caton cité par Servius (ad *En.* X, 184 : *Grauiscae ideo dictae sunt, quod grauem aerem sustinent*), de l'air malsain de ses marécages. Rutilius paraît bien reprendre cette étymologie, en développant l'adjectif *grauis* dans le verbe *premit* (v. 282). Par un de ces effets de contraste que le poète affectionne, si le bourg de Graviscae est accablé par l'odeur d'un marais, ses environs sont charmants.

122. Après la ville mourante de Graviscae, voici la ville morte de Cosa (près de l'actuelle Ansedonia), dont la dépopulation suscite un récit étiologique. On a supposé que Rutilius avait comblé l'absence de sources par de l'invention fabuleuse et humoristique, en brodant sur le thème de la ville abandonnée à la suite d'une invasion animale, voir E. Doblhofer, Rutilius Claudius Namatianus, *De reditu suo sive Iter Gallicum*, t. II, p. 140, et G. Brugnoli, « I topi di Cosa », *Bolletino della Società Storica Maremmana*, Fascicolo speciale 49, Grosseto, 1985, p. 59-64, repris dans *Studi di filologia e letteratura latina*, Pisa, Edizioni ETS, 2004, p. 167-175. La

paronymie entre *Cosae* et *causam* (surtout selon la prononciation de l'époque), à la fin des vers 286 et 287, pourrait être une manière de signer l'invention. C'est en tout cas le seul passage où Rutilius, dans un texte globalement sérieux, introduit une note plaisante.

123. Le motif de la guerre des grues et des Pygmées, qui remonte à *Iliade* III, 3-7 et est bien connu de Pline, *H.N.* 7, 26, devait à l'époque de Rutilius avoir un caractère proverbial, cf. Claudien, *Guerre contre Gildon* 474-476. L'expression *sua bella* (v. 292) s'explique par le caractère belliqueux qu'on attribuait aux grues, voir E. Doblhofer, Rutilius Claudius Namatianus, *De reditu suo sive Iter Gallicum*, t. II, p. 142. On peut conserver le *coniuratos* de *V*, le substantif *grus* étant parfois masculin, cf. Horace, *Sat.* II, 8, 87 ; voir A. Fo, Rutilio Namaziano, *Il ritorno*, p. 139.

124. Portus Herculis (aujourd'hui Port'Ercole), aussi appelé Portus Cosanus, marque la fin du deuxième jour de navigation. Rutilius parle-t-il avec des gens de rencontre ou avec d'éventuels compagnons de voyage dont il ne fait jamais mention ailleurs ? Nous n'en saurons rien. Le verbe *retexere* (v. 295) a le sens de « retracer, raconter », sans idée de répétition, et il a pour objet *Sardoam...fugam* (v. 296). Le groupe *Lepido praecipitante* est un ablatif absolu qui équivaut à *quam Lepidus praecipitauit* ; sur cet emploi de *praecipitare*, cf. Stace, *Theb.* V, 168 : *(cerua) praecipitat suspensa fugam.*

125. Sur l'invective qui commence ici et l'identification des cinq Lépides, voir surtout I. Lana, *Rutilio Namaziano*, Torino, Giappichelli, 1961, p. 61-73. Le premier Lépide est M. Aemilius Lepidus, consul en 78 av. J.-C. Il tenta d'abolir la constitution de Sylla en proposant plusieurs lois populaires. Il se mit à la tête d'une sédition en Étrurie et marcha sur Rome, mais fut battu par l'autre consul, Lutatius Catulus, et par Pompée. Poursuivi, il s'embarqua à Cosa pour la Sardaigne, où il mourut peu après.

126. Le deuxième Lépide, fils du premier, est le triumvir. Contrairement à Doblhofer et Fo, qui traduisent en faisant de *ciuilibus armis* (v. 299) un ablatif de manière et de *sociis...tribus* un ablatif de temps (v. 300), nous interprétons *ciuilibus armis* comme un ablatif de temps et *sociis...tribus* comme un ablatif absolu ou de circonstance concomitante. Le développement comporte un hysteron-proteron. En effet les vers 299-300 font allusion aux guerres menées ensemble par les triumvirs (le triumvirat, rappelons-le, est conclu en octobre 43), c'est-à-dire leur lutte contre les meurtriers de César. En revanche, les vers 301-302 paraissent faire allusion

au ralliement de Lépide à Antoine le 29 mai 43, après la guerre de Modène qui avait affaibli ce dernier. Le rôle ici attribué à Lépide dans les événements des années 43-42 est grossièrement exagéré : il paraît seul responsable de la guerre civile, Octave et Antoine n'étant pas nommés. Sur ce Lépide, voir A. Allély, *Lépide, le triumvir*, Bordeaux, Ausonius éditions, 2004.

127. Le troisième Lépide est M. Aemilius Lepidus, fils du triumvir. Il ourdit en 31 une conjuration contre Octave qui fut réprimée par Mécène, voir Velleius Paterculus II, 88, 1.

128. Le quatrième Lépide est M. Aemilius Lepidus, qui avait épousé la sœur bien-aimée de Caligula, Drusilla. Il conspira contre l'empereur en 39 et fut exécuté. On l'accusa également à cette occasion d'adultère avec les deux autres sœurs de Caligula (d'où l'adjectif *incesti*).

129. Le dernier Lépide, qui n'est pas nommé (figure rhétorique de l'aposiopèse), est sans doute Claudius Postumus Dardanus, qui fut préfet du prétoire des Gaules pendant l'usurpation de Jovin (411-413). Après avoir mis à mort celui-ci, il exerça une sanglante répression contre les aristocrates gaulois qui l'avaient soutenu. En outre c'était un chrétien, correspondant de Jérôme et d'Augustin. Sidoine Apollinaire lui est aussi hostile (*Lettres* V, 9, 1). Voir A. Fo, Rutilio Namaziano, *Il ritorno*, p. 89-90 (auquel on ajoutera en dernier lieu D. Frye, « Is Cl. Postumus Dardanus the Lepidus of De reditu suo 1. 307 ? », *Hermes* 121, 1993, p. 382-383, et A. Fo, « Crittografie per amici e nemici in Rutilio Namaziano : la questione del 'quinto Lepido' et il *cognomen* di Rufio Volusiano », *Paideia* 59, 2004, p. 169-195). Les *semina dira* des Lépides (v. 308) font antithèse avec les *semina uirtutum* que reçoit Rome (I, 9). Surtout, Rutilius suggère que ces *semina dira* se transmettent de père en fils, comme font aussi les *semina uirtutum*. On a vu en effet, à propos de Rufius Volusianus (note au v. 175), l'importance que le poète accorde à la relation père-fils.

130. L'invective s'élargit à une réflexion plus générale sur le lien éventuel entre le nom et les mœurs ; voir E. Dobl-hofer, Rutilius Claudius Namatianus, *De reditu suo sive Iter Gallicum*, t. II, p. 148-150. Cette idée – que résume le proverbe *nomen omen* – était admise aussi bien des gens cultivés (dans une optique cratyliste) que des milieux populaires (l'épigraphie funéraire l'atteste). Pourtant le nom des Lépides suggère tout le contraire de crimes, et Rutilius en est conscient, puisqu'il forge vers 312 l'adjectif *Lepidus* pour faire oxymore avec *malum* (peut-être sur le modèle du

dulce malum ovidien de *Amours* II, 9, 26). Le début du vers 311 (*Quicquid id est*) fait penser à *Énéide* II, 49 (*Quidquid id est, timeo Danaos et dona ferentes*), vers célèbre prononcé par Laocoon pour dissuader les Troyens de faire entrer le cheval de bois dans la ville. Les ennemis de Rome, traîtres sévissant depuis l'intérieur de la Ville, sont ainsi comparés aux ennemis de Troie, hommes armés cachés à l'intérieur du cheval. Voir J. Soler, *Écritures du voyage : héritages et inventions dans la littérature latine tardive*, p. 299.

131. Début du troisième jour de navigation. Le participe *decessis* (v. 313) est une forme passive de verbe intransitif, voir la note au vers 79 ; on trouve *decessus* au sens de *defunctus* dans les *Carmina Latina epigraphica* 1583, 15. Nous adoptons la correction de Castalio *permittimur*, bien que quelques critiques aient récemment défendu le *permittitur* des manuscrits, ainsi A. Fo, Rutilio Namaziano, *Il ritorno*, p. 139 ; mais Rutilius n'use pas du passif impersonnel.

132. L'ordre des mots du vers 315 mime la géographie : *mons Argentarius* est entourée lexicalement par l'eau.

133. L'expression *ancipiti iugo* (v. 316) est imprécise, la presqu'île n'ayant pas vraiment deux sommets : s'il y a nettement un point culminant, le Monte Telegrafo, au sud-est, l'autre sommet doit être un des nombreux escarpements de la façade ouest. Dans le groupe *caerula curua*, c'est *caerula* le substantif.

134. Le sujet des verbes *artat* (v. 317) et *patet* (v. 318) est bien sûr *mons Argentarius* (aujourd'hui Monte Argentario). La distance à parcourir pour le contourner est bien inférieure au chiffre de trois fois douze mille que donne Rutilius.

135. L'adjectif *Ephyreius* (v. 319) est poétique : Ephyra était l'ancien nom de Corinthe. *Ionius* sert ici, par une sorte de zeugma, à désigner aussi bien les eaux de la mer Ionienne que celles de la mer Égée. On notera la redondance dans l'expression de la dualité : *per geminos fluctus, bimari litore*.

136. *Sparsae dispendia rupis* (v. 321) : « les contours de la falaise émiettée » ; *dispendium*, qui indique habituellement une dépense ou une perte de temps, a ici un sens spatial (« détour, contour ») qui résulte de ce sens premier, cf. *ThLL* V[1], 1397, 20-27.

137. *Sinuosa... cura* (v. 322) : « la tâche de tourner » ; sur ce type de tournure poétique, voir l'Introduction.

138. *Domini genio* (v. 328) : le génie de l'empereur. L'empereur, on l'a dit dans l'Introduction, n'est évoqué que deux fois

dans le texte, ici et en I, 564, et son nom (Honorius) n'est jamais prononcé. Le vers est remarquable par sa symétrie, sa double rime intérieure et son polyptote (*ingenio*/*genio*).

139. *Lacera...ab urbe* (v. 331) fait sans doute allusion aux événements de 410, quand les Romains cherchèrent un refuge loin de la ville qu'Alaric mettait à sac. Le rôle joué par Igilium (aujourd'hui Isola del Giglio) en la circonstance n'est attesté par aucune autre source. A. Fo, Rutilio Namaziano, *Il ritorno*, p. 91-92 suppose ingénieusement que Rutilius lui-même aurait pu faire partie des Romains réfugiés dans cette île en 410. Le chaud éloge qu'il fait d'elle serait alors une manière d'acquitter une dette de reconnaissance. Il s'appuie notamment sur la réminiscence virgilienne du vers 332 (cf. *En.* III, 78-79 : *haec fessos tuto placidissima portu / accipit*), qui assimile implicitement les Romains victimes des invasions aux Troyens fuyant leur ville détruite et trouvant parfois, dans leurs errances, un lieu où se reposer.

140. Le passage est problématique, car les Goths avaient de faibles compétences navales. Voir P. Courcelle, *Histoire littéraire des grandes invasions germaniques*, 1948, 3e éd. Paris, Institut d'Études Augustiniennes, 1964, p. 115-116. Sans doute Rutilius exagère-t-il pour mettre en évidence le prodige qu'Igilium ait pu leur échapper ; c'est un *miraculum* de plus dans une longue série que Rutilius aime à relever (I, 109-110 ; I, 129-132 et 140 ; I, 199-200).

141. L'expression *mira fides* (v. 335) est fréquente chez Stace, également en incise (*Silves* III, 3, 21 ; IV, 4, 81 ; V, 1, 33 ; *Ach.* I, 880). *Fides* a ici le sens de « vérité, réalité, donnée fiable ». Le groupe *uario discrimine*, que nous avons traduit par « avec une grande différence », est difficile ; on pourrait comprendre aussi : « sans que la difficulté fût égale ».

142. Les deux vers 338-339 ont même structure : disposition symétrique des adjectifs et des substantifs autour du verbe. Dans le premier, on notera la juxtaposition des termes opposés *tuto* et *trepidas*, avec une allitération en *t* à laquelle répond celle en *t* et *r* de la fin du vers. Rutilius cherche par ces moyens à souligner la noblesse de l'Umbro (aujourd'hui l'Ombrone). La description de l'embouchure de ce fleuve s'oppose à celle du Munio (I, 279-280), dangereuse pour les bateaux ; le rapprochement antithétique est souligné par l'emploi de deux mots de la même famille pour décrire des situations contraires (*trepidant ostia* I, 280 ; *trepidas... rates* I, 338).

143. Les expressions *proferre pedem* et *reuocare (pedem)* (v. 344) peuvent paraître inappropriées pour un bateau, mais Rutilius joue sur le sens de *pes*, qui désigne aussi dans le langage de la marine une écoute, c'est-à-dire le cordage servant à orienter une voile, cf. Pline, *H.N.* 2, 128 : *prolatis pedibus* ; Sénèque, *Médée* 322 : *pede prolato.*

144. *Noctis requiem metamur* (v. 345), mot à mot : « nous délimitons par un campement le repos de la nuit ») ; *metari* est du registre militaire. C'est la fin du troisième jour de navigation. Ce campement improvisé doit se situer au niveau de l'actuelle Pineta del Tombolo.

145. *Subito culmine* (v. 348) : « en guise de faîte improvisé » ; c'est un ablatif de valeur floue (circonstance concomitante ?).

146. Début de la quatrième journée de navigation. L'évocation de l'île d'Elbe (v. 351) est inspirée de Virgile, cf. *En.* X, 173-174 : *Ilua.../ insula inexhaustis Chalybum generosa metallis* ; le mot *Chalybes*, qui qualifie d'abord un peuple mythique de la côte du Pont-Euxin spécialisé dans le travail du fer, désigne par extension ce métal lui-même. Le parfait *tulit* (v. 352) est gnomique. Voir sur ce passage P.-L. Pelet, « Techniques sidérurgiques et poésie. Note sur quelques vers de Rutilius Namatianus », *Revue des Études latines* 48, 1970, p. 398-410. Après avoir déclaré que les mines de fer de l'île l'emportent sur celles du Norique (province d'Europe centrale, au sud du Danube, recouvrant grosso modo une partie de l'Autriche et de l'Allemagne actuelles), du pays des Bituriges (peuple qui a pour capitale Bourges) et de la Sardaigne, Rutilius, élargissant son propos, affirme que la terre qui contient du fer est plus utile aux hommes que les fleuves qui recèlent de l'or comme le Tage tartessien (I, 351-356). Les régions évoquées couvrent l'ensemble de l'empire, donnant ainsi au propos une résonance universelle. C'est sans doute pour faire allitération que le poète qualifie par extension le Tage de tartessien, ce qui à proprement parler ne lui convient pas, Tartessos étant une ville située à l'embouchure du Bétis (aujourd'hui le Guadalquivir) ; mais on trouvait déjà chez Silius Italicus XIII, 674 *Tartessia tellus* pour désigner l'Espagne.

147. Le substantif *creatrix* (v. 355), « la créatrice », désigne la terre. Commence ici une comparaison très oratoire entre le fer et l'or : six vers sont consacrés à chacun d'eux ; on notera l'anaphore multiple de *aurum-aureus* d'une part, *ferrum-ferreus-ferratus* d'autre part (avec paronomase finale *ferro-feras*). Ce passage est

marqué de plusieurs réminiscences littéraires : le début du vers 358 reprend notamment *En.* I, 349 : *auri caecus amore.*

148. Rutilius paraît ici se souvenir d'Horace, *Odes* III, 16, 1-16. A la lumière de ce modèle, le vers 359 ferait allusion à l'histoire d'Ériphyle, qui, corrompue par le don du collier d'Harmonie, condamna son mari Amphiaraos à la mort, et le vers 361 à Philippe de Macédoine, qui déclarait qu'aucune place n'était inexpugnable si l'on pouvait y faire entrer un ânon chargé d'or (*decipio* a le sens de « trahir » ; il n'est pas nécessaire de corriger en *diripit* comme le veut A. Bartalucci, « Note rutiliane », p. 33-34) ; dans le vers 360 il est évidemment question de Danaé, que Jupiter posséda sous la forme d'une pluie d'or.

149. On peut rattacher *auri* à *flagitiis* ou à *ambitus* (v. 362). Dans le premier cas, qui a la préférence de la plupart des traducteurs, on traduira : « C'est par l'usage scandaleux de l'or que la brigue même se déchaîne » ; dans le second le sens sera : « La quête même de l'or déchaîne les scandales ». Nous adoptons cette seconde solution, le *ThLL* I, 1862, 38 donnant deux exemples chez Cassiodore où *ambitus* est suivi d'un mot indiquant l'argent ou la richesse, tandis que la tournure *flagitium auri* paraît improbable.

150. Ce premier moyen d'existence est l'agriculture. Le fer est ici celui du soc de la charrue.

151. Il n'y a pas de contradiction dans les vers 365-366 : les *semidei*, excluant le fer comme moyen de lutte fratricide, l'utilisaient pour se défendre des bêtes. Ces *semidei* ne sont pas clairement identifiables : ce ne sont pas les demi-dieux ou héros, qui participèrent à de nombreuses guerres, ni les hommes de l'Âge d'or, qui n'avaient pas à se défendre contre les bêtes sauvages ; voir E. Doblhofer, Rutilius Claudius Namatianus, *De reditu suo sive Iter Gallicum*, t. II, p. 170.

152. *Taedia* (v. 369) renvoie à la lassitude du narrateur. Sur le *celeuma* (v. 370), chant en mesure qui règle le mouvement des rameurs, voir E. Doblhofer, Rutilius Claudius Namatianus, *De reditu suo sive Iter Gallicum*, t. II, p. 173-174. L'adjectif *uile* a un sens péjoratif un peu flou (« monotone, banal, ennuyeux, de piètre qualité »), à moins de supposer que ce *celeuma* ait été chrétien (voir A. Fo, Rutilio Namaziano, *Il ritorno*, p. 95).

153. Le nom de ce port était *Falesia* (à l'emplacement de l'actuel Porto Vecchio, près de Piombino), et il faut donc corriger le *Faleria* des manuscrits comme l'a expliqué R. Gelsomino, « Note a Rutilio Namaziano : I, 371 'Falesia' non 'Faleria', e il comporta-

mento prosodico di Rutilio », *Rivista di cultura classica e medioevale* 15, 1973, p. 35-47, voir A. Fo, Rutilio Namaziano, *Il ritorno*, p. 96 et 139. La distance entre le campement de fortune et Falésie équivaut à peu près à celle que Rutilius parcourt dans les autres étapes complètes ; mais alors qu'il lui fallait habituellement une journée de navigation entière, il parvient ici à destination à midi ; c'est tout à fait impossible, d'autant qu'il nous a précisé lui-même que la progression avait été difficile (v. 349-350 et 369). On a supposé qu'il avait altéré les faits pour pouvoir évoquer la fête d'Osiris, qu'il n'aurait pas vue parce qu'elle avait sans doute lieu dans la journée ; voir A. Fo, Rutilio Namaziano, *Il ritorno*, p. 96.

154. *Pagi* (v. 373), qui est au reste une correction, n'a pas le sens de *pagani*, c'est une synecdoque (le lieu pour ses habitants). Les *compita*, « carrefours », ont toujours été des lieux de culte pour les Romains.

155. Par cette brève description d'une fête rustique en l'honneur d'Osiris, Rutilius fait allusion à la plus importante célébration du culte isiaque, les *Isia* ; elle s'achevait avec les *Hilaria*, jour de l'*Heuresis*, « retrouvaille » d'Osiris (cf. v. 375 : *reuocatus Osiris*) ; l'emploi de l'adjectif *hilares* (v. 373) est un moyen indirect de désigner cette fête. Voir M. Malaise, *Les conditions de pénétration et de diffusion des cultes égyptiens en Italie*, Leiden, Brill, 1972, p. 224-227 ; R.E. Witt, *Isis in the Greco-Roman World*, London, Thames and Hudson, 1971, p. 162 et 180-181 ; R. Turcan, *Les cultes orientaux dans le monde romain*, Paris, Les Belles Lettres, 1989, p. 116-117. On sait que le corps d'Osiris, que son frère Seth avait mis en pièces, fut reconstitué et ranimé par sa sœur-épouse Isis ; on fêtait donc la résurrection d'Osiris. Rutilius, dans une optique rationaliste, présente ce culte comme un culte de la fertilité, la vie rendue à Osiris symbolisant la germination. Il en parle en tout cas avec sympathie : de fait les nobles romains restés fidèles au polythéisme adhéraient volontiers aux religions venues d'Orient (culte du Soleil, etc.), et le culte d'Isis et Osiris était diffusé depuis si longtemps dans l'empire qu'il n'était plus senti comme étranger. Ce passage est également un bon témoignage sur la persistance des cultes païens, égyptiens notamment, malgré les multiples interdictions, cela alors que le Serapeum d'Alexandrie avait été détruit en 391. Voir A. Chastagnol, « La restauration du temple d'Isis au Portus Romae sous le règne de Gratien », *Hommages à Marcel Renard*, t. 2, Bruxelles, Latomus 102, 1969, p. 135-144 ; R. Turcan, *Les cultes orientaux dans le monde romain*, p. 123-127. On peut se

demander enfin si Rutilius évoque cette résurrection d'Osiris pour faire pièce à celle du Dieu chrétien.

156. *Egressi* (v. 377) est habituellement traduit par « ayant débarqué ». Mais depuis I. Lana certains critiques, et tout dernièrement N. Brocca, notant que Rutilius n'avait pu voir du bateau les détails de la fête, considèrent qu'il était déjà descendu à terre et qu'il a assisté aux célébrations isiaques à Falésie ; ils interprètent alors *egressi*, où ils voient un souvenir de l'incipit du voyage à Brindes d'Horace (*Sat.* I, 5, 1 : *egressum magna me accepit Aricia Roma*), au sens de « étant sortis (de Falésie) » ; voir A. Fo, Rutilio Namaziano, *Il ritorno*, p. 97, et N. Brocca, « A che genere letterario appartiene il *de reditu* di Rutilio Namaziano ? », p. 242. Nous ne partageons pas ce point de vue. Rutilius, qui ne craint pas l'invraisemblance en nous donnant une heure d'arrivée à Falésie évidemment fausse, ne la craint pas davantage en décrivant ce qu'il n'a pu voir ; en fait, comme cela lui arrive à plusieurs reprises (voir la note au vers 229 à propos de la statue d'Inuus), il substitue une notice stéréotypée à la description authentique.

157. Le pluriel *uiuaria* (v. 379) désigne l'étang artificiel lui-même. La préposition *inter* a un sens proche de *intra*, mais la chose est possible en latin et il n'est donc pas nécessaire de corriger le texte, voir E. Doblhofer, Rutilius Claudius Namatianus, *De reditu suo sive Iter Gallicum*, t. II, p. 178. L'emploi de *gurges* (v. 380) pour une masse d'eau immobile n'est pas exceptionnel, voir *ThLL* VI^2, 2363, 6-43.

158. Le *conductor* (v. 382) est celui qui administre un domaine en tant que fermier. Il administre en l'occurrence la *uilla*, apparemment une *uilla rustica* employée en partie ou en totalité comme hôtellerie. Le bois avec l'étang fait bien sûr partie du domaine. *Male pensauit* (v. 381) signifie : « n'estima pas à son juste prix ». L'hôtelier juif brise l'enchantement du *locus amoenus*. Comparé à Antiphatès, roi du peuple homérique des Lestrygons qui dévoraient les étrangers (*Odyssée* X, 105-132), il devient un sauvage qui se distingue du Romain par le fait qu'il ne respecte pas les lois de l'hospitalité. Une telle utilisation désobligeante de la mythologie se retrouvera à propos des moines (I, 449-450 et 525-526, où ceux-ci sont implicitement assimilés à des porcs).

La sortie de Rutilius contre les juifs est donc la conséquence d'une querelle avec un hôtelier qui réclamait des sommes présentées comme injustifiées. On passe du particulier au général, de l'évocation d'un juif grognon et cupide à une diatribe ethnique contre tout le peuple auquel il appartient. Si les sentiments qui s'expriment ici sont certainement sincères, il s'agit, aussi, d'un morceau de littérature : l'avarice de l'hôtelier juif arrive, on l'a dit dans l'Introduction, comme un triste exemple après la méditation du passage précédent sur l'amour aveugle de l'or (I, 355-368).

Sans doute la haine qui anime Rutilius donne-t-elle de lui une image peu flatteuse. Il convient cependant de replacer ses préjugés dans leur cadre. L'invective contre les juifs est en effet banale dans la littérature latine. La plupart des auteurs latins qui traitent du sujet affichent un antijudaïsme plus ou moins virulent : Cicéron (*Pro Flacco*), Sénèque (voir plus bas), Tacite (*Histoires* V, 2-5 : les juifs font tout à l'envers et haïssent le reste de l'humanité), Martial (diverses épigrammes), Juvénal (XIV, 96-106), etc. Cette judéophobie païenne (on évitera le mot « antisémitisme », qui désigne une attitude différente, et qu'il faut réserver aux temps modernes) sera perpétuée par les chrétiens, mais sous une forme différente : l'accent sera mis sur la responsabilité juive dans l'exécution de Jésus, et sur le refus des juifs de reconnaître la divinité du Christ. Voir Th. Reinach, *Textes d'auteurs grecs et latins relatifs au judaïsme*, Paris, 1895, réimpr. Hildesheim, Georg Olms, 1963, et K.L. Noethlichs, *Die Juden im christlichen Imperium Romanum (4.-6. Jahr-hundert)*, Berlin, Akademie Verlag, 2004. Sur le statut des juifs dans l'empire romain, voir J. Gaudemet, *Institutions de l'Antiquité*, Paris, Sirey, 1967, p. 722-723, et K.L. Noethlichs, *Das Judentum und der römische Staat*, Darmstadt, Wissenschaftliche Buchgesellschaft, 1996, p. 76-124.

Ce passage de Rutilius a été abondamment étudié, voir notamment F. Corsaro, *Studi rutiliani*, Bologna, Pàtron, 1981, p. 55-67 et A. Fo, Rutilio Namaziano, *Il ritorno*, p. 98-99. Signalons, enfin, que le propos de Rutilius prend un relief particulier quand on sait que l'empereur Honorius avait pris quelques mesures favorables aux juifs et pouvait donc passer pour philosémite ; voir I. Lana, *Rutilio Namaziano*, p. 168, et *Code théodosien* XVI, 8, avec les notes de R. Delmaire dans la récente édition aux Sources chrétiennes du *Code Théodosien XVI*, Paris, Éditions du Cerf, 2005.

159. Ce vers 384 a été commenté dans l'Introduction. Le juif est rejeté hors de la société humaine par ses pratiques alimentaires. L'hapax *dissocialis* permet en effet d'inverser la formule de Sénèque selon laquelle l'homme est un *animal sociale* (*De la clémence* I, 3, 2). Le propos devient encore plus cruel si on l'associe à ce qui précède : la comparaison avec Antiphatès suggérait en effet que le

juif est anthropophage. La volonté de déshumanisation est sensible dans tout le passage.

160. Le verbe *imputare* (v. 385) doit s'entendre au sens propre, il s'agit de faire payer aux hôtes les dégâts commis. Le groupe *libatae...aquae* (v. 386) est un génitif de définition. S. Ratti, « Le *De reditu suo* de Rutilius Namatianus : un hymne païen à la vie », p. 78, objecte à juste titre qu'on peut faire une lecture inverse de l'épisode. Ces aristocrates en promenade boivent l'eau de l'étang en le considérant comme un bassin d'agrément, foulent aux pieds des arbrisseaux et des algues apparemment mises à sécher, sans se soucier du dommage pour le fermier qui en est légitimement outré.

161. La diatribe contre les juifs peut être la forme écrite des injures que Rutilius et ses amis (si *reddimus* est un vrai pluriel) adressent à l'hôtelier. Elle se focalise sur quatre points précis : la cupidité (implicite ; ce n'est pas dans l'Antiquité un grief habituel contre les juifs, qui étaient souvent misérables, voir M. Simon, *Verus Israel. Étude sur les relations entre chrétiens et juifs dans l'Empire romain (135-425)*, Paris, De Boccard, 1948, p. 240-241) ; le refus de manger du porc (évoqué plus haut) ; la circoncision ; le repos du sabbat.

162. Les juifs sont « sans pudeur » (*obscenae...genti, / quae... propudiosa*, v. 387-388) parce que la circoncision est perçue comme une pratique favorisant la sexualité et que l'on attribue aux juifs une lubricité particulière. Voir P. Schäfer, *Judéophobie. Attitudes à l'égard des Juifs dans l'Antiquité* (1997), trad. fr. Paris, Éditions du Cerf, 2003, p. 170-175.

163. L'étrange expression *radix stultitiae* (v. 389), qui n'a pas à notre connaissance de parallèles, pose d'abord un problème de sens. Pour E. Doblhofer, Rutilius Claudius Namatianus, *De reditu suo sive Iter Gallicum*, t. II, p. 183, le groupe est en apposition à l'ensemble de la phrase qui précède ; c'est alors un jugement sur la circoncision. Nous préférons avec A. Fo (on le déduit de sa traduction) y voir une apposition à *genti, quae* ; cela devient un jugement sur les juifs. *Radix stultitiae* pose ensuite un problème d'interprétation : plusieurs critiques (voir E. Doblhofer, *ibid.*) considèrent que *stultitiae* désigne le christianisme, émanation du judaïsme, et qu'il y a là une attaque indirecte contre les chrétiens. Cette idée a été reprise récemment par J.-Y. Guillaumin, « *Radix stultitiae* chez Rutilius Namatianus (v. 389) », *Vita Latina* 174, juin 2006, p. 114-122, qui suggère que Rutilius inverse l'expression *radix sapientiae*,

fréquente dans l'Ancien Testament, et tourne en dérision le thème paulinien de la folie de Dieu (voir en particulier 1 Corinthiens 1, 17 sq.). La chose est possible, sans être du tout certaine.

164. *Frigida* (v. 389) : parce qu'on n'allume pas de feu le jour du sabbat (Exode 35, 3).

165. La condamnation du repos du sabbat, vu comme une honteuse léthargie, est fréquente chez les Grecs et les Romains. La paresse du juif, fainéant à jours fixes à l'instar de son dieu ici ridiculisé (cf. Genèse 2, 2 : « Dieu acheva, le septième jour, le travail qu'il avait fait ; et il chôma, le septième jour, après tout le travail qu'il avait fait »), s'oppose à la juste détente des paysans (I, 374 : *mulcebant...pectora fessa*) et au propre repos de Rutilius (I, 381 : *requiem*). Le principe du contraste gouverne l'ensemble de la halte à Falésie, on l'a dit dans l'Introduction.

166. *Catasta* (v. 393) désigne habituellement l'estrade où l'on expose les esclaves à vendre ; ici, par extension et synecdoque, les esclaves eux-mêmes ; même sens chez Martial IX, 29, 5. *Nec... omnes* (v. 394) équivaut à *nullum*, c'est un emploi tardif, voir *ThLL* IX[2], 617, 3-50.

167. Le développement se termine par un regret qui élève le ton au pathétique : il eût mieux valu ne pas conquérir la Judée ! Sans craindre la contradiction avec le vibrant éloge qu'il a fait des bienfaits de l'impérialisme romain et de la puissance civilisatrice et assimilatrice de Rome (cf. surtout I, 63-66), Rutilius aboutit à un double paradoxe : la destruction de la Judée n'a pas empêché le judaïsme de contaminer l'univers (l'idée de contamination morale ou religieuse est familière aux Anciens ; sur le v. 397, voir aussi l'Introduction) ; le vaincu a en définitive triomphé de son vainqueur ; c'est ce qu'Horace disait, mais élogieusement, de la Grèce (*Épîtres* II, 1, 156). Rutilius pourrait ici être dépendant de Sénèque, qui écrivait dans un passage du *De superstitione* que nous a conservé saint Augustin (*Cité de Dieu* VI, 11) : « Les coutumes de cette race scélérate (i.e. les juifs) ont pris une telle puissance qu'elles sont reçues déjà dans tous les pays. Les vaincus ont imposé leur loi aux vainqueurs (*uicti uictoribus leges dederunt*) » ; on voit que Sénèque réélaborait déjà le mot d'Horace.

168. C'est le début de la cinquième journée de navigation, où la distance parcourue sera faible en raison du vent contraire (le Borée est un vent du nord). A. Fo, Rutilio Namaziano, *Il ritorno*, p. 99, tente de justifier le jeu de mots *surgit-surgere certamus* (v. 399-400). Sur l'ensemble du passage, voir A. Fo, « Una giornata di

viaggio : Rutilio a Populonia », dans *Materiali per Populonia 2*, a cura di C. Mascione e A. Patera, Firenze, Edizioni All'Insegna del Giglio, 2003, p. 257-270.

169. Allusion au Golfo di Baratti. Le sujet de *ducit* (v. 402) est Populonia. L'érosion ayant beaucoup modifié l'aspect du rivage à cet endroit, il est difficile de se faire une idée de l'état du port de Populonia au début du Ve siècle. En fait ce port était surtout constitué, selon Rutilius, par une anse naturelle (le Golfo di Baratti), à laquelle s'ajoutait un observatoire également naturel (un promontoire situé à l'ouest), sur lequel avait été bâti un *castellum*. Le site avait été décrit, quatre siècles plus tôt, par Strabon (*Géographie* V, 2, 6).

170. Rutilius parle ici des murs de Populonia, non de ceux du *castellum*. L'expression *tempus edax* (v. 410) vient d'Ovide, *Met.* XV, 234 ; *Pont.* IV, 10, 7.

171. Le verbe *intercipio* (v. 411) a le sens de « détruire, briser (par endroits) », voir *ThLL* VII[1], 2166, 29-35.

172. Ce passage sur les ravages causés par le temps est célèbre. L'idée a souvent été exprimée, voir E. Merone, « Dante, Rutilio e le città che muoiono », *Giornale italiano du filologia* 3, 1950, p. 160-161 ; Sannazaro, *De partu Virginis*, a cura di S. Prandi, Roma, Città Nuova Editrice, 2001, la note à II, 220-221 p. 316-317. L'emploi de la première personne du pluriel a déjà été commenté dans l'Introduction : Rutilius fait partager au lecteur ses réflexions sur les ruines et tire avec lui la conclusion de ce spectacle, comme s'il devisait avec un ami sur le site d'une ville disparue.

173. Le comparatif *laetior* (v. 415) peut garder sa valeur : la nouvelle est plus joyeuse que les propos mélancoliques qui précèdent. C'est une nouvelle illustration du principe de contraste.

174. Le verbe *crebrescit* (v. 415) contenant une idée de répétition, la nouvelle, selon A. Bartalucci, « Note rutiliane », p. 33, a donc été portée par plusieurs personnes. Comment est-elle parvenue à Rutilius dans ce port partiellement désaffecté ? Cela fait partie des détails concrets sur lesquels il ne s'étend pas. A. Fo, « Crittografie per amici e nemici in Rutilio Namaziano : la questione del 'quinto Lepido' et il *cognomen* di Rufio Volusiano », *Paideia* 59, 2004, p. 191-193, suppose audacieusement que Rutilius aurait appris la chose seulement le lendemain, de la bouche d'Albinus, mais qu'il aurait pratiqué une sorte d'anticipation dans le récit pour permettre un effet de contraste.

175. L'ami dont Rutilius déplore, de manière assez affectée, de ne pouvoir écrire le vrai nom en entier est Rufius Volusianus, déjà évoqué en I, 168-178 sous son *gentilicium* de Rufius puisque Volusianus, avec ses trois premières syllabes brèves, ne s'adapte pas au mètre élégiaque. Rutilius n'est pas le premier poète à se heurter à une telle difficulté, voir e.g. Ovide, *Pont.* IV, 12, 1-16. Il est étrange néanmoins que, à propos de ce personnage, Rufius Antonius Agrypnius Volusianus, il qualifie Volusianus, un des deux *cognomina* de l'intéressé, de *uerum nomen*, et Rufius, un de ses deux *gentilicia*, de *cognomen.* Si *cognomen* peut avoir le sens de *nomen* (voir *ThLL* III, 1493, 12-19), il reste que c'est le *cognomen* qui est ici considéré comme le nom véritable. Curieusement, l'édition princeps affirme que l'ouvrage de Rutilius est dédié à ce Rufius Volusianus, dont elle déforme d'ailleurs le nom (voir l'Introduction). Le vers 421 pose un problème de texte : nous adoptons avec Doblhofer et Fo la correction *ueheris* (présent et non futur), comme la plus économique. On trouvera la liste des conjectures dans l'apparat de l'édition de E. Castorina, qu'on complétera avec A. Fo, Rutilio Namaziano, *Il ritorno*, p. 140.

176. Le *-que* de *pridemque* (v. 423) coordonne *festa* et *dignata.* On orne de fleurs et de guirlandes les portes et l'atrium des maisons en signe de fête, cf. Stace, *Silves* IV, 8, 38 ; Juvénal VI, 79 ; Prudence, *Contre Symmaque* 2, 727-728. Les *uota secunda* (v. 424) sont les vœux qui ont eu une issue favorable, c'est-à-dire qui ont été exaucés.

177. L'expression *animae portio magna meae* (v. 426) est inspirée de formules d'amitié célèbres, par exemple le *animae dimidium meae* d'Horace pour Virgile (*Odes* I, 3, 8) ou plus encore le *pars animae magna...meae* d'Ovide à Severus (*Pontiques* I, 8, 2).

178. Ce vers holodactylique (v. 427), où se manifeste l'habileté de Rutilius (il n'y en a que trois dans son œuvre, les deux autres étant I, 117 et I, 213), vient à point pour clore un développement sur un personnage que les contraintes prosodiques l'avaient empêché de nommer. L'adverbe *potius* peut avoir été choisi pour faire jeu étymologique avec *potestas*, comme le suggère E. Doblhofer, Rutilius Claudius Namatianus, *De reditu suo sive Iter Gallicum*, t. II, p. 197.

179. Ici commence la sixième journée de navigation. Le tour *Aquilone reuerso* (v. 429) a été diversement compris. Plusieurs éditeurs (Vessereau, Doblhofer) traduisent par quelque chose comme : Nous tâchons de faire route à la voile, malgré le retour de

l'Aquilon. Or il ne s'agit pas du retour de l'Aquilon, vent du nord-est qui contrarierait effectivement la marche du navire, mais de son recul, de son départ (on peut comparer ce sens de *reuertor* avec celui de *redeo* en I, 110). L'Aquilon, sous son nom grec de Borée, était arrivé au vers 399, et la paronomase *currere curamus* (v. 429), peut-être inspirée de Juvénal III, 127-128 (*curet…/currere*), paraît un écho du jeu de mots sur le verbe *surgere* des vers 399-400. Voir A. Fo, Rutilio Namaziano, *Il ritorno*, p. 100-101.

180. Rutilius a-t-il vu la Corse, distante d'environ 85 kilomètres et dont il parle seulement au moment où il la laisse derrière lui, d'un œil autre que littéraire ? Il le dit en tout cas, et cela avec une réminiscence du voyage à Brindes d'Horace : *Incipit ex illo montis Apulia notos / ostentare mihi* (*Satires* I, 5, 77-78). Strabon (*Géographie* V, 2, 6) affirmait lui aussi avoir vu la Corse de Populonia. I. Lana, *Rutilio Namaziano*, p. 127-128, suppose que Rutilius a évoqué la Corse après Populonia parce que Populonia était dans ce secteur le port principal desservant l'île et que, selon certaines sources (cf. Servius auctus, ad *En.* X, 172), la ville aurait été fondée par des Corses.

181. *Concolor umbra* (v. 432) : apparemment l'ombre des nuages, de même couleur que les montagnes. On pourrait aussi donner à *umbra* le sens de « brume », puisque *umbra* désigne par extension tout ce qui fait de l'ombre. Le verbe *leuat* est habituellement traduit par « élever », comme si l'ombre semblait surélever les montagnes. Mais on ne voit pas dans ce cas sur quoi porte la comparaison qui suit. En revanche la comparaison est pertinente si on donne à *leuare*, avec P. Frassinetti (« Postille rutiliane », *Bolletino di studi latini* 2, 1972, p. 44-45), son sens de « diminuer, atténuer ». Dans ce cas l'ombre estompe les sommets des montagnes en diluant leurs contours, de même que souvent le croissant de la lune échappe au regard (peut-être est-ce une allusion au halo lumineux qui l'entoure parfois). *Dubitanda* (v. 433) est adjectif, comme dans le même contexte chez Claudien, *Panégyrique pour le quatrième consulat d'Honorius* 185.

182. Avec une antithèse, difficile à rendre en français, entre la petitesse de la distance et l'accroissement de la crédibilité (v. 435), Rutilius introduit un récit étiologique expliquant le premier peuplement et le changement de nom de la Corse, qui s'appelait auparavant Cyrnos : une femme ligure du nom de Corsa, poursuivant un de ses bœufs qui s'était échappé, traversa à sa suite le bras de mer à la nage et arriva sur l'île. Cette légende se lit chez

Salluste, *Histoires* II, 11 (= Priscien, *GLK* II, 264, 8-10) ; Isidore, *Orig*. XIV, 6, 41.

183. L'expression *processu pelagi* (v. 439), où le génitif est librement construit, signifie « du fait de notre progression sur la mer », à moins de voir dans *pelagi*, avec E. Doblhofer, Rutilius Claudius Namatianus, *De reditu suo sive Iter Gallicum*, t. II, p. 201, une métonymie pour le bateau.

184. La petite île de Capraria (aujourd'hui Capraia) est à une cinquantaine de kilomètres de la côte et Rutilius, qui sait qu'elle est un repaire de moines, ne la mentionne que pour dire tout le mal qu'il pense de ces gens. Augustin y atteste l'existence d'une communauté monastique dans sa *Lettre* 48, datée de 398. Plus tard Orose, *Histoire contre les païens* VII, 36, 5, confirme qu'en 398 Mascezel, envoyé en Afrique pour lutter contre Gildon, trouva à Capraria de « saints serviteurs de Dieu ». Il est vraisemblable, on l'a indiqué dans l'Introduction, que Rutilius exprime ici son aversion non seulement pour les moines, mais aussi, à travers eux, pour le christianisme qu'il ne pouvait attaquer directement, puisque c'était la religion de l'État. Par le verbe *squalere* (v. 440) il évoque la saleté, non de l'île bien sûr, mais des moines, un thème qu'il reprendra pour le solitaire de Gorgon (cf. I, 523 : *illuuie*). C'est un reproche qui leur était fréquemment adressé par les païens, attachés à l'hygiène que favorisait la généralisation des thermes, voir A. Fo, Rutilio Namaziano, *Il ritorno*, p. 102. Et de fait Jérôme par exemple tonne contre les bains et la propreté, voir P. Laurence, *Jérôme et le nouveau modèle féminin*, Paris, Institut d'Études Augustiniennes, 1997, p. 91-99. L'adjectif *lucifugi* a été commenté dans l'Introduction. Sur le monachisme insulaire en Occident, voir A. de Vogüe, *Histoire littéraire du mouvement monastique dans l'Antiquité*, Paris, Éditions du Cerf, 1991 sq., t. II, 1993, p. 102-105, et J. Biarne, « Le monachisme insulaire dans les îles de la Méditerranée nord-occidentale », *Rivista di archeologia cristiana* 76, 2000, p. 351-374. On sait que la première mention que nous en avons est l'expérience anachorétique de Martin, vers 358-360, dans la petite île inhabitée de Gallinara, située sur la côte ligure face à Albenga (Sulpice Sévère, *Vie de saint Martin* 6, 5-6). Seize ans plus tard environ Bonose, l'ami de Jérôme, tenta une expérience analogue dans une île non précisée (Jérôme, *Lettres* 3, 4). La rareté des témoignages sur le sujet donne en tout cas une valeur particulière à celui de Rutilius, qui évoque le monachisme sous ses deux aspects, cénobitisme (communauté de Capraria) et anachorétisme (solitaire de Gorgon, I, 515-526).

185. Après avoir insisté sur l'origine grecque du nom de *monachi* (le monachisme est donc une importation étrangère, voir l'Introduction), Rutilius explique son étymologie (comme le fait aussi Jérôme, *Lettres* 14, 6 et 58, 5), peut-être parce qu'il était récent en latin (première attestation dans la version latine anonyme, antérieure à 373, de la *Vie d'Antoine* d'Athanase) ; mais la précision « sans témoin » (v. 442) suggère que ce désir de solitude correspond à une volonté de cacher quelque chose de répréhensible.

186. Malgré l'absence de mot interrogatif, la phrase est interrogative, comme le montre l'emploi de *quisquam* (v. 444).

187. Deux hypothèses sont susceptibles d'expliquer le comportement délirant des moines : soit, conscients de leurs méfaits, ils se punissent eux-mêmes ; soit ils sont affligés d'un excès de bile noire (*fel nigrum* et *atra bilis* désignent la même réalité) ; bref, ce sont des criminels ou des fous (en effet l'excès de bile noire engendre la folie, voir Pline, *H.N.* 11, 193 et Plaute, *Amph.* 727-728). L'interprétation du vers 447 a été beaucoup discutée, voir A. Fo, Rutilio Namaziano, *Il ritorno*, p. 102-103. Certains font de *ergastula* un nominatif, en donnant au mot son sens dérivé de « esclave détenu ». Nous préférons avec E. Doblhofer, Rutilius Claudius Namatianus, *De reditu suo sive Iter Gallicum*, t. II, p. 205, y voir un accusatif complément d'objet, au sens de « prison ». Le groupe *suas...poenas* est attribut du complément ; *suas* souligne le lien entre le châtiment et celui qui le reçoit, au sens de « qui leur revient, qu'ils méritent ». Quelle que soit l'interprétation adoptée, l'emploi de *ergastula* assimile implicitement les moines à des esclaves en faute.

188. Homère n'impute pas exactement à Bellérophon un excès de bile ni une haine du genre humain. Voici le passage qui peut être mis en rapport avec notre texte : « Du jour où Bellérophon eut encouru à son tour la haine de tous les dieux [dans un élan d'orgueil, il avait voulu monter avec Pégase jusqu'à l'Olympe] et où il allait seul, errant par la plaine Aléienne, rongeant son cœur et fuyant la route des hommes, il vit tout ensemble Arès insatiable de guerre lui immoler son fils Isandros, au cours d'un combat contre les fameux Solymes, et Artémis aux rênes d'or, dans son courroux, lui tuer sa fille » (*Iliade* VI, 200-205, trad. P. Mazon). Rutilius, passant sous silence la crise d'*hybris* de Bellérophon, explique allusivement (v. 451 : *saeui post tela doloris*) son comportement par la perte de ses deux enfants Isandros et Laodamie, malheur qui l'aurait rendu bilieux. Cette mention d'un excès de bile renvoie à une tradition qui, remontant à une

scholie à Homère (Scholie T, *Iliade* VI, 602) et reprise par Aristote (*Problèmes* 30, 1), ajoutait aux chagrins de Bellérophon une cause organique, une mélancolie qui avait renforcé sa misanthropie. Par ailleurs, si Rutilius parle à son propos de haine du genre humain, reproche traditionnellement adressé aux chrétiens depuis Tacite (*Annales* XV, 44, 4), c'est peut-être parce que Bellérophon était devenu dans les interprétations chrétiennes une figure du Christ, voir E. Doblhofer, Rutilius Claudius Namatianus, *De reditu suo sive Iter Gallicum*, t. II, p. 205-206 et « Bellerophon und Kirke zwischen Heiden und Christen », dans *Festschrift Robert Muth*, herausgegeben von P. und W. Meid, Innsbruck, Institut für Sprachwissenschaft der Universität Innsbruck, 1983, p. 78 ; voir aussi C. Calame, *Poétique des mythes dans la Grèce ancienne*, Paris, Hachette, 2000, p. 76-77 et note 14 p. 89. On se rappellera aussi qu'Ausone associait en 393 son disciple Paulin, converti à un christianisme austère, à la figure de Bellérophon (*Epistulae* 29, 70-72, p. 288 Peiper = *Epistulae* 21, 70-72, p. 252 Green) et que Paulin s'en défendait (*Carm.* 10, 156-158 et 191-192) ; voir D. Amherdt, *Ausone et Paulin de Nole : correspondance*. Introduction, texte latin, traduction et notes, Bern & Frankfurt-am-Main, Peter Lang, 2004. Ainsi à travers les moines Rutilius vise-t-il discrètement les chrétiens en général.

189. Notre traduction explicite le texte ici elliptique (v. 453). Volaterra (aujourd'hui Volterra), ville de l'intérieur, avait pour port Vada Volaterrana, « les bas-fonds de Volaterra » (dont le nom s'est conservé dans l'actuel Vada).

190. *Prorae custos* (v. 455) désigne le matelot en observation à la proue du navire.

191. Les deux vers 457-458 sont difficiles. Mot à mot : « Le passage délimité de chaque côté (*limes uterque*) indique par deux arbres l'entrée incertaine, et présente des pieux enfoncés (dans l'eau) ».

192. Au vers 461, le texte des manuscrits, *praebente uiam* (*V*) et *prebente algam* (*R*), ne fournit pas un sens satisfaisant. Nous adoptons la correction de Kalinka *uluam*, en donnant à l'ablatif absolu une valeur concessive ; voir un état récapitulatif du débat dans P. Frassinetti, *Postille rutiliane*, p. 45-46. Par l'emploi de *symplegas* au sens de « cohésion, assemblage » (hellénisme apparemment unique en latin), Rutilius fait évidemment allusion aux Symplégades, ces deux écueils situés à l'entrée du Pont-Euxin qui s'écartaient puis se rapprochaient pour briser les vaisseaux. Emprunter le chenal de Vada devient de la sorte, en un grandissement

épique, aussi dangereux que de franchir la passe entre les Symplégades comme le firent les Argonautes.

193. *Inoffensas* (v. 462) : « intacts ». Grâce au laurier (on sait que c'est un arbre à feuilles persistantes), les pieux sont bien visibles et les bateaux ne risquent donc pas de les heurter. La description minutieuse du lent passage à travers le chenal de Vada est émaillée de vers remarquables : deux holospondaïques (I, 455 et 459), un vers au schéma a+a'+v+s+s' (I, 457), un vers avec rejet et polyptote (I, 456). A la difficulté de la manœuvre Rutilius répond par un passage particulièrement travaillé.

194. E. Doblhoher, Rutilius Claudius Namatianus, *De reditu suo sive Iter Gallicum*, t. I, p. 123, et A. Fo, Rutilio Namaziano, *Il ritorno*, p. 35, comprennent *lustra* (v. 464) comme « taillis, fourrés, broussailles ». Mais *lustrum* n'a pas exactement ce sens et le vent, fût-il violent, ne brise pas les broussailles. Le *ThLL* VII², 2, 1886, 60, considère de son côté l'expression *siluarum...lustra* comme pléonastique. En fait *siluarum* paraît être un génitif de définition : le tour, où *lustra* signifie « lieux sauvages », désigne alors les forêts impénétrables, incultes, que le Corus parvient à briser malgré leur épaisseur.

195. Ces maisons, s'il ne s'agit pas d'un pluriel poétique, sont les différents bâtiments de la villa d'Albinus. Celle-ci devait se trouver près de l'actuel Rosignano Solvay, voir A. Fo, Rutilio Namaziano, *Il ritorno*, p. 104. On ne sait si Albinus est lui-même présent ou non.

196. Le verbe *subiungo* (v. 467) a le sens rare de « faire succéder à, mettre à la suite de », comme en I, 637, cf. Columelle II, 11, 9. La périphrase *iura meae...togae* (v. 468) désigne la préfecture urbaine. La toge, qui caractérisait autrefois le citoyen romain, ne se portait plus dans la vie ordinaire et était devenue le vêtement officiel des sénateurs et des hauts fonctionnaires ; or le préfet de la Ville présidait le sénat ; voir E. Doblhofer, Rutilius Claudius Namatianus, *De reditu suo sive Iter Gallicum*, t. II, p. 211-212. Cet Albinus (Caecina Decius Acinatius Albinus), distinct de celui nommé en I, 168, a donc succédé très jeune au poète à la préfecture de la Ville, en 414. Comme souvent, le texte passe discrètement de l'éloge de l'ami à celui de Rutilius même, qui rappelle ainsi sa propre préfecture urbaine, pourtant déjà évoquée dans l'hymne à Rome (I, 157-160) et à propos de Victorinus (I, 423-424).

197. Mot à mot (v. 469) : « Il a compensé par ses mérites les années qu'il n'avait pas attendues (= l'âge légal pour la carrière ad-

ministrative qu'il n'avait pas atteint) ». Le vers suivant développe le lieu commun du *puer-senex*, bien analysé par E.R. Curtius, *La littérature européenne et le Moyen Age latin*, trad. fr. Paris, PUF, 1956, p. 176-180 ; voir aussi C. Gnilka, *Aetas spiritalis*, Bonn, P. Hanstein, 1972.

198. A. Fo, Rutilio Namaziano, *Il ritorno*, p. 105-106, souligne avec finesse l'ambiguïté de la tournure *decessoris...amore* (v. 474), où le génitif peut être objectif (l'amour pour son prédécesseur) ou subjectif (l'amour éprouvé par son prédécesseur). Nous avons gardé cette ambiguïté dans la traduction.

199. *Censere* (v. 476) a le sens postclassique et tardif de « désigner, nommer », voir *ThLL* III, 789, 77-790, 27.

200. Il est clair ici que Rutilius ne décrit pas ce qu'il a vu, mais y substitue une notice érudite. A première vue, c'est une digression scientifique (voir e.g. Vitruve VIII, 3, 10, sur des eaux pétrifiantes) qui permet un morceau de bravoure littéraire sur un phénomène ressortissant aux *mirabilia*. Le texte joue en effet sur le contraste entre le liquide et le solide, le chaud et le froid, jusqu'à aboutir au paradoxe final que les eaux gelées d'un fleuve, si elles voient le soleil, deviennent liquides, tandis que les eaux liquides du marais salant sont durcies par l'action du soleil ; quant à la description du Danube pris par les glaces, c'est un lieu commun qu'a particulièrement traité Ovide exilé (cf. e.g. *Tristes* III, 10, 27-34 ; *Pont*. IV, 7, 9-10 ; cependant la formule allitérante *riget horridus Hister* est propre à Rutilius).

Plus dans le détail, comme le souligne A. Fo, Rutilio Namaziano, *Il ritorno*, p. 106, on remarque que le moment de la formation du sel est présenté par un réseau de mots qui, directement ou par amphibologie, désignent la conception et la génération (*concipiunt*, *acrem*, *natiua coagula*, *grauis*, *coit*) ; la chose est soulignée par de nombreuses allitérations. La tournure *natiua coagula* (v. 483) signifie « la matière consistante qui en résulte » (*coagulum* est concret, et *natiuus* a le sens de « qui naît ») plutôt que « les principes naturels de la coagulation » (*coagulum* est alors abstrait, et *natiuus* a le sens de « naturel »).

On retrouve donc un thème essentiel de l'ouvrage, celui du changement d'état lié à l'action du temps. En effet Rutilius nous suggère à plusieurs reprises que l'alternance de création et de dégradation gouverne la vie en général, qu'il s'agisse de celle des hommes ou de celle des villes. Dans le cas des salines la chose est cyclique. Rutilius veut croire que le mouvement d'éternel recommencement vaut aussi pour Rome.

201. *Fomes* (v. 488) au sens de « cause, origine » est tardif, voir *ThLL* VI, 1, 1020, 83-1021, 77.

202. Le vers 492 contient deux substantifs et deux adjectifs autour d'un verbe, mais la disposition n'est pas la plus habituelle : les deux substantifs sont en effet placés à chacune des extrémités du pentamètre, et forment avec les deux adjectifs un chiasme. *Tempestas*, par son amphibologie (le premier sens du mot est « époque, espace de temps »), est du même registre sémantique que *mora*. L'antithèse *dulcem-amara* reprend le thème traditionnel du doux-amer. Une forte allitération (*amara moram*) clôt le vers. La forme soignée sert à mettre en valeur la rencontre avec Victorinus.

203. Forcé d'abandonner sa patrie après la prise de Toulouse par les Wisigoths d'Athaulf en 413, Victorinus s'était réfugié en Étrurie où il menait apparemment une vie modeste. Comment a-t-il été informé de la présence de Rutilius ? Peut-être celui-ci, bloqué dans la villa d'Albinus, lui a-t-il dépêché un messager.

204. L'Océan et Thulé (île difficile à identifier précisément) désignent les limites septentrionales du monde habité.

205. *Frenata potestas* (v. 501) indique l' « autorité pleine de mesure (contrôlée) » que Victorinus a montrée dans sa fonction de vicaire de Bretagne, qu'il exerça avant 408. La périphrase *praefectorum uicibus* renvoie en effet à la charge de vicaire, car le vicaire est le représentant du préfet du prétoire dans un diocèse.

206. Il existait trois catégories de *comites* : *in actu positi* (en fonction), *uacantes* (hors service actif), *honorarii* (à titre honorifique). Victorinus appartient sans doute à la troisième catégorie, puisqu'il vit retiré, loin de la cour ; voir A. Fo, Rutilio Namaziano, *Il ritorno*, p. 108.

207. *Ventorum aduersa* (v. 509) : « l'hostilité des vents » ; voir sur ce type de tournure poétique la note à I, 37 et l'Introduction. Les deux vers qui concluent cette étape rappellent par leur structure I, 369-370.

208. On tire argument de ce vers 510 pour conclure que Rutilius était lui aussi originaire de Toulouse : c'est peut-être prendre le texte trop à la lettre, on l'a dit en Introduction.

209. L'adjectif *sudos* (v. 511), pour le sens, convient davantage à l'aurore. Cette hypallage peut s'expliquer par l'habitude, en poésie, de ne pas qualifier un substantif par deux adjectifs.

210. C'est le début de la septième journée de navigation, qui conduira les voyageurs jusqu'à la villa Triturrita. L'emploi par synecdoque de *aplustria* (v. 513) au sens de *nauis* semble exceptionnel ; les *aplustria* sont des ornements du bateau, cf. *ThLL* II, 241, 25-29.

211. C'est-à-dire de la Corse ; voir la note à I, 437.

212. *V*, *R* et *B* donnent *aduersus scopulos* (v. 517), généralement corrigé en *aduersus scopulus*, l'adjectif étant alors pris au sens propre (« qui est en face » ; c'est la solution que nous adoptons) ou au sens figuré (« fâcheux, funeste » ; ainsi chez E. Doblhofer, Rutilius Claudius Namatianus, *De reditu suo sive Iter Gallicum*, t. I, p. 127). Quelques savants cependant, et notamment A. Fo, Rutilio Namaziano, *Il ritorno*, p. 109 et 140-141, préfèrent corriger en *auersor scopulos*, en considérant qu'il y a un jeu de mots sur le nom de l'îlot, Gorgon (aujourd'hui Gorgona ; on sait que le regard de la Gorgone pétrifiait). Si le nom de cet îlot varie selon les auteurs (voir *RE* VII, 1655-1656, s.v. Gorgon ; c'est Urgo chez les géographes latins, cf. Pline, *H.N.* 3, 81), Rutilius est le seul à l'appeler ainsi, peut-être pour souligner le rapprochement avec la Gorgone.

213. Le terme *ciuis* (v. 518), précisé par l'adjectif *noster* (v. 519), indique qu'il s'agit soit d'un compatriote de Rutilius, soit d'un citoyen romain du même cercle social que lui. Rutilius n'a pas voulu le nommer. On a parfois tenté de l'identifier, voir E. Doblhofer, Rutilius Claudius Namatianus, *De reditu suo sive Iter Gallicum*, t. I, p. 25.

214. Les reproches sont les mêmes qu'envers les moines de Capraria : folie (v. 521 : *impulsus furiis*), misanthropie jusqu'à l'exil volontaire (v. 521-522 ; v. 522, le groupe *turpem latebram* est complément du verbe *agit*, sur le modèle de la tournure *agere uitam*), saleté (v. 523), autopunition (v. 524). Rutilius a peut-être choisi l'adjectif *credulus* (v. 522), « naïf », parce qu'il désigne, dans le vocabulaire chrétien, un fidèle, un croyant.

215. Soit *num* (v. 525) équivaut à *nonne* (voir des exemples dans M. Leumann, J.B. Hofmann, A. Szantyr, *Lateinische Grammatik*, t. II, p. 463), soit *deterior* a le sens de « inférieur » et non de « pire ». Avec E. Doblhofer, Rutilius Claudius Namatianus, *De reditu suo sive Iter Gallicum*, t. I, p. 127, et contrairement à A. Fo, Rutilio Namaziano, *Il ritorno*, p. 39, nous adoptons la seconde solution.

216. Ce développement sur le nouveau converti se termine, comme celui sur les moines de Capraria, par une référence homérique, à l'*Odyssée* cette fois, qui reprend le thème de la métamorphose que suggérait déjà le nom de Gorgon. A l'inverse des compagnons d'Ulysse, dont le corps était métamorphosé en porc mais dont l'âme restait humaine (*Odyssée* X, 237-240), la secte des chrétiens conserve les corps, mais transforme les âmes. Le propos assimile implicitement les moines à des porcs, et contient peut-être une allusion sacrilège à l'eucharistie, qui est transsubstantiation. Sur le thème de l'Église, nouvelle Circé, voir, dans une tout autre perspective, Hilaire d'Arles, *Vie de saint Honorat*, PL 50, 1258 C : *Stupenda et admirabilis permutatio, non Circaeo, ut aiunt, poculo ex hominibus feras, sed ex feris homines Christi uerbum tamquam dulcissimum poculum, Honorato ministrante, faciebat.*

217. La septième journée de navigation s'arrête à la villa Triturrita, près du port de Pise. La distance parcourue étant de 18 milles seulement, on a supposé que le temps s'était détérioré en cours d'étape, imposant la recherche d'un abri ; la mention du retour du beau temps au vers 541 confirmerait cette hypothèse. Nous gardons le *latet* (v. 528) de *V*, *R* et *B*, malgré les difficultés de sens qu'il soulève, voir A. Fo, Rutilio Namaziano, *Il ritorno*, p. 39 et 110 ; *insula paene*, pour *paeninsula*, est un nominatif, en apposition à *quae*. La localisation de la villa est discutée. La fonction de cet édifice laborieusement construit n'est pas claire non plus.

218. Le *Portus Pisanus* devait se trouver juste au nord de l'actuelle Livourne, voir A.P. Mosca, « Aspetti topografici del viaggio di ritorno in Gallia di Rutilio Namaziano », p. 147-149. La précision *stupui* (v. 531) suggère que Rutilius ne l'avait jamais vu auparavant. Les vers 531-532 signifient mot à mot : « que la renommée remplit de marchandises pisanes et de richesses de la mer », *frequentare* ayant le sens de « remplir de », voir *ThLL* VI[1], 1308, 38-1309, 17, et *emporium* désignant par métonymie (le contenu pour le contenant) les « marchandises », un emploi unique selon le *ThLL* VI[2], 534, 42-44.

219. *Pelago...aperto* (v. 533) désigne la pleine mer, comme chez Stace, *Theb.* V, 351.

220. *Brachia* (v. 535) : « jetée, môle », cf. Stace, *Theb.* V, 279-280 : *gemini qua bracchia muri / litus eunt* ; Juvénal XII, 76-77 *porrectaque bracchia rursum / quae pelago occurrunt.*

221. Mot à mot (v. 537) : « L'algue haute est bordée par la mer où elle pousse ». Le port, entièrement naturel et sans structure

construite, n'est donc protégé contre les assauts des vagues que par une bordure d'algues.

222. Nous gardons la leçon *caedendo* (v. 539) de *V*, contre *cedendo* de *B*, voir A. Fo, Rutilio Namaziano, *Il ritorno*, p. 141. L'hapax *interrigare* ne signifie pas *inter se transmittere*, comme le voudrait le *ThLL* VII[1], 2265, 58-59, mais « laisser couler en divisant ». *Volumen* (v. 540) a le sens de « lame, rouleau », cf. Lucain V, 565-566 : *longo per multa uolumina tractu / aestuat unda*.

223. Une nuit s'est sans doute écoulée. Malgré le retour du beau temps et de conditions de navigation favorables (l'Eurus est un vent du sud-est), Rutilius préfère se rendre à Pise pour rencontrer Protadius. Cette décision soulève au moins deux problèmes. Comment pouvait-il espérer le trouver à Pise, puisque Protadius est installé en *Umbria* (cf. v. 551) ? Doit-on supposer avec J. Vessereau, *Cl. Rutilius Namatianus. Édition critique...suivie d'une étude historique et littéraire sur l'œuvre de l'auteur*, Paris, Fontemoing, 1904, p. 226, que, l'*Umbria* formant avec la *Tuscia* une unité administrative (une province), les deux noms sont interchangeables (voir aussi A. Fo, Rutilio Namaziano, *Il ritorno*, p. 111) ? Par ailleurs, pourquoi n'est-il plus question ensuite de ce projet de rencontre ? On se gardera néanmoins d'en conclure à un inachèvement de l'œuvre.

224. *Color* (v. 545) a exactement le sens d' « aspect ». Dans le groupe *quae de meritis mixta figura uenit* (v. 546), la préposition *de* (*de meritis* étant à rattacher à *mixta*) est un emploi tardif pour *ex*, voir M. Leumann, J.B. Hofmann, A. Szantyr, *Lateinische Grammatik*, t. II, p. 261 ; donc : « la figure qui résulte d'un mélange des mérites ».

225. *Praesul* (v. 550) : préfet (de la Ville) ; même emploi chez Cassiodore, *Variae* III, 11 (*urbanus praesul*). Originaire de Bordeaux mais né à Trèves, Protadius avait été préfet de la Ville en 401. Ruiné par les invasions en Gaule comme Victorinus (I, 493-498), il avait été comme lui contraint d'abandonner ses possessions gauloises et de vivre modestement dans un domaine d'Italie. C'était un ami de Symmaque, qui lui a adressé plusieurs lettres (*Lettres* IV, 17-34 et 56-57). Voir A. Fo, Rutilio Namaziano, *Il ritorno*, p. 111. Rutilius, vantant sa fermeté d'âme (les vers parallèles 553 et 554 développant le v. 552), le place parmi les exemples romains traditionnels de frugalité et de sagesse (v. 555-558) : Cincinnatus (à qui on conféra la dictature, en 458 av. J.-C., tandis qu'il labourait son champ), Attilius Regulus Serranus (fait prisonnier par les Cartha-

ginois en Afrique en 255 av. J.-C., il fut envoyé par eux à Rome pour régler l'échange des captifs ; après avoir dissuadé le sénat d'accepter, il rentra à Carthage, conformément à la parole donnée, où il périt dans les tortures. Par les termes *uomere Serrani*, Rutilius fait allusion à l'étymologie traditionnelle de Serranus, surnom de la gens Atilia : il avait été donné à un de ses membres, parce qu'on l'avait trouvé en train de semer quand on était venu le faire consul, cf. Virgile, *En.* VI, 844 ; Pline, *H.N.* 18, 20. En réalité, si l'on en croit Valère-Maxime IV, 4, 5-6, celui qu'on trouva en train de semer n'était pas le célèbre Régulus de la première guerre punique, mais la confusion, peut-être sous l'influence de la paronymie avec l'adjectif *Sarranus*, paraît avoir été fréquente, voir *RE* II, 2094-2095) et Fabricius Luscinus (consul en 282 et 278 av. J.-C., il combattit contre les Samnites et contre Pyrrhus ; il était célèbre pour son incorruptibilité et la simplicité de son train de vie, d'où la mention ici de son foyer ; voir e.g. Valère-Maxime IV, 3, 6 et Aulu-Gelle I, 14, 1). Protadius continue donc la plus noble tradition républicaine de Rome. Comme souvent, l'éloge se substitue chez Rutilius à un portrait plus circonstancié. Le développement, qui multiplie les figures (polyptotes v. 547-548 : *aspicienda... /...suspicienda* et 555 : *regum rectores* ; parallélisme v. 553-554), se clôt sur un beau vers à structure en chiasme (v. 558, à comparer avec v. 396).

226. Rutilius se rend donc à Pise par une route qui n'est probablement pas la via Aurelia, quoiqu'on le prétende habituellement (ainsi A. Fo, Rutilio Namaziano, *Il ritorno*, p. 112), mais plutôt une voie secondaire qui reliait Pise à son port. Est-il seul ou escorté par d'éventuels compagnons, voire par le *tribunus* ? Les deux hypothèses sont possibles, selon que l'on considère ou non *carpenta* (qui désigne une voiture couverte ; il ne s'agit pas, ici, de la voiture de fonction à laquelle avaient droit certains hauts fonctionnaires, notamment le préfet de la Ville) comme un pluriel poétique. Ce tribun qui lui rend service, montrant ainsi l'affection qu'il lui garde, lui est aussi resté cher (ainsi s'explique le *et ipse* du v. 562 ; tournure analogue v. 587). Rutilius l'a connu quand il était lui-même *magister officiorum* et que celui-ci servait en tant que *tribunus* (officier) dans les *scholae palatinae*, la garde impériale qui se trouvait sous ses ordres ; la *PLRE* II, p. 1230, s.v. Anonymus 66, préfère supposer qu'il exerçait la fonction de notaire avec rang de tribun (sur ces tribuns et notaires, voir R. Delmaire, *Les institutions du Bas-Empire romain, de Constantin à Justinien*, p. 47-56), mais cette solution nous paraît moins vraisemblable. Aux

vers 563-564, *regia tecta* désigne la maison impériale (on voit que l'ancienne horreur des Romains pour le nom de roi n'était plus, même chez un traditionaliste comme Rutilius), et *armigeras...excubias* les scholes palatines. L'ordre des mots du vers 564 a été commenté dans l'Introduction.

227. *Alphae...originis urbem* (v. 565) : la ville de Pise est « d'origine alphéenne », c'est-à-dire originaire des bords de l'Alphée, dans la mesure où elle a été fondée par des colons de Pise, en Élide, région du Péloponnèse où coule le fleuve Alphée. La tournure est inspirée de Virgile, *En.* X, 179 : *Alphae ab origine Pisae*. La mention de l'Alphée introduit à la description de la ville de Pise, caractérisée essentiellement par sa situation au confluent de deux fleuves, l'Arnus (l'Arno) et l'Ausur. Le nom de ce dernier fleuve connaît de nombreuses variantes dans l'Antiquité, mais on ne trouve nulle part ailleurs cette forme-ci ; Pline, *H.N.* 3, 50 l'appelle Auser, et dès la Renaissance des humanistes corrigeaient ainsi le texte (voir J.-L. Charlet et A. Maranini, « Le *Liber (Fuluii) Vrsini* : un nouveau témoignage sur la transmission du texte de Rutilius ? », à paraître) ; c'est aujourd'hui le Serchio.

228. Le distique est difficile et d'interprétation controversée, voir A. Fo, Rutilio Namaziano, *Il ritorno*, p. 113. Les uns comprennent que les deux fleuves, en se rencontrant, forment un triangle de terre sur lequel se trouve Pise. D'autres pensent qu'il y a là une allusion au phénomène de la μετεώρισις, signalé expressément par Strabon à cet endroit même (*Géographie* V, 2, 5) : les eaux de l'Arnus et de l'Ausur, sous le choc des deux courants, se soulèvent en une sorte de pyramide ; dans sa base pénètre une mince langue de terre. La seconde explication nous paraît préférable.

229. Le souvenir de l'*Énéide* du vers 565 se prolonge dans un lien chronologique entre la fondation de Pise et celle de Rome (ou plus exactement de Lavinium, ancêtre de Rome) d'après l'*Énéide*. Les vers 571-572 font évidemment allusion au mariage d'Énée avec Lavinia, la fille du roi des Laurentes Latinus, d'où notre traduction du *insereret* (que nous identifions, contrairement à E. Doblhofer, Rutilius Claudius Namatianus, *De reditu suo sive Iter Gallicum*, t. II, p. 243-244, comme une forme du verbe *inserere*, « greffer, planter », plutôt que de son homonyme « insérer, mêler à »). Au vers 573, l'ablatif *Elide* indique le lieu d'origine, il ne s'agit pas d'un complément d'agent sans préposition.

230. Souvenir de l'*Énéide* II, 560 : *obstipui, subiit cari genitoris imago*, où Énée, en voyant Priam égorgé par Pyrrhus, pense

soudain à son père qu'il a laissé sans protection. Pour exprimer sa *pietas* envers son père, Rutilius se modèle sur la figure exemplaire d'Énée. L'allitération du vers 576 et l'oxymore du vers 578, souligné par un jeu phonique multiple (*madidis gaudia maesta genis*), ont été commentés dans l'Introduction.

231. Lachanius avait donc été *consularis Tusciae et Umbriae* (c'est-à-dire gouverneur de cette province) et c'est à ce titre que les Pisans l'avaient honoré d'une statue. Les proconsuls avaient normalement douze faisceaux, mais il semble que ce chiffre se soit réduit à six à l'époque tardive, voir E. Doblhofer, Rutilius Claudius Namatianus, *De reditu suo sive Iter Gallicum*, t. II, p. 245. En tout cas, le goût de Lachanius pour cette charge fournit l'occasion de récapituler les trois étapes supérieures de sa carrière : chacun des vers 583-585 est consacré à l'une d'entre elles. Ces charges, désignées par une périphrase, conformément à une pratique constante dans le texte (il s'agit d'éviter les termes institutionnels ou administratifs trop techniques et donc peu élégants), sont *comes sacrarum largitionum* (v. 583 ; le comte des largesses sacrées gère l'*aerarium sacrum* ou *fiscus Caesaris*, le trésor impérial, voir R. Delmaire, *Les institutions du bas-empire romain, de Constantin à Justinien*, p. 119-147), *quaestor sacri palatii* (v. 584 ; *ius* désigne dans ce vers, comme en I, 468, le pouvoir attaché à une fonction ; sur le questeur du palais, voir I, 172 à propos de Rufius Volusianus), *praefectus Vrbi* (v. 585). On notera vers 584 le comparatif analytique *grata...magis*. Le vers 585, spondaïque et terminé par un quadrisyllabe, souligne le paradoxe que constitue la préférence de Lachanius : la fonction de préfet de la Ville était en effet beaucoup plus prestigieuse.

232. *Cura* (v. 588) : « affection ». Le verbe *canit*, s'agissant de l'inscription qui devait se trouver sur le socle de la statue de Lachanius, suggère que le texte en était en vers. *Insinuare* (v. 590), au sens de « déclarer, expliquer », est tardif, voir *ThLL* VII[1], 1916, 81-1918, 28.

233. Si, de l'éloge de Lachanius, Rutilius a dérivé vers le sien propre dans les vers 591-592 (par le thème, qu'on a déjà vu, de la continuité de la valeur d'une génération à la suivante ; sur l'emploi de *degenerare* avec l'ablatif sans préposition, voir *ThLL* V[1], 382, 79-383, 1, qui cite notre texte ; on notera le *ipsum me* en tête de vers), il revient ensuite à son père. *Fides* (v. 594) a le sens de « témoignage, preuve fiable », voir *ThLL* VI[1], 672, 56-673, 29 (notre texte est cité en 673, 27-28). La via Flaminia allait de Rome à

Rimini en traversant l'Ombrie, et Rutilius ne l'emprunte pas pour revenir en Gaule. Il doit faire allusion ici à des voyages antérieurs dans cette région. Le développement consacré à Lachanius culmine avec son nom, qui n'est donné qu'au vers 595. Au vers 596, *terrigena* a le sens rare de *indigena*, qu'on trouve chez quelques auteurs tardifs, cf. Censorinus, *De die natali* IV, 11 ; Arnobe, *Contre les gentils* V, 25 ; Ausone, *Ordo urbium nobilium* XV, 1. Si *Lydius* pour « étrusque » est fréquent, en raison de l'origine lydienne attribuée aux Étrusques, *Lydia* comme équivalent de *Etruria* paraît sans exemple.

234. Corythos est le nom du roi étrusque fondateur de la ville éponyme de Corythos (aujourd'hui Cortone), voir E. Doblhofer, Rutilius Claudius Namatianus, *De reditu suo sive Iter Gallicum*, t. II, p. 250. L'expression *beata arua*, écho de Horace, *Épodes* XVI, 41-42, évoque les îles Fortunées et l'Âge d'or ; l'Étrurie est ainsi présentée comme un lieu idéal où se conservent les anciennes vertus. Decius, qui ne nous est pas connu par ailleurs, était donc *consularis Tusciae et Umbriae* en 417.

235. Le verbe *reddere* (v. 601) a le sens de « reproduire, rendre, imiter », cf. Quintilien, *Inst.* I, 1, 6 ; Silius Italicus II, 634.

236. Le groupe *huius... satira ludente* (v. 603) peut être un ablatif absolu ou le complément du comparatif *potior* ; quant à l'ablatif *uulnificis Camenis*, il exprime le moyen ou la manière. Turnus est un poète satirique de l'époque flavienne dont il ne reste à peu près rien ; voir H. Bardon, *La littérature latine inconnue*, Paris, Klincksieck, 1956, 2 vol., t. II, p. 225-226. On a ici un rare témoignage sur la survie de la satire dans la latinité tardive ; voir A.H. Weston, *Latin satirical writing subsequent to Juvenal*, Lancaster, New Era Printing Co, 1915, rééd. Ann Arbor, Books on demand, 2003.

237. Les vers 605-606 font allusion à l'activité littéraire de Lucillus, mais servent aussi de transition vers son activité publique, où il n'a pas montré moins de rigueur morale. En effet, comme Valerius Messalla (I, 267-276), il associe capacités politiques et talent littéraire.

Comme le souligne A. Fo, Rutilio Namaziano, *Il ritorno*, p. 115, Decius et Lucillus constituent une sorte de doublet inversé du couple que forme Rutilius avec son père Lachanius : d'un côté un père, Lucillus, haut fonctionnaire et poète, et un fils, Decius, *consularis Tusciae et Umbriae* ; de l'autre un père, Lachanius, *consularis Tusciae et Umbriae*, et un fils, Rutilius, haut fonctionnaire et poète. Le lien entre ces personnages est souligné par la juxtaposition des développements qui leur sont consacrés (I, 575-596 et 597-614).

238. En tant que *comes sacrarum largitionum* (voir la note aux vers 583-585), Lucillus avait eu à lutter contre les fonctionnaires corrompus du trésor, désignés par le monstre mythique que sont les Harpies (les Harpies symbolisent souvent la rapacité, cf. Juvénal VIII, 130 : *unguibus ire parat nummos raptura Celaeno* ; *Querolus* 59 : *Harpyias...quae semper rapiunt et uolant* [il s'agit apparemment des bureaucrates des largesses sacrées] ; Sidoine Apollinaire, *Lettres* V, 7, 4 : *in exactionibus Harpyiae*). Ces Harpies étaient si habiles qu'on ne les voyait pas : tel est le sens du vers 611, qui recourt aux figures proverbiales d'Argus, le gardien d'Io, et de Lyncée, un des Argonautes. Au vers 610, l'adjectif *glutineus* est un hapax, on l'a dit dans l'Introduction. Il est possible, comme le suggère A. Fo, Rutilio Namaziano, *Il ritorno*, p. 116-117, que Rutilius réélabore ici, en forme d'hommage, des images qu'avait déjà utilisées Lucillus dans ses satires.

239. Nous gardons avec la majorité des éditeurs la leçon *custodes* (v. 612), voir A. Fo, Rutilio Namaziano, *Il ritorno*, p. 141. Le vers n'en reçoit pas moins deux interprétations, voir A. Fo, Rutilio Namaziano, *Il ritorno*, p. 117 : *publica furta* est compris soit comme le sujet de *uolant* (« au milieu des gardiens s'envolent les biens publics dérobés » ; *furtum* au sens d' « objet volé » est bien attesté ; sur *uolant* pour *euolant*, cf. Martial I, 15, 8 : *gaudia non remanent, sed fugitiua uolant*), soit comme une apposition au sujet les Harpies (« elles volent, brigands publics, parmi les gardiens »). La première solution est plus acceptable du point de vue du latin et plus cohérente avec l'ensemble du propos, dans la mesure où les voleurs sont les *custodes* eux-mêmes. Nous avons par ailleurs lancé l'hypothèse que le verbe *uolare* pouvait avoir ici le sens de « voler (dérober) », voir É. Wolff, « Retour sur quelques problèmes du *De reditu suo* de Rutilius Namatianus », p. 43-44.

Le passage offre un bon exemple d'intertextualité : Lucillus est donc loué pour sa moralité, qui se manifeste avec la même efficacité dans les charges publiques et dans son activité de poète satirique, où il l'emporte sur Juvénal. Or pour décrire la corruption des fonctionnaires contre lesquels s'est battu Lucillus, Rutilius recourt précisément à une image empruntée à Juvénal (*Satires* VI, 347-348 : *quis custodiet ipsos / custodes ?*).

240. Briarée est un des Hécatonchires, Géants aux cent bras. Le développement, riche en allusions fabuleuses destinées à le doter d'une patine mythique, se termine sur une antithèse unité-multiplicité (*tot simul...una*) qui, soulignée par le polyptote (*manibus...manus*), met Lucillus en posture héroïque.

241. Par l'emploi de l'adjectif *Pisaeus* (v. 615), qui renvoie à la ville de Pisa en Élide et non à celle de Pise en Étrurie (ce serait *Pisanus*), Rutilius rappelle l'origine de cette dernière, qu'il a expliquée plus haut. On ne sait s'il passe une nuit à Pise ou s'il revient à la villa Triturrita le jour même, voir A. Fo, Rutilio Namaziano, *Il ritorno*, p. 117.

242. *Pendula* (v. 616) ne signifie pas « relâchées », les voiles sont au contraire « déployées » pour le départ. Le Notus, qui relaie l'Eurus du vers 541, est comme lui un vent du sud, favorable donc à la navigation de Rutilius. Celui-ci se préparait à partir mais, le temps changeant, se voit empêché de reprendre la mer et reste bloqué plusieurs jours (cf. v. 632) à la villa Triturrita, cela jusqu'à la fin du livre I.

243. Le *uilicus hospes* (v. 623) est apparemment l'intendant de la villa Triturrita où Rutilius est hébergé. La chasse était un passe-temps favori de l'aristocratie romaine (un bon exemple tardif de cette pratique nous est fourni par la mosaïque de « La Petite Chasse », à Piazza Armerina), en même temps qu'un thème poétique abondamment cultivé (on pensera par exemple aux *Cynégétiques* de Némésien à la fin du IIIe siècle) ; voir J. Aymard, *Essai sur les chasses romaines, des origines à la fin du siècle des Antonins*, Paris, De Boccard, 1951. On lira avec prudence sur cet épisode cynégétique F. Capponi, « Il *uenatus* di Rutilio Namaziano », *Koinonia* X, 1986, p. 81-87.

244. Mot à mot (v. 625) : « S'abat dans (ou : par) le piège et la tromperie à larges mailles d'un filet » ; pour le sens, *rara* porte sur *plagarum* (hypallage). Le vers a été commenté dans l'Introduction.

245. Méléagre tua le sanglier qu'Artémis irritée avait envoyé contre le pays de Calydon. Hercule captura vivant le sanglier d'Erymanthe ; *nodos* (v. 628) fait allusion à l'étreinte des bras du héros, tout en jouant sur l'expression *nodus Herculis* ou *Herculeus*, qui désigne un nœud difficile à dénouer mais dont le secret était simple, et qui aurait été inventé par Hercule, cf. Sénèque, *Lettres à Lucilius* 87, 38 ; Pline, *H.N.* 28, 63 ; Macrobe, *Sat.* I, 19, 16 ; peut-être y a-t-il un second jeu sur *nodus*, substantif employé

parfois (ainsi pseudo-Sénèque, *Hercule sur l'Oeta* 1661) pour la massue d'Hercule. Le patronyme *Amphitryoniadae* occupe à lui seul le second hémistiche du pentamètre, suggérant par sa taille la puissance du héros Hercule. Le vers suivant, où *persultare* qualifie le son de la trompette qui frappe les collines (voir l'Introduction), est quant à lui remarquable par ses quatre spondées premiers. Le gérondif *reportando* (v. 630) est à rattacher à *leuis*.

246. L'Africus (le *libeccio* italien) est un vent du sud-ouest que Virgile qualifie de *creber procellis* (*En.* I, 85). Les vers 631-632 sont inspirés d'Ovide, *Met.* I, 264-265. Le verbe *necare* (v. 632 ; il n'y a en effet aucune raison de récuser le texte transmis par *V* et *R*) a le sens de « tuer en noyant, noyer », ici métaphorique, voir É. Wolff, « Retour sur quelques problèmes du *De reditu suo* de Rutilius Namatianus », p. 44-45. Rutilius clôt le livre I sur un spectacle de tempête et le coucher matinal de quatre constellations qui, on l'a dit dans l'Introduction, reprennent le thème de la chasse que le poète vient de traiter (I, 621-630). Loin de correspondre à une observation réelle du ciel et de dater par conséquent l'arrêt à la villa Triturrita, cette évocation constitue en fait un catalogue purement littéraire de constellations apportant la pluie.

247. Il faut sous-entendre *sunt* (v. 633) : « Déjà les Hyades humides ont un coucher matinal ». L'adjectif *udae*, qui fait allitération avec *Hyades*, rappelle l'étymologie du nom de cette constellation, dérivé du grec ὕειν, « pleuvoir ».

248. Le vers 638 joue sur la double opposition chasseur-proie et mouillé-brûlant.

249. Rutilius donne deux explications pour le phénomène des marées, la première n'étant pas totalement claire (voir A. Fo, Rutilio Namaziano, *Il ritorno*, p. 120) : soit la mer est renvoyée par la côte opposée (cf. Strabon III, 3, 3), soit les eaux de l'océan se retirent pour nourrir le soleil et les étoiles, qui les aspirent (cf. Lucain I, 415-416 ; IX, 313 ; X, 258-259). Il omet deux autres explications en faveur dans l'Antiquité : l'action de la lune (cf. Manilius, *Astronomica* II, 89-91 ; Sénèque, *De la providence* I, 4 ; Lucain I, 413-414), et celle d'un vent soufflant du pôle (Lucain I, 412-413).

250. *Volumina* (v. 1) est employé au sens propre et désigne les multiples tours que font les feuilles de papyrus autour de la baguette. Cependant, on peut se demander si, à cette époque de transition dans le support du livre, Rutilius utilisait le *uolumen* de papyrus ou le *codex* en parchemin. Peut-être, dans la première hypothèse, y aurait-il là une trace de son conservatisme littéraire.

Le prologue de dix vers qui ouvre le livre II a été finement analysé par A. Fo, Rutilio Namaziano, *Il ritorno*, p. 121. Se dissimulant jusqu'au vers 9 derrière son livre personnifié, Rutilius s'adresse au lecteur comme il l'avait fait au début du livre I. Il cherche manifestement à instituer un parallèle entre les deux prologues, qui commencent l'un et l'autre avec le thème de la longueur : longueur du séjour à Rome dans un cas, longueur du livre dans l'autre. On ajoutera que la double construction du verbe *timuit* (v. 3), qui régit un complément d'objet direct (*taedia*) et une proposition complétive (*ne...paueret*), rappelle la construction du verbe *mirabere* (I, 1) ; si Rutilius a cherché une exacte symétrie, il faut alors supposer qu'il ne manque qu'un distique au début du livre I.

251. Le motif de la crainte, qui concerne d'abord le livre (v. 3), s'applique ensuite au lecteur (v. 4 : *ne lector...paueret*), et enfin à l'auteur (v. 9 : *trepidum...ruborem*). Le verbe *sumere* (v. 4), par sa polyvalence (« prendre », mais aussi « absorber »), assure la transition avec la double image alimentaire qui suit.

252. *Viae* (v. 7) doit être rattaché à *interualla* (« pause dans le trajet »). L'image du voyageur s'accorde bien avec le sujet de l'œuvre, un voyage. Rutilius peut se souvenir ici de Quintilien, *Inst.* IV, 5, 22-23, qui compare la patience qu'apporte à l'auditeur d'un discours la connaissance du plan à l'apaisement que procure au voyageur la lecture des bornes milliaires ; voir J. Soler, *Écritures du voyage. Héritages et inventions dans la littérature latine tardive*, p. 273-274.

253. C'est le début de la huitième journée de navigation, du *Portus Pisanus* à Luna (aujourd'hui Luni), où Rutilius fait vraisemblablement étape. On notera l'ablatif sans préposition *Pisano portu* (v. 12). L'expression *radiis crispantibus* (v. 13) signifie que les rayons du soleil matinal rident la surface de la mer, soit que l'aube s'accompagne d'une légère brise, soit qu'il s'agisse d'une illusion optique. On trouve une tournure analogue chez Valerius Flaccus I, 311 : *alma nouo crispans pelagus Tithonia Phoebo*, vers que G. Liberman, le traducteur de la C.U.F., rend par : « la bienfaisante aurore, ridant la mer avec les rayons du soleil nouveau ».

254. L'apparition de l'Apennin est inattendue : on ne peut dire exactement de quel mont il s'agit ni à quel endroit précis il commence à apparaître. Sans doute Rutilius veut-il parler des Alpes Apuanes qui, la côte étant alors bien en arrière du littoral actuel, pouvaient donner l'impression d'arriver presque jusque dans l'eau.

La mer est désignée métonymiquement par la nymphe Thétis, de manière très classique.

255. La structure des vers 17-18, avec l'idée des yeux de l'esprit, rappelle I, 543-544. La comparaison de l'Italie avec une feuille de chêne est empruntée à Pline l'Ancien, *H.N.* 3, 43. Les golfes latéraux (*sinu* étant un singulier collectif) sont ceux que forment la mer Adriatique et la mer Tyrrhénienne. Pour la mesure de l'Italie (v. 21-22 et 25-26 : respectivement 1000 et 130 milles), Rutilius suit également Pline (*H.N.* 3, 43-44), qui donne 1020 milles en longueur et 410 ou 136 milles (selon l'endroit) en largeur. Ne pouvant effectuer personnellement le calcul, Rutilius se réfère aux géographes. Cette description de l'Italie relève de la notice érudite. Voir H. Zehnacker, « Géographie plinienne et littérature de voyage dans le *De reditu suo* de Rutilius Namatianus », dans *Antiquité tardive et humanisme. De Tertullien à Beatus Rhenanus*, Turnhout, Brepols, 2005, p. 303-307.

256. *Per longum* (v. 21) est moins fréquent que *in longum*, voir *ThLL* VII^2, 2, 1642, 62-80.

257. Quoique Rutilius emploie *salum* pour la mer en I, 185, 280 et 642, rien n'empêche qu'il préfère ici *sal*, et il n'y donc pas de raison de corriger le *salis* de *V*, *R* et *B*.

258. *Tamen* (v. 25) a une valeur un peu vague mais qui n'est pas concessive, voir A. Blaise, *Dictionnaire latin-français des auteurs chrétiens*, Strasbourg, 1954, repr. anast. Turnhout, Brepols, 1993, s.v. Le groupe *iuncti maris*, complément du nom de *tellus*, signifie soit « entre la mer qui lui est contiguë (= entre les deux mers qui la bordent) », soit « entre la mer rapprochée (= entre les deux mers qui sont proches l'une de l'autre) », soit « entre la mer qui se rejoint [puisqu'il s'agit de la Méditerranée] », voir E. Doblhofer, Rutilius Claudius Namatianus, *De reditu suo sive Iter Gallicum*, t. II, p. 268 ; nous adoptons la deuxième solution.

259. L'hypothèse présuppose la doctrine stoïcienne d'une Providence divine qui règle le monde. En 396 ou 397 Claudien, au début du *Contre Rufin* (I, 1-24), concluait lui aussi, après des hésitations rhétoriques, à l'existence d'une Providence. On a déjà vu en I, 17-18 des traces du stoïcisme de Rutilius. L'idée qu'une barrière de montagnes a été dressée par dessein divin pour protéger Rome et l'Italie est traditionnelle, voir A. Fo, Rutilio Namaziano, *Il ritorno*, p. 122. Le sujet de *praetexuit* (v. 33) est *deus* ; le verbe a le sens de « placer quelque chose [l'Apennin] au bord de ou devant quelque chose [l'Italie, sous-entendue] » (cf. Sénèque, *Lettres à Lucilius* 86,

6 ; Pline le Jeune, *Pan.* 52, 2) ; le groupe *excubiis Latiis* est un datif de but. Au vers suivant, l'adjectif verbal *adeunda* marque une simple idée de possibilité, cf. Ovide, *Pont.* I, 8, 12 : *(urbs) moenibus et positu uix adeunda loci.*

260. L'adjectif *dirus* (v. 41) rapproche Stilicon des Lépides (cf. I, 308). L'accusation de trahison (*proditor*, v. 42) se trouve dans d'autres sources contemporaines, ainsi saint Jérôme, *Lettres* 123, 16, et Orose, *Histoire* VII, 38, 1. L'interprétation de l'expression *arcani...imperii* est discutée, voir A. Fo, Rutilio Namaziano, *Il ritorno*, p. 123-124 ; nous la comprenons comme « le cœur (caché) de l'Empire » ; peut-être Rutilius reprend-il une expression de Claudien, voir É. Wolff, « Retour sur quelques problèmes du *De reditu suo* de Rutilius Namatianus », p. 271 note 42. Les vers 42-43 relèvent plus de l'hyperbole que de l'accusation précise.

L'invective contre Stilicon peut être une réponse aux éloges que lui décerne Claudien (qui, mort vers 404, n'a connu que la phase ascendante de sa carrière), voir notamment *Sur le consulat de Stilicon* III, 174-181 (de 400). Elle s'inscrit dans un vaste mouvement d'opinion tendant à faire de Stilicon le responsable indirect de la prise de Rome. Depuis la mort de Théodose (395) et la partition de l'empire entre ses deux fils, Arcadius (Orient) et Honorius (Occident), le *magister utriusque militiae* Stilicon, un semi-vandale, exerçait de fait la réalité du pouvoir en Occident. Il était lié à la maison impériale, ayant épousé Serena, nièce de Théodose. Stilicon avait ménagé Alaric dans l'idée de l'utiliser plus tard au service de Rome. Mais cette politique opportuniste et ambiguë avait été mal comprise. On lui en voulait particulièrement d'avoir laissé échapper Alaric après la bataille de Pollentia en 402 quand il pouvait l'éliminer. De là naquit le soupçon de trahison : on l'accusa de chercher à s'entendre avec l'ennemi afin de s'emparer personnellement du pouvoir. Il fut victime d'un complot et assassiné en 408. Sur l'ensemble des vers 41-60, voir surtout E. Doblhofer, Rutilius Claudius Namatianus, *De reditu suo sive Iter Gallicum*, t. II, p. 273-283. Sur Stilicon, voir S. Mazzarino, *Stilicone : la crisi imperiale dopo Teodosio*, Milano, Rizzoli, 1990 (1re éd. Roma, 1942), mais aussi Al. Cameron, *Claudian. Poetry and Propaganda at the court of Honorius*, Oxford, Clarendon Press, 1970, et S. Döpp, *Zeitgeschichte in Dichtungen Claudians*, Wiesbaden, F. Steiner, 1980.

261. Mot à mot : « Tandis qu'il redoutait tout ce en quoi (par quoi) il avait fait qu'il était craint lui-même » ; *quicquid* (v. 45) est un accusatif de relation ou un accusatif adverbial.

262. On arrive au grief central : Stilicon a ouvert Rome, le cœur de l'empire, aux barbares. Il lui est reproché ici l'enrôlement massif de barbares dans l'armée romaine avec le statut de « fédérés » (Stilicon n'est du reste pas l'initiateur de cette politique, que pratiqua avant lui Théodose pour les mêmes raisons : il s'agissait à la fois de pallier les difficultés du recrutement et de diminuer la pression barbare. Mais il était difficile de critiquer directement Théodose sous Honorius). Le vers 47 recourt à l'image du cheval de Troie : Stilicon a introduit les ennemis à l'intérieur même de l'empire, comme le cheval avait permis aux Achéens d'entrer dans Troie. Rappelons qu'en I, 311, c'est par une formule empruntée à l'épisode du cheval de Troie dans l'*Énéide* que Rutilius concluait son développement sur les Lépides, autres ennemis intérieurs de Rome. Le vers 48 est difficile, mais il n'est pas nécessaire de le corriger : *liberiore dolo* est un ablatif absolu à valeur causale, et *illatae cladis* un génitif explicatif.

263. Rome était dans la main des barbares avant même d'être attaquée, puisqu'ils sont omniprésents dans l'armée : tel est le sens du vers 50. L'adjectif *pellitus* (v. 49) est fréquent pour qualifier péjorativement les Goths, voir notamment Claudien, *Guerre contre les Gètes* 481-482 ; *Panégyrique pour le quatrième consulat d'Honorius* 466. Son emploi ici prend encore plus de sens quand on sait que l'empereur Honorius avait prohibé à trois reprises (en 397, 399 et 416) les modes barbares, et notamment les vêtements de peau, dans la ville de Rome, voir *Code Théodosien* XIV, 10, 2-4. On peut également rapprocher le passage de Prudence, *Contre Symmaque* 2, 699, où il est dit qu'Alaric voulait détruire l'Italie et vêtir de peaux de bêtes les magistrats en toge (*mastrucis proceres uestire togatos*). Le verbe *patebat* répond au *patet* du début du livre I : si la Curie romaine avait raison de s'ouvrir au mérite extérieur (I, 13), l'ouverture aux barbares est néfaste. En même temps le narrateur, étranger accueilli à la Curie, s'oppose à Stilicon et à ses acolytes en peaux de bêtes, qu'il aurait mieux valu ne pas accueillir dans l'empire. Voir J. Soler, *Écritures du voyage. Héritages et inventions dans la littérature latine tardive*, p. 290-291.

264. Aux accusations habituelles contre Stilicon, Rutilius en ajoute une autre, qu'il est le seul à formuler et qui est inséparable de son point de vue païen, celle d'avoir précipité le destin de Rome en faisant brûler les livres Sibyllins. Cette destruction aurait eu lieu

entre 402 (dans la *Guerre contre les Gètes* 231-232, œuvre qui date de 402, Claudien évoque leur consultation, ce qui suppose qu'ils existaient encore) et 408. Si Stilicon a vraiment agi ainsi, sa décision doit se comprendre dans le cadre de la politique théodosienne de lutte contre le paganisme, et peut-être par la volonté d'éviter du même coup un catastrophisme démoralisant. Rutilius en tout cas, recourant à l'image des Parques, suggère que les livres Sibyllins étaient les gages de l'éternité de l'empire (v. 55-56). On sait que ce recueil d'oracles, attribué à la Sibylle de Cumes, était conservé depuis l'époque d'Auguste dans le temple d'Apollon Palatin et qu'on le consultait, par l'intermédiaire d'un collège de prêtres, dans les grandes calamités. Il ne s'agit évidemment pas ici des *Oracles Sibyllins* que nous avons conservés, œuvre hétérogène d'auteurs juifs et chrétiens qui ont choisi de se placer sous l'autorité de la Sibylle païenne pour exprimer leurs conceptions théologiques. Car dans ce cas on ne voit pas pourquoi Rutilius en voudrait à Stilicon. É. Demougeot, « Saint Jérôme, les oracles sibyllins et Stilicon », *Revue des Études anciennes* 54, 1952, p. 83-92, paraît faire la confusion.

265. Dans la pure tradition oratoire, Stilicon est comparé à des criminels mythiques, puis à Néron, qu'il dépasse en monstruosité ; voir C. Schubert, *Studien zum Nerobild in der lateinischen Literatur der Antike*, Stuttgart, Teubner, 1998, p. 378-379. Comme le note A. Fo, Rutilio Namaziano, *Il ritorno*, p. 123, le thème du feu, qui accompagne l'histoire des livres Sibyllins depuis leur apparition jusqu'à leur destruction, sert de transition avec l'histoire de Méléagre (héros déjà évoqué en I, 627). La vie de Méléagre était liée au sort d'un tison : si celui-ci venait à se consumer jusqu'au bout, Méléagre mourrait. Aussi sa mère Althée gardait-elle le tison dans un coffre soigneusement dissimulé. Mais quand, dans une querelle, Méléagre eut tué les deux frères d'Althée, celle-ci, indignée, jeta dans le feu le tison magique. Aussitôt Méléagre expira. Revenue à elle, Althée se pendit. Le tour *consumpti funere torris* (v. 53), « pour la mort que causa un tison entièrement brûlé », est une brachylogie hardie. Nisus, roi de Mégare, était invincible tant qu'il conservait un cheveu de pourpre ou d'or qu'il avait sur sa tête. Sa fille Scylla, tombée amoureuse de Minos qui assiégeait la ville, coupa le cheveu fatal, après avoir fait promettre à Minos qu'il l'épouserait. Mais celui-ci, horrifié par son crime, ne tint pas parole. Les dieux changèrent Scylla en aigrette et Nisus en aigle de mer. Pourquoi les oiseaux regrettent-ils le cheveu de Nisus ? Peut-être parce que ce dernier,

devenu aigle de mer, leur fait la chasse. Tous ces criminels ont en commun d'avoir gravement nui à un parent en ligne directe : mère (Néron, Stilicon), père (Scylla), fils (Althée).

266. Le verbe *praecipitare* (v. 56) signifie avec chacun de ses deux compléments « jeter à bas, détruire », cf. Tite-Live XXII, 12, 11 ; Lucain VII, 52. Il n'y a pas de raison de supposer un zeugma.

267. Le Tartare est le lieu où sont punis les méchants, cf. Virgile, *Én.* VI, 548-627 ; Stace, *Silves* II, 7, 116-119 (où l'on trouve aussi Néron).

268. Le terme *diuerticulum* (v. 61) reprend la métaphore du chemin, voir la note à II, 7-8. La digression a occupé une bonne partie du trajet, puisque Rutilius arrive apparemment au terme de son étape.

269. Rutilius n'énonce pas directement le nom de la ville, Luna, il le suggère au lecteur par une petite devinette dans le goût précieux de l'Antiquité tardive : « la sœur qui tire son éclat du soleil » est bien sûr la lune, Diane étant sœur d'Apollon ; les Anciens savaient que la lune est éclairée par le soleil. Le poète semble vouloir dire par ailleurs que le nom de Luna dérive de la blancheur des murailles de la ville. On pensait plus souvent qu'il venait de la forme en croissant de lune du port de la ville, voir les scholies à Perse I, 1 (*qui propter curuationem portus Lunae uocatur*) et I, 9 (*portum in modum Lunae factum*).

270. L'hexamètre et le pentamètre évoquent respectivement deux variétés de marbre, le marbre blanc et le marbre jaspé. Ces marbres de Luna sont ceux que nous appelons de Carrare, exploités depuis l'époque d'Auguste. Comme la lune, le marbre brille d'un éclat emprunté au soleil dont il réfléchit les rayons.

271. Ici s'interrompt pour nous le livre deux.

272. Le Notus est un vent du sud humide ou brûlant pour l'Italie (Pline, *H.N.* 2, 126 et 18, 328-329). La restitution *nubiferos* (A, 4) s'autorise d'Ovide, *Héroïdes* III, 58 : *nubiferis...Notis*. Vitruve, *Archit.* VI, 6, 4, recommande, comme aussi les agronomes, de construire les *granaria* avec des ouvertures vers le nord ou le nord-est, pour les protéger des vents du sud. Ce qui est vrai des greniers privés l'est aussi des greniers publics, dont il paraît être question ici. Cependant il n'est pas sûr que Rutilius parle de bâtiments en surface, mais plutôt d'*horrea subterranea*, comme le propose A. Bartalucci, « Il nuovo Rutilio Namaziano », *Maia*, n.s. 27, 1, janvier-mars 1975, p. 26, et son propos pourrait être général. N. Lamboglia (« Albenga e i nuovi frammenti di Rutilio Namazia-

no », *Rivista ingauna e intemelia* 31-32, 1976-1978, p. 34), et à sa suite S. Paglieri (« Rutilio Namaziano in Piemonte ? », *Bollettino della Società per gli studi storici, archeologici ed artistici nella Provincia di Cuneo* 84, 1986, p. 92, 95, 97) pensent à une protection naturelle : nous serions dans un endroit de l'arrière-pays abrité du vent du sud humide par la barrière des Apennins ; et ils optent le premier pour Aquae Statiellae (aujourd'hui Acqui, entre Gênes et Alba), le second pour Dertona (aujourd'hui Tortona, entre Gênes et Pavie), où Cassiodore (*Variae* X, 27 et XII, 27, lettres de 535-536) atteste l'existence d'*horrea*. Mais on ne voit pas pourquoi Rutilius aurait ainsi gagné le nord, ce qui l'écartait de son chemin, ni pourquoi il aurait changé de mode de transport. Et même s'il avait renoncé à la voie maritime à cause du *mare clausum*, pourquoi n'aurait-il pas suivi la route côtière ? Était-elle défoncée comme plus au sud ?

273. Le lien entre les quatre premiers vers et la suite n'est pas facile à établir. Sans doute l'endroit où loge Rutilius, les greniers publics et les quartiers d'hiver des soldats sont-ils voisins et constituent-ils un même ensemble. On sait par des textes de lois (*Code Theod.* XII, 6, 21, de 386 ; *Code Just.* X, 26, 2, de 364) qu'il y avait des *horrea publica* aux *mansiones* (relais de poste et gîte d'étape), ce qui est en faveur de l'hypothèse de V. Tandoi (voir plus bas). Et, à cette époque, les *mansiones* sont dirigées par des soldats (voir H.G. Pflaum, *Essai sur le 'cursus publicus' sous le haut-empire romain*, Paris, Imprimerie nationale, 1940, p. 170-171).

Comment comprendre l'expression *hiberna Ligustica* (A, 5) ? M. Ferrari (« Spigolature bobbiesi II. Frammenti ignoti di Rutilio Namaziano », *Italia medioevale e umanistica* 16, 1973, p. 27-29) y voit une formulation vague pour la Ligurie, *hiberna* équivalant à un complément de temps. Mais en général les savants s'accordent pour considérer qu'il s'agit de l'étape. Ils divergent en revanche quand il faut l'identifier. Pour V. Tandoi (« Il nuovo Rutilio Namaziano », p. 9-10), c'est Gênes, et Rutilius passe la nuit dans une *mansio*, aux quartiers d'hiver ligures des soldats de Milan (alors capitale de la Ligurie ; sur Milan, voir la note suivante). Il a été suivi par F. Della Corte (« Il frammento A di Rutilio Namaziano », dans *Laurea Corona. Studies in Honour of Edward Coleiro*, Amsterdam, Grüner, 1987, p. 182-184). A. Bartalucci (« Il nuovo Rutilio Namaziano », p. 9) préfère, plus à l'ouest, Vada Sabatia (Vado Ligure). E. Cecchini pense à Albenga (« Per il nuovo Rutilio Namaziano », *Rivista di filologia e di istruzione classica* 102,

1974, p. 404 ; « Il nuovo Rutilio Namaziano », p. 11), H.S. Sivan à Pollentia (« Rutilius Namatianus, Constantius III and the Return to Gaul in Light of New Evidence », *Mediaeval Studies* 48, 1986, p. 526-527 ; Pollentia est près de l'actuelle Bra, à l'intérieur des terres entre Savone et Turin). Quant à I. Lana (« Il nuovo Rutilio Namaziano », p. 11), n'hésitant pas à sortir des limites de la Ligurie antique, il suggère Ad horrea (sur le site de l'actuelle La Napoule). Enfin M.P. Billanovich (« Il carme di Costantina : romano o pavese ? e i frammenti attribuiti a Rutilio Namaziano », *Italia medioevale e umanistica* 39, 1996, p. 22 et 25) affirme que ces *hiberna Ligustica* correspondent à une réalité topographique précise : il s'agirait de l'actuel Inverno, près de Lodi, où avaient leurs quartiers les troupes assurant la protection de Milan. Mais M.P. Billanovich refuse de toute façon d'attribuer les fragments à Rutilius.

274. Le nom de Mediolanum viendrait, selon une étymologie légendaire, de ce qu'on aurait trouvé sur le lieu de fondation de la ville une truie dont la moitié du corps était couverte de laine ; voir Claudien, *Épithalame pour les noces d'Honorius* 183 ; Sidoine Apollinaire, *Lettres* VII, 17, v. 20 ; Isidore, *Étymologies* XV, 1, 57. Rutilius recourt peut-être à cette allusion érudite parce que Mediolanum avec son tribraque premier n'entre pas dans l'hexamètre.

275. L'idée est de V. Tandoi, « Il nuovo Rutilio Namaziano », p. 9.

276. P. Frassinetti, « I nuovi frammenti di Rutilio Namaziano », *Studi e ricerche dell'Istituto di latino* 3, 1980, p. 51, considère que Rutilius reçoit l'hospitalité d'un riche négociant. A. Fo, Rutilio Namaziano, *Il ritorno*, p. 127, va dans le même sens.

277. *Promptarium* (A, 9) est une variante graphique pour *promptuarium*, voir Ausone, *Epistulae* 25 (21), 46 (p. 272 Peiper) = *Epistulae* 19, 46 (p. 246 Green).

278. Marcellinus a d'abord appartenu au corps des *protectores* ou à celui, plus prestigieux, des *protectores domestici*, les uns et les autres étant des officiers attachés à l'état-major de l'empereur. Puis il a été tribun, c'est-à-dire commandant, des scholes palatines (voir la note à I, 561) ou d'une unité de l'armée. Enfin il a été nommé comte, peut-être à titre honorifique (cf. le cas de Victorinus en I, 507), si l'on comprend ainsi *honore* (A, 14) avec V. Tandoi, « Il nuovo Rutilio Namaziano », p. 18. En tout cas Rutilius retrace brièvement sa carrière en soulignant ses mérites, comme il l'a fait pour ses autres amis de rencontre.

279. Voir A. Bartalucci, « Il nuovo Rutilio Namaziano », p. 6, qui pense aussi, d'après A, 17, à des ententes frauduleuses entre fonctionnaires et *mercatores* aux dépens de la population. E. Cecchini, « Per il nuovo Rutilio Namaziano », p. 403, suggère, d'après A, 19, que Marcellinus a pu réprimer les actions en justice abusives. Il fait remarquer à juste titre (*ibid.*, p. 402 ; « Il nuovo Rutilio Namaziano », p. 20) que *naufragiis* à la fin du fragment a vraisemblablement un sens figuré.

280. *Tyrius* (B, 3) pour *Thebanus* est fréquent, parce que Cadmus est originaire de Tyr, cf. e. g. Stace, *Theb.* XII, 597 : *Tyrias... arces.*

281. M. Ferrari (« Spigolature bobbiesi II. Frammenti ignoti di Rutilio Namaziano », p. 28) et M.P. Billanovich (« Il carme di Costantina : romano o pavese ? e i frammenti attribuiti a Rutilio Namaziano », p. 23) voient dans A, 6 une allusion à Athènes. Il n'en est rien, Thèbes et Troie ont droit chacune à un distique. Les deux villes sont aussi associées par Stace, *Silves* III, 1, 115-116, précisément pour la rapidité avec laquelle elles ont été construites. L'expression *Neptunia Troia* (B, 5) est virgilienne (*Én.* II, 625).

282. Seule H.S. Sivan, « Rutilius Namatianus, Constantius III and the Return to Gaul in Light of New Evidence », p. 529, s'écarte de la *communis opinio* en proposant Arles.

283. M.P. Billanovich, « Il carme di Costantina : romano o pavese ? e i frammenti attribuiti a Rutilio Namaziano », p. 24-25, identifie ce Constantius, comme celui de l'inscrition d'Albenga, avec Constance II, ce qui exclut selon elle d'attribuer les fragments à Rutilius.

284. L'éloge de Constantius peut faire pendant à l'invective contre Stilicon au début du livre, voir A. Fo, Rutilio Namaziano, *Il ritorno*, p. 128. La restitution de B, 9 *trabeis...secundis* s'appuie sur Claudien, *Sur le consulat de Stilicon* II, 407 ; on sait que les consuls portent dans les cérémonies une trabée blanche à bandes de pourpre. Contrairement à Stilicon, Constantius est un vrai Romain, plus capable donc, aux yeux de Rutilius, de faire preuve d'énergie face aux Goths. Sur l'estime que lui ont témoignée des auteurs d'obédience diverse, voir V. Tandoi, « Il nuovo Rutilio Namaziano », p. 19-20.

285. Selon V. Tandoi, « Il nuovo Rutilio Namaziano », p. 18, Rutilius se trouverait devant une statue de Constantius, et le qualifierait avec suffisance de collègue en tant qu'ils sont l'un et l'autre sénateurs (cf. I, 15). Mais on s'est tout de même étonné de l'em-

ploi de ce terme *collega*. Pour E. Cecchini (« Per il nuovo Rutilio Namaziano », p. 404 ; « Il nuovo Rutilio Namaziano », p. 11), il pourrait s'agir de Marcellinus, devant lequel ou avec lequel Rutilius ferait l'éloge de Constantius.

286. Constantius a été consul pour la première fois en 414, pour la deuxième en 417, et pour la troisième en 420 ; nous sommes donc avant 420. I. Lana, « Il nuovo Rutilio Namaziano », p. 13-16 et E. Castorina, *ibid.*, p. 17, interprètent le vers comme une allusion au premier consulat de Constantius (dont Rutilius souhaiterait l'itération) et continuent donc à dater le voyage de 415 ; ils ont été suivis tout récemment par N. Brocca, « Il *proditor Stilicho* e la distruzione dei *Libri Sybillini* », dans *Nuovo e antico nella cultura greco-latina di IV-VI secolo*, Milano, Cisalpino, 2005, p. 170-184. Voir A. Fo, Rutilio Namaziano, *Il ritorno*, p. 129.

287. Allusion vraisemblable à la soumission des Wisigoths et au *foedus* conclu avec leur roi Wallia en 416.

INDEX GEOGRAPHICVS, HISTORICVS, MYTHICVS

TABLE DES MATIÈRES

*Ce volume,
le trois cent quatre-vingt-septième
de la série latine
de la Collection des Universités de France,
publié aux Éditions Les Belles Lettres,
a été achevé d'imprimer
en septembre 2007
dans les ateliers
de Normandie Roto Impression s.a.s.
61250 Lonrai*

N° d'impression : 07-2690
N° d'édition : 6617
Dépôt légal : septembre 2007

Imprimé en France